탄소·해양·기후

KB021254

탄소·해양·기후

탄소는 원소의 왕이라고 합니다. 인류문명 발전의 원동력이기 때문입니다. 그러나 오늘날의 탄소는 지구 환경재앙의 중심에 있습니다. 이제 인류는 과거를 통해 미래의 길을 찾아야 합니다. 이 책은 지속 가능한 발전을 위한 지침서이며 삶의 길라잡이입니다.

현상민, 강정원 저

에이퍼브

컬러 도판

본문 34p

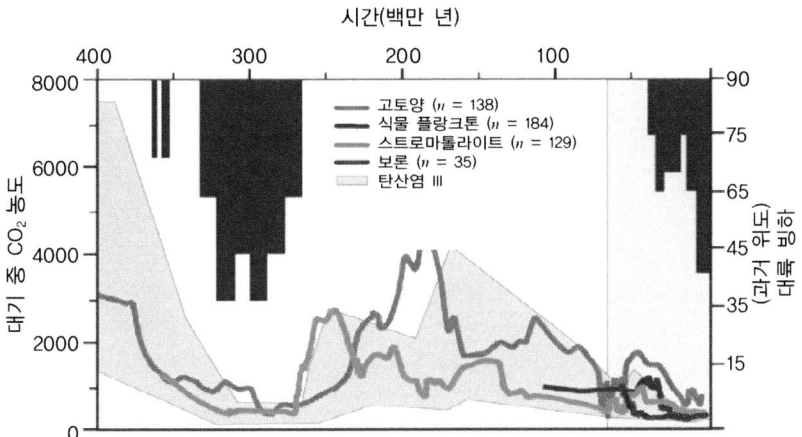

그림 1.4.1 과거 4억 년간의 대기 중 이산화탄소 농도 변화(IPCC 4차 보고서). 다양한 지시자에 의해 과거 4억 년 동안 이산화탄소 농도가 복원되었고, 큰 변화를 보이는 특징이 있다.

본문 128p

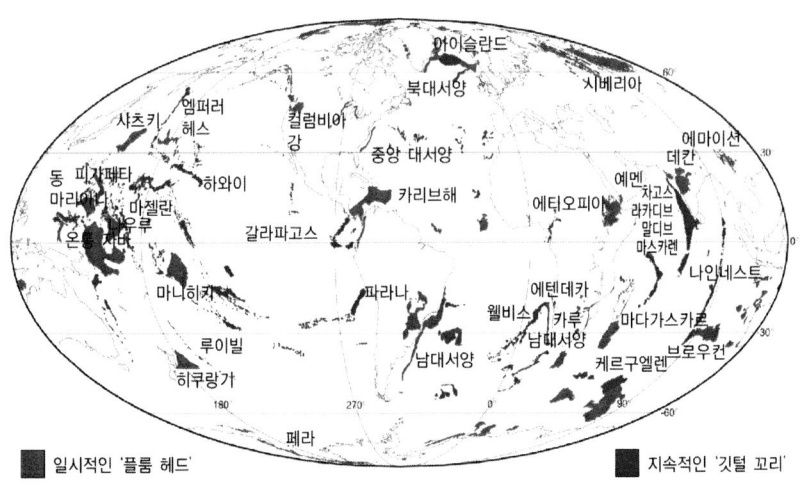

그림 2.3.4 주요 LIP(출처: Svensen et al. (2019))

본문 146p

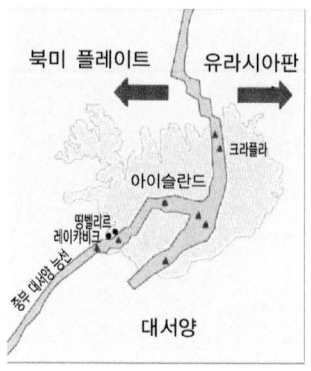

그림 2.4.4 아이슬란드와 대서양 중앙해령(https://pubs.usgs.gov). 오른쪽은 1995
년 당시 같이 방문했던 기록 사진(Minoru Ikehara 교수 제공)

.

본문 270p

그림 3.5.3 인간 활동과 자연환경에서 볼 수 있는 다양한 카본 색상 스펙트럼
(Zinke, 2020).

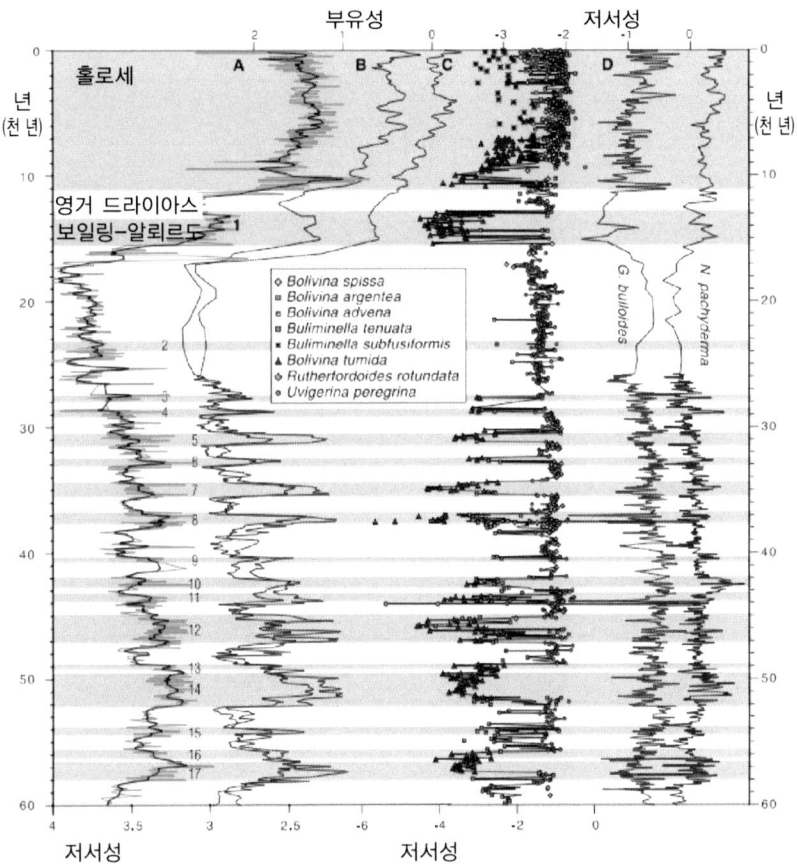

그림 3.2.4 ODP에서 얻어진 코어(Site 993A)의 부유성 및 저서성 유공충의 산소, 탄소 동위원소 비교(Kennett et al., 2000). 그림의 숫자는 따뜻한 시기에 해당하는 인터스타디얼(interstadials)과 홀로신을 지시한다.

본문 272p

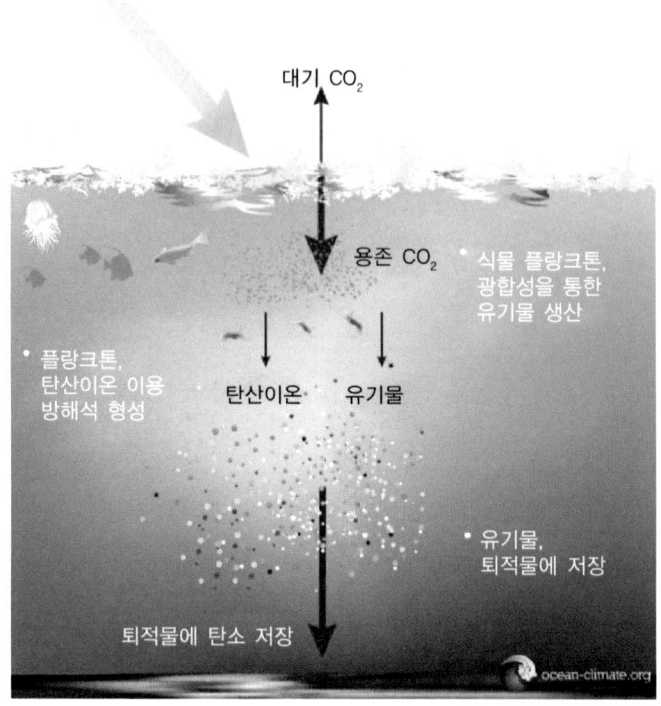

그림 3.5.5 해양의 탄소 거동을 나타낸 그림(ocean&climate platform, https://ocean-climate.org).

들어가는 말

　기후변화를 포함한 자연환경 변화 그 자체는 인류문명의 발전에 원동력으로 작용해 왔습니다. 인류는 기후변화와 같은 극도의 어려운 환경에 처하면 그동안의 경험에서 습득한 지혜를 살려 보다 능동적이며 창조적으로 반응해 왔던 것이죠. 인류는 환경변화에 적응하면서 새로운 지혜를 습득하고 사회·문화적 진화를 거듭했습니다. 그러나 발전이 거듭될수록, 인류는 번거로움을 피하려고 했습니다. 추위에 맞서 멀리 이동하기를 서슴지 않았던 고대와 달리, 이동하지 않기 위해 땔감을 이용해서 겨울을 지냈습니다. 시간이 지나갈수록 생활방식 전면에 에너지를 이용하면서 오늘에 이르렀습니다. 현대는 육체적인 노력에 비해 에너지를 많이 사용합니다. 그 결과 생활의 편리성이 높아졌습니다.

　변화에 대한 적응은 삶의 양식과도 같습니다. 인류는 5만 년 전 생사의 경계를 넘어 세계 각지로 퍼져나갔습니다. 아시아 대륙에서 알래스카, 북유럽에서 아이슬란드, 그리고 서태평양의 이스터섬까지 진출해서 거대한 석상을 세웠습니다. 한곳에 정착하기 시작하면서는 변화에 적응하는 방법을 스스로 익힌 것도 사실입니다. 폴리네시아의 수많은 섬에 정착한 인류가 그곳에서 살아간 것처럼 대부분은 환경에 적응하면서 현재에 이르고 있습니다. 이런 과정은 인류가 습득한 지혜이며 환경변화에 적응하는 과정이기도 합니다. 환경에 적응하는 과정과 인류의 발전 과정에는 항상 기후변화가 있었습니다.

기후변화는 20세기에 가장 민감하고 중요한 키워드가 되었습니다. 나아가 '탄소중립'은 21세기 초에 가장 비중 있는 지구촌의 문제가 되었습니다. 이 두 단어는 인류의 생존권과 관련되기 때문입니다. 이제, 자연계나 사회에서 일어나는 거의 모든 현상이 기후변화와 관련됩니다. 기후변화의 핵심은 온실가스와 탄소입니다. 그렇지만 여전히 인류는 탄소를 이용하는 경제시스템을 답습하고 있습니다. 현재 인류가 배출하는 탄소량이 지나온 경로와 비슷한 추세라면 점점 더 악화되는 기후변화의 영향은 피할 길이 없고, 우리 앞에는 상상할 수 없는 재앙이 기다리고 있을 뿐입니다. 인류가 과용된 에너지원인 탄소를 접고 탄소중립의 시대로 나아가야 하는 당위성이 바로 여기에 있습니다.

기후변화에 대한 수많은 연구 결과로 인류가 대응할 방향을 제시한 바 있습니다. 기후변화 대응(response)과 관련해서 '기후변화에 관한 정부간 협의체(IPCC)'는 인류가 해야 할 일을 두 가지로 요약했습니다. 첫째, 기후변화를 완화(mitigation)하는 것입니다. 즉, 점점 뚜렷하게 심해지는 기후변화를 어떤 형식으로든지 완화하는 노력을 해야 한다는 것입니다. 다시 말해 기후변화를 일으키는 온실가스의 배출을 줄이자는 것이죠. 기후변화의 핵심인 온실가스나 탄소 사용을 억제하는 데 그 목적이 있습니다. 둘째로는 기후변화 적응(adaptation)입니다. 어쩔 수 없이 기후변화가 일어난다면, 변화하는 기후에 잘 적응하는 방법을 배워야 합니다. 인류의 기후변화 대응은 이 두 가지 축이 필요합니다. 지금까지 인류가 환경에 적응하면서 문명의 발전을 이어왔던 것처럼, 앞으로도 이 두 가지 측면을 고려해서 우리는 기후변화에 대응해야 합니다.

무엇보다 기후변화에 대한 철저한 이해와 엄격한 실천이 수반되어야 합니다. 이 책에서는 과거에 드러난 과학적 사실을 탄소중립의 입장에서 기술해 이해의 폭을 넓히려고 합니다. 이제 탄소중립은 반드시 이루어져야 할 인류의 목표가 되었습니다. 그러나 탄소중립으로 가는 길이 그리 간단하지 않습니다. 우선 문제점을 인식해야 해결책도 나오는 법입니다. 이 책에서는 그 문제점을 찾아보려는 것입니다.

세계적 추세를 보더라도 우리의 목표는 분명합니다. 지나칠 정도로 탄소중립 실천에 목숨을 걸어야 한다는 게 필자의 입장입니다. 그러나 아직도 세계 각국은 탄소중립으로 가는 비용을 줄이려고 이런 저런 핑계를 대고 있습니다. 목적지로 가는데 과도한 통행료를 지불하고 있다면서 탄소중립의 모범 사례를 오히려 비판하기도 합니다. 목적지에 도착하지 못해 후불로 지출해야 하는 막대한 경비를 생각하면 서둘러 가는 게 맞습니다. 지금 이때를 놓치면 어떤 대가를 치를지도 모릅니다. 아무리 강조해도 지나치지 않습니다.

이 책은 전체 3부로 구성되었습니다. 1부에서는 탄소가 지구상에 어떻게 존재하게 되었는지 알아봅니다. 기후변화, 지구온난화가 진행되면 탄소는 어떻게 되는가 등 과거의 연구 결과를 정리했습니다. 2부에서는 수십만 년, 수백만 년 이상의 기후변화나 해양 변화와 관련된 큰 규모의 변화를 다루었습니다. 탄소는 일정한 경로로 순환하는 특징을 가집니다. 탄소 순환과 관련된 해양의 상태나 변화에 대해서 심도있게 기술했습니다. 3부에서는 인류세에 들어와서 급변하는 기후변화에 관한 이슈를 다루었습니다. 기후변화와 관련된 해양 변화나 탄소정책 등 기후변화가 인류에 미치는 영향을 다루었습니다.

이 책은 탄소와 탄소배출에 따른 기후변화의 입문서이기도 합니다. 가급적 수식이나 어려운 용어를 쓰지 않고 일반 독자들이 이해하기 편하도록 최선을 다했지만, 여전히 부족한 부분이 있습니다. 최근의 핫 이슈인 기후변화에 대한 이야기여서 신중해야 된다는 강박관념도 있었습니다. 부족한 부분이 많이 있지만 용기를 내어 출간하게 되었습니다. 인내하고 기다려 준 씨아이알 출판부 및 출판사 관계자께 감사의 말씀을 드립니다. 또한 R&D 연구과정에서 많은 정보를 공유한 동료 연구자께 감사드립니다. 이 책이 기후변화를 완화하거나 적응하는 데, 그리고 실생활에서 탄소중립에 동참하는 데 작은 길라잡이가 되길 희망해 봅니다.

2023년 9월, 오륙도가 보이는 영도 연구실에서
현상민

추천사

그동안 미세먼지나 메탄하이드레이트와 같은 지구환경 분야의 핵심 이슈들을 끊임없이 연구하며 일반 대중을 위한 읽기 편안한 저서들을 발간해온 저자께서 시의적절하게 '탄소·해양·기후'라는 제목의 기후 변화 해설서를 출판하게 된 것을 우선 크게 축하드리고 싶습니다.

이제는 한반도에서조차 지구온난화를 넘어 지구 열대화라는 용어를 써야 할만큼 기후변화가 심각한 상태에 도달한 듯합니다. 2024년 8월, 부산 벡스코에서 개최되는 제37차 세계지질과학총회(International Geological Congress, IGC) 조직위원회에서도 지구환경 변화는 물론 인류세(Anthro pocene), 탄소 중립, 해수면 상승과 같은 분야를 핵심 주제(Theme)로 선정하였고, 관련 연구 키워드들을 다룰 특별 세션을 다수 개설할 예정입니다. 그래서 IGC에 참여하는 전 세계의 지구과학자들과 함께 그동안의 연구결과를 공유하고 토론함은 물론 향후의 연구 방향도 모색되길 기대하고 있습니다.

이 책의 제4장에서도 중요하게 다루어지는 '인류세'라는 용어는 1995년 노벨화학상 수상자인 폴 크뤼천(Paul Crutzen)에 의해 처음 제안되었습니다. 지구가 탄생한 이래 자연과학적 요인에 의해 고체 지구와 지구 상의 생태계가 진화해온 것과 비견 될 정도의 변화가 인간의 활동과 영향에 의해 초래되어 새로운 지질학적 시대라 부를 만한 층서적인 지질 시대 단위(Stratigraphic Unit)가 이제 시작되었다는 의미로 사용되기 시작했습니다. 이 용어는 애초 지질학적인 개념보다는 인문 사회과학적인 접근과 생태적 관점이 우선시되어 지질학자들에겐 크게 관심을 끌지 못했습니다. 그러던 중 2020년 전후에 관심 있는 지질학자들이 중심이 된 Anthropocene Working Group(AWG)이 국제지질과학연맹(IUGS) 산하에 조직된 국제층서위원회(International Commission on Stratigraphy, ICS) 내에 공식 기구로 설치된 이후 정식 지질시대 단위의 하나로 설정하자는 움직임이 본격화되었습니다. 현재는 신생대 제4기(Quaternary) 홀로세(Holocene)에 이어서 마지막 지질시대 단위로서 정식 등록을 위해 단계적인 절차가 진행되고 있습니다. 아마도 2024년 부산 IGC 대회에서 '인류세'라는 용어가 공식 선포되고, 이와 관련된 특별 심포지엄이 개최되어 전 세계 일반인에게도 널리 소개됨으로써 지구 환경변화의 의미를 실감할 수 있기를 기대하고 있습니다.

이 책은 전체 3부로 구성되었는데, 지구의 탄생부터 현재에 이르기까지 지구라는 행성이 겪어온 변화를 체계적으로 소개하고 있습니다. 제1부에서는 지구상에서 탄소가 기후변화, 지구온난화를 통해 어떻게 순환되고 형태를 달리하여 보존되고 순환해 왔는지와 같은 주제를 다양한 측면에서 연구한 자연과학적 결과를 보여주고 있습니다. 제2부에서는 46억 년 전 지구라는 행성이 태양계 내에 형성된 이래 지구가 겪어온 지질학적 변화와 그에 따른 생물종들의 소멸과 탄생을 포함한 진화 역사, 그리고 대양의 형성과 소멸, 해수면 변화, 대양 순환과 같은 큰 규모의 지구 진화를 다루었습니다. 제3부에서는 지구상에 인류가 등장한 이후 초래된 기후변화에 관한 주제들을 중심으로 다루었습니다. 인류세, 블랙카본, 블루카본과 같은 최근 핵심 이슈와 지구환경 변화에 대한 대응이나 적응을 위한 국제 공동의 노력과 내용을 이해하기 쉽게 소개하고 있습니다.

오랜 산고 끝에 탄생하는 이 책의 내용은 관련 분야 전문 과학자들뿐만 아니라 일반 독자들에게도 새로운 식견과 조망을 제공할 수 있는 내용과 자료를 포함하고 있어 21세기 초반 격변의 지구환경 변화 시대에 꼭 추천해 드리고 싶은 책입니다.

2023년 8월

정대교

강원대학교 명예교수

한국해양과학기술원(KIOST) 이사장

국제지질과학연맹(IUGS) 부회장

2024 부산 세계지질과학총회(37th IGC) 조직위원장

추천사

이분법적 기계론적 세계관에서
불확정성 원리가 지배하는 전체론적 세계관으로

우리가 사는 지구촌은 지금 인간중심주의 사회에서 생태중심주의 사회로 거대한 전환 중이다. 이런 시대적 요청은 '우리의 잘못된 욕망'이 야기했다. 우리는 우리 자신만 중시했다. 이런 상황을 초래한 우리 자신을 사람들은 '눈뜬장님'에다 비유한다. 그러나 인간과 자연을 둘로 나누던 시대는 지났다. R. 데카르트식 사유는 인간과 자연을 양분하는 이론적 근거였다. 그가 살던 시기에는 살아 있는 존재는 오로지 '인간'에 국한되었다. 가령, 개(dog)는 하나의 기계인형에 지나지 않았고, 개에게는 동물의 생명권이 전혀 인정되지 않았다. 오늘날 반려동물을 사람 이상으로 애지중지하는 사람들이 들으면 기가 찰 것이다. 동등한 생명권을 주창하는 세계적 추세는 점점 더 거세지고 있다. 세계 어느 곳이든 존재가 있는 곳에는 반드시 그 권리도 있다는 것을 인정하지 않으면 안 되는 방향으로 그 추세가 확산될 조짐이다.

이러한 자연의 권리와 관련해 주목할 만한 사례는 갈수록 늘고 있다. 그중 우리의 눈과 귀를 의심케 하는 사례 세 가지만 약술한다. 하나는 2017년 뉴질랜드 의회가 제정한 전 세계 최초로 강에 대한 권리 부여였다. 뉴질랜드 의회는 왕거누이 강에 생태계로서의 법적 인격을 부여하는 법을 제정했다. 이 법은 인간이 구체적인 자연물에 권리를 부여한 세계 최초의 사례다. 물론 이런 법을 제정하기까지 걸린 고통의 역사는 길고 길었다. 뉴질랜드 정부와 원주민 간의 150년에 걸친 다툼이 그것이다. 그 다툼의 밑자리엔 원주민이 700년간이나 왕거누이 강과 더불어 살아온 시간이 지배한다. 긴긴 다툼과 논의 끝에 마침내 왕거누이 강은 법적 인격을 부여받았다. 게다가 구체적인 실행을 위해 마오리 공동체와 뉴질랜드 정부가 함께 지정한 위원회가 왕거누이 강의 권리를 대신 행사하게 했다. 이로써 왕거누이 강에 대한 원주민들이 지닌 자연권 정신은 승인받았다.

다른 사례는 미국에서 제정된 2017년 기후권리장전이다. 미국 콜로라도에서는 건강한 기후에 대한 인간과 자연의 권리를 인정하되 이 권리를 침해하는 석탄 연료 채굴을 금지시키는 기후권리장전을 최초로 시행했다. 그리고 나머지 한 사례는 2018년 콜롬비아 대법원이 콜롬비아 아마존을 '권리 대상'으로 인정한 경우다. 이상 세 가지는 인간을 중심에 두지 않고 인간과 함께 살아야 할 지구 공동체를 위해 인간과 자연을 동등하게 다뤄야 한다는, 생태적 관점에서 제정한 법적 사례다.

그러나 이런 자연의 권리 존중 법을 만들고, 급기야 생태중심주의 사회로의 급격한 전환까지 촉구하게 만든 것은 무엇인가? 우리는 그 실체를 정확히 알아야 한다. 그래야 지속가능한 삶을 살 수 있다. 그 주범은 바로 우리 인간 자신이고, 인간의 무분별한 욕망이다. 특히, 이런 욕망의 결과물이 인간과 자연이 함께 공존해야 할 지속가능한 생존 공간을 제한시키고 있는 것이다. 이를 조금 야박한 비유로 말한다면 이렇게 말할 수 있다. 어떤 사람이 부지런히 앞만 보고 걷고 달리다 보니 힘도 빠지고 지치고 허기졌다. 기력도 떨어져 눈도 가물가물 앞도 잘 보이지 않자 일단 살아야겠다는 욕심으로 먹을 것을 찾았지만 찾지 못했다. 그럼에도 불구하고 가리지 않고 닥치는 대로 뜯어 먹었다. 마침내 알고보니 그가 뜯어 먹은 것은 바로 자신의 허벅지 살[肉]이었다는 얘기다.

이제 주범이 누구란 것은 알 것 같다. 그런데 도대체 인간의 어긋난 욕망이 남긴 결과물은 '무엇'이란 말인가? 이 책이 가장 큰 역점을 두고 강조하는 '탄소(C)'다. 탄소는 어릴 때 화학시간에 배우는 〈주기율표〉 4족에 속하는 비금속 원소다. 하지만 이런 사실만으로는 탄소와 탄소에 얽힌 비밀의 숲을 파악하기 힘들다. 이 책은 탄소가 우리의 실생활과 밀접하게 연결되기까지의 전체 과정을 각종 이론들을 세세히 들어가며 감칠맛 나게 소개한다. 거칠게 말하면, 탄소는 우주대폭발 빅뱅(Big Bang) 이후 100억 년 뒤 지구가 생성하면서 성간운의 재료였던 수소, 헬륨 외 다른 원소들이 장기간 진화하는 과정에서 형성되었다. 그 후 탄소는 다른 것과 화학적 결합을 하거나 다른 곳으로의 이동과 저장을 반복하며 오늘날 우리 가까이 존재하게 되었다. 이런 이합집산 과정에서 탄소는 암석 속이나 지층 속, 그리고 동식물 속까지 스며듦으로써 우주의 여러 원소 중 4번째로 많은 원소로 포진되었다.

이렇듯 탄소는 우주와 지구의 탄생과 깊이 연관되어 있어서 매우 신비로운 원소로 각광받아 왔다. 지금은 우리가 조금만 움직여도 탄소가 생성될 정도다. 음식을 만들든, 가구를 제작하든, 기계를 작동하더라도 탄소가 방출되고, 심지어 우리가 숨을 쉴 때도 탄소가 튀어 나온다. 우리 인류는 탄소의 도움으로 오늘날과 같은 문명사회를 건설하고 발전시켰다. 그런데 지금은 어떠한가? 그토록 문명 발전의 원동력이던 탄소가 이제 처리하기 가장 곤란한 애물단지가 되고 말았다. 탄소는 온실가스의 주원인으로 분석되어 기후변화와 같은 인류사에 큰 영향을 끼치고 있다. 탄소가 지배하는 세계는 곧 우리 인류가 어떻게 탄소 때문에 가공할 만한 피해를 초래하고 있는지를 알려주는 부정적인 세계란 인식이 깊이 각인되었다. 세계 곳곳에선 '탄소중립'을 강력하게 외치고 있고, 지구를 구하려면 적을수록 풍요롭고(Less is More), 성장이 아닌 탈성장으로의 거대한 방향 전환을 하지 않으면 안 된다는 성찰적 인식이 지배적이다.

인류가 힘써 성취한 현대문명은 지금 심각한 위기에 처해 있다. 그런데 그 위기는 그냥 위기가 아니라 다른 것들이 중첩된 위기일 뿐 아니라 앞으로 언제 어떻게 일어나도 이상하지 않을 잠재적인 종말적 위기까지 포함하고 있다는 데 문제의 심각성이 엿보인다. 이와 관련해서는 이미 유엔의 IPCC(기후변화에 관한 정부간 패널)을 통해 심각한 경고가 있었다. 그 경고는 우리가 지금껏 누려 왔던 삶의 방식과 동일한 방향으로 계속 살아간다면 지구의 평균 기온은 상승될 수밖에 없고, 그 결과는 우리가 사는 지구가 거주 불가능한 행성이 된다는 것이었다. 북극해의 얼음 두께가 얼마나 얇아지고, 그 북극의 녹은 얼음 때문에 극단의 날씨는 어떤 변화를 겪는지, 그로 인해 농작물의 피해는 어느 정도인지, 식량생산의 감소로 지구촌의 삶은 어떤 고초를 겪게 되는지 등은 다행히 눈으로 목격할 수 있지만, 봐도 잘 보이지 않으면서도 지구촌의 극심한 폐해를 초래하는 지구온난화의 여파는 보이는 위기와 보이지 않는 위기가 중첩된 위기가 아닐 수 없다. 우리는 그 예상 규모가 어느 정도인지조차 지금으로서는 가늠조차 할 수 없다. 여기에 식량생산과 직결된 화석연료 문제까지 덧붙인다면 지구공동체는 자멸의 길로 가는 경제모델을 이제라도 한시바삐 바꾸지 않으면 안 될 것이다.

이 책의 핵심 주제는 '탄소'다. 전체 내용은 '탄소가 지배하는 지구'에서부터 '시간은 신비한 것: 기후변화가 있기까지'를 거쳐 '기후변화와 인류의 시간'까지 논의의 범위를 방대하게 확산하고 있다. 내용 하나하나마다 이해가 쉽지 않고 다루기 힘든 내용들로 가득하다. 그럼에도 불구하고 전체 3부, 총 19장으로 펼쳐놓는 이 책은 이해하기 쉽고 사실(fact)

너머에 있는 갖가지 현상들과 연결시키며 독자들의 과학적 호기심을 한 껏 자아내는 수준으로 집필되어 있어 매우 흥미롭다. 인류가 직면한 지 금과 위기 상황을 만든 '탄소(C)'를 글의 중심에 두고 탄소와 관련된 각 종 현상이나 예기치 않은 미래 상황까지 친절하게 짚어 주고 있는 이 책이 저술되기까진 저자들의 전문가적 식견과 통찰력, 철저한 사전 연 구 없인 불가능하다. 이들 저자가 그간 연구하며 저술하고 번역한 아래 와 같은 저서만 봐도 이 책의 지적 엄밀성과 학적 깊이는 독자들의 신뢰 를 얻기에 충분할 듯하다.

『지구표층환경의 변화』
『미세먼지 X 파일: 미세먼지 인벤토리』
『해양대순환 − 기후변화의 비밀』
『해양지구환경학』
『기후변화 과학 − 기후위기의 원인들』 등

그렇다면 이 책을 통해 독자들이 배우고 익혀야 할 것과 함께 고심할 것이 있다. 그것은 지금의 지구촌이 인간과 자연이 공존할 수 있도록 하 려면 '지금의 나'는 어디에 위치해 있고, 어떻게 살고 있으며, 삶의 향방 을 어디로 정할 것인가를 깊이 고민하며 사는 것이다. 적어도 성장이 더 이상 불가능할 경우, 가상의 경제와 실물 경제는 우리의 미래와 희망을 위한 투자가 아닌 투기로 점철된 카지노경제로 전락하는 것을 막아야 한다.

뿐만 아니라 지구촌에 엄습한 기후변화가 기후재앙으로 치닫는 지역 이 헐벗고 가난한 지역만이 아니라 넉넉한 소비와 부족함이 없이 살아 온 소위 말해 잘사는 나라까지 무차별로 역습했다는 사실이다. 화석연료의 과감한 제한 조치를 발표하고, 기술 개발에 수반되는 에너지 소비에 있어서 앞선 기술로 대체 에너지를 개발한 뒤 기술 후진국들에게 '탄소세'로 관세를 올리거나 기술 약소국끼리 관세 경쟁을 하도록 하는 저의도 한 번 더 생각해 봐야 한다. 기존 화석연료를 급작스럽게 감축하는 것이 탄소중립으로 가는 지름길이겠지만, 현존하는 에너지 분산 정책과 에너지 다변화 및 에너지 믹싱 과정 없이 곧바로 시행하려면 기존에 존재하는 일자리 소멸 문제도 심사숙고해야 할 과제다. 이는 탄소중립과 관련된 범사회적 문제를 새롭게 유발하기 때문이다. 다급한 상황에 몰린 인류가 모색해야 할 현명한 해결책과 우리가 추구하는 '좋은 삶'은 별개로 있지 않다. 화석연료를 포기할 수 없는 기술을 하루아침에 중단시킬 수 없다면 과학적 연구를 통한 '적정기술' 도입도 고려해야 한다. 또한 신재생에너지 발전기술이 들어선 위치가 오히려 예기치 않은 환경피해를 낳는지 여부도 묻고 따져봐야 한다.

긴급한 것은 사려 깊은 인식과 실천적 행동이다. 화석연료의 대대적인 감축과 재생에너지로 전환하여 탄소배출을 줄이는 것만으로 우리가 처한 기후재앙과 경제위기를 근원적으로 해결할 수 없다. 왜냐하면 지금의 기후재앙은 긴긴 시간 동안 축적된 위기가 여러 층위로 중첩된 위기이고, 탄소중립 역시 때와 장소, 분위기만 맞으면 언제든 튀어나오는 인간의 고질적인 생활 습관과 관련되며, 자유를 마치 자기만의 욕망 표현마냥 사고하는 습성이 우리의 삶 깊이 내재하기 때문이다. 인간의 탐욕, 대량생산-대량소비의 습성화된 연결고리를 어떻게 끊느냐는 문제는 실로 지난한 일이다. 다만, 다행스러운 것은 탄소중립 문제가 빈부귀천 남녀노소를 가리지 않고 코로나 바이러스처럼 전 지구촌으로 '매우 공평하게' 다가왔다는 점이다. 단절이냐 연대냐, 고립이냐 공존이냐는 결국 인간과 더불어 사는 모든 존재가 공존과 공감의식을 갖고 정의롭고 품위 있게 살고, 각자 지구공동체 정신을 배양하는 노력 여하에 달려 있다. 이를 위해 나와 나 아닌 것을 구분하는 이분법적 기계론적 세계관에서 벗어나 나와 다른 것의 차이를 존중하며 각각의 개체들이 오랫동안 축적해온 불확정성 원리를 중시하는 전체론적 세계관을 갖고 사는 것이 첩경이 아닐까 생각한다. 이 책은 탄소중립 너머로 우리가 처한 사회적, 철학적, 정치적, 국제적 문제로 과학적 인식의 지평을 넓혀주고 있다.

최영호
해군사관학교 명예교수,
고려대학교 민족문화연구원 선임연구원

차례

제 1 장

죽음에서 돌아온 자

"기후변화는 현실입니다.

우리가 마주하고 있는 가장 시급한 위협이며

더 이상 미루지 말고 다 같이 힘을 모아야 합니다.

우리 아이들의 아들딸들을 위해.

우리 모두 대자연을 당연한 것으로 여기지 맙시다.

저 또한 오늘 밤 이 영광을 당연하게 여기지 않겠습니다."

　제88회 아카데미 시상식에서 남우주연상을 받은 레오나르도 디카프리오(Leonardo DiCaprio)의 수상소감 일부분입니다. 영화 〈레버넌트(The Revenant: 죽음에서 돌아온 자)〉에 대한 디카프리오의 수상소감은 당시 1분 동안에 44만 건의 리트윗을 기록했습니다. 영화를 본 사람들은 대부분 크게 공감했겠지만 영화만큼이나 수상소감도 감명 깊었습니다. 필자가 그의 수상소감으로 글을 시작하기로 마음먹은 데는 몇 가지 이유가 있습니다. 우선 기후변화의 중요성이나 시급성을 잘 표현하고 있다고 판단했기 때문입니다. '위협'이나 '현실'이라는 단어를 사용해 기후변화의 중요성과 심각성을 잘 드러내고 있습니다. 짧은 몇 줄의 임팩트 있는 수상소감에는 죽음과도 같은 극한의 환경에서 돌아온 인간에 관한 이야기가 잘 녹아 있습니다. 이 영화는 인간과 자연의 관계를 담고 있습니다. 내용상 기후변화와는 큰 상관이 없습니다. 극적으로 표현하기 위해 무대배경을 극한의 추위로 설정한 것이죠. 보다 사실적으로 내용을 전달하기 위해 주인공이 눈이 쌓인 고위도 지역으로 이동하면서 어렵게 촬영을 마칠 수 있었다고 합니다. 영화에 설정된 추위는 기후변화를 상징합니다. '레버넌트'는 죽음에서 돌아온 자라는 뜻이니, 기후변화의 위협이 너무 잘 전달되지 않습니까.

기후변화와 관련해 인간과 자연 간에는 더욱 뚜렷한 관계가 맺어지고 있습니다. 보도에 의하면 2016년은 역사상 가장 뜨거운 해로 기록되었습니다. 미국의 국립해양대기청(NOAA)과 항공우주국(NASA)이 공동으로 발표한 것이죠. 더욱이 이 보도는 2017년에 나왔지만 3년 연속 가장 더운 해 기록을 갈아치웠다는 데 두 기관이 의견을 같이했습니다. 벌써 5년이 지났지만 필자 역시 3년 연속 무더웠다는 보도 내용을 기억하고 있습니다. 아마 기후나 여름날의 기온에 조금만 관심 있는 사람이라면 필자처럼 이런 사실을 기억하고 있을지도 모르겠습니다.

작년 연말에도 기후변화에 대한 중요한 보도가 있었습니다. 2021년 12월 23일, 딜라이트닷넷(delighti.co.kr)은 2022년도 역사상 가장 뜨거운 해로 기록될 가능성이 높다고 했습니다. 영국발 외신은 영국 기상청이 2022년도 지구촌 평균 기온이 산업혁명(1850~1900년)이 있었던 시기보다 섭씨 1.09도 높을 것으로 전망했습니다. 그리고 산업혁명 이후 섭씨 1도 이상 높은 온도 상승은 2015년 이후 8년 연속으로 기록될 것이라고 예상하고 있습니다. 사실 따지고 보면 이렇게 기후변화의 위험성을 예고한 보도는 차고 넘칩니다. 앞서 얘기한 것처럼 2016년은 가장 뜨거웠던 여름, 2017년은 역사상 세 번째로 더운 해, 2020년도 역사상 가장 더운 해 중의 하나….

필자가 글을 쓰는 지금은 2022년 2월 중순이라 5~6개월 후면 2022년이 역사상 가장 더운 여름이 되는지 알 수 있겠죠. 중요한 것은 기후와 인간과의 관계가 이처럼 무시무시하게 우리를 압박하고 있다는 사실입니다. 이런 추세라면 2022년 올해 사상 최대의 온도상승이 일어나지 않더라도, 앞으로 몇 년 사이에 더 심각한 더위가 엄습할지도 모르겠죠? 다시 한번 디카프리오의 수상소감이 떠오릅니다. 기후변화는 현실이고, 가장 시급한 위협이라고 말

입니다(2022년 10월, 이 책을 마무리하면서 확인해본 결과, 2022년 여름은 2018년의 기록을 넘어섰다고 합니다. 최고기온, 열대야, 폭염 등 벌써 3관왕을 기록했다고 하네요).

영화의 포스터를 잘 보십시오(그림 1.1.1). 주인공 디카프리오의 눈에서 비장함이 느껴지지 않습니까. 혹한의 기후와 엄혹한 환경, 인간의 배신으로부터 발현된 복수심이 보입니다. 꼭

그림 1.1.1 영화 〈레버넌트(The Revenant)〉의 포스터(©이십세기폭스코리아(주))

살아야겠다는 의지, 어려운 환경을 극복해야 한다는 의지가 눈에 담겨 있습니다. 우리 인류가 점점 더 냉혹해지는 기후환경 변화에 적응하거나 극복할 때 가져야 할 눈빛이라고 생각됩니다. 비장한 각오와 철저한 실천이 동반되지 않으면 인류는 기후변화의 위협으로부터 벗어나지 못할지도 모릅니다. 디카프리오가 가졌던 비장한 각오로 기후변화나 탄소에 관해 이야기를 이어가고자 합니다.

지구온난화는 기후변화의 한 현상입니다. 또한 기후변화 현상의 하나로 지구온난화가 있습니다. 어느 단어가 앞에 오거나 뒤에 와도 전혀 어색하지 않다는 말입니다. 기후변화와 지구온난화 둘 다 똑같은 무게로 우리에게 다가오기 때문입니다. 이제 기후변화는 너무 식상한 단어가 되어 버린 것 같습니다. 그렇다고 하더라도, 우리 모두가 알고 있듯이 기후변화가 불러오는 영향과 제2·제3의 사회적 현상, 자연환경에 대한 변화는 상상할 수 없을 만큼 성큼 다가왔습니다. 진행방향도 가늠할 방법이 없습니다. 우리가 기후변화에 대해 잘 모르기 때문입니다. 필리프 스콰르조니아(Philipps Squarzoni)는 '갈색 계절(Saison Brune)'에서 기후변화는 '뫼비우스의 띠'라고 말했습니다. 기후변화는 어디에서부터 시작되었는지 그리고 어느 곳에서 끝날 것인지 모릅니다. 기후변화를 아무리 강조해도 지나치지 않는 이유입니다. 종착역 없는 기차에 올라탄 인류는 이제 다음 행선지를 모른 채 초조해하고 있습니다.

과거에 그랬던 것처럼 우리 인류는 기후변화로부터 탈출구를 찾을 수 있다고 합니다. 답을 찾더라도 기후변화 문제를 해결하는 것과는 근본적으로 다르다는 것을 명심해야 합니다. 지금은 기후변화에 적극적으로 대응하는 기후 행동이 필요한 시점입니다. 당연히 탄소중립으로 가야 하는 당위성이 여기에 있는 것이죠. 이 책은 우리가 적극적으로 탄소중립으로 가기 위해 그 본질적 문제를 알아보고 적극적으로 기후행동, 탄소중립에 동참해야 한다는 취지에서 기획되었습니다. 그 여정을 탄소라는 한 원소를 이해하는 것으로부터 시작하려고 합니다. 탄소라는 원소를 이해하려면 먼 과거의 이야기를 뒤돌아보아야 합니다. 그래야 우리가 지금 어디까지 와 있는지를 알 수 있으며 정확하게 목표로 나아갈 수 있기 때문입니다. 저와 함께 어디로 어떻게 가야 하는지 함께 여행을 떠나 보시죠.

지구온난화의 원인으로 온실가스 배출을 이야기합니다. 더 정확하게 말하면 산업혁명 이후 인간이 과도하게 배출한 온실가스로 인해 지구온난화가 가속화되고 있으며, 그 연장선상에 기후변화가 있다는 것이죠. 기후변화가 진행되면서 다양한 자연적 이상 현상이 나타납니다. 슈퍼태풍이 온다거나, 지구촌 어딘가에 폭염이 있는가 하면 그 반대쪽에선 폭설이 내리는 기상 이상이 나타나는 것이죠. 최근에는 이러한 기상 이상은 너무나 자주, 그리고 예전보다 더 강력하게 다가오기 때문에 기후변화의 심각성을 무겁게 받아들이고 있습니다. 그런데 우리는 이 기후변화의 원인이 지구온난화라고 알고 있지만, 지구온난화가 어떻게 구동되는지 잘 이해하지 못합니다. 그리고 기후변화의 주범이 온실가스라고 했습니다. 그렇다면 온실가스에는 어떤 것들이 있으며, 그리고 이 온실가스 정체는 무엇일까요?

일반적으로 온실가스에는 몇 종류가 있습니다. 그중에 대표적인 온실가스는 이산화탄소(CO_2)입니다. 이산화탄소와 더불어 메탄(CH_4)도 주요한 온실가스입니다. 다음 그림 1.1.2를 보면 쉽게 알 수 있겠지만, 이산화탄소와 메탄은 전체 온실가스의 95%를 차지하고 있습니다. 그 외 온실가스 중에는 이산화질소(N_2O), 수소불화탄소(HCFs), 육불화황(SF_6), 과불화탄소(HFC) 등이 있습니다(그림 1.1.2). 전체 온실가스의 91%를 차지하는 것이 이산화탄소입니다. 사실 개개의 온실가스에 색칠을 한다면 전체가

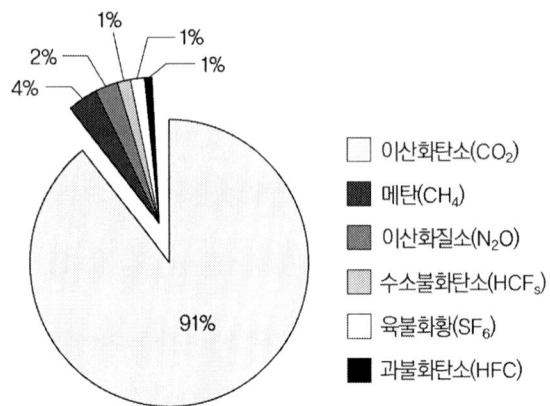

그림 1.1.2 주요 온실가스와 온실가스의 구성 비(RIG 브리프, 2021).

이산화탄소 색으로 보일 정도입니다. 10개 중 9개가 넘으니, 대단히 많은 것이죠. 그렇다면 이 이산화탄소는 어디에서 왔을까요? 우리가 타고 다니는 자동차 배출가스 등 화석연료 사용으로 배출된 것입니다. 이렇게 이야기하면 반은 맞지만 반은 틀렸다고도 할 수 있습니다. 지구가 만들어질 때부터 생각해 본다면 지금 대기 중에 있는 이산화탄소는 매우 적은 양입니다. 먼 옛날 지구에는 지금보다 수십 배가 넘는 이산화탄소가 대기 중에 있었습니다. 이 부분은 조금 후에 자세하게 말씀드리겠습니다.

이산화탄소와 그다음으로 많은 메탄을 합치면 전체 온실가스의 95%가 됩니다. 따라서 온실가스라고 하면 우선 이산화탄소와 메탄을 떠올리면 됩니다. 이산화단소와 메탄, 그리고 수소불화탄소, 과불화탄소에는 공통적으로 탄소가 들어 있다는 사실에 주목해 주십시오. 화학식에서 보듯이 탄소(C)로 이들이 결합되어 있는 것이죠. 이산화탄소는 환원되면 탄소이며, 메탄도 결합이 해리되면 탄소가 남습니다. 요약하면 온실가스의 정체는 바로 탄소라는 것입니다. 이는 대단히 중요한 사실입니다. 왜냐하면, 기후변화나 온실가스의 중심에 바로 탄소가 있다는 이야기이기 때문이죠. 탄소가 포함된 온실가스 전부를 합치면 97%나 됩니다. 결국 온실가스의 정체가 탄소라는 것이죠. 이렇듯 너무나도 중요한 탄소이기에 이 책의 제목도 '탄소'로 시작하고 있습니다.

탄소는 지구온난화와 기후변화의 핵심입니다. 또한 탄소는 다양한 용도로 이용되어 왔습니다. 사실 여러분들이 잘 아는 석유, 석탄 등 화석연료는 모두 탄소로 구성된 화합물이라고 할 수 있습니다. 인류는 이 탄소를 이용해서 문명을 발전시켜 왔습니다. 최근에 와서 '탄소중립'을 강조하면서 화석연료 사용을 억제하려고 합니다. 그렇지만 탄소, 즉 화석연료를 사용해서 인류 문명 발전을 이루어왔기 때문에 당분간은 화석연료 사용을 피할 수는 없을 것 같습니다. 그렇지만 기후변화 진행을 완화하거나 그 변화에 적응하기 위해 가능한 사용을 많이 줄이자는 것이죠. 매우 중요한 포인트입니다.

사실 온실가스의 핵심인 탄소(C)는 기후변화나 온실효과를 넘어 인류사에 큰 영향을 주었습니다. 그러나 이제 탄소는 인류에게 애물단지로 전락할 위기에 처했습니다. 문명의 발전을 이루는 원동력이 되었지만, 한편으론 미래의 시한폭탄으로 간주되기 때문인 것이죠. 이 책 1부의 제목 '탄소가 지배하는 세계'는 기후변화와 탄소중립, 그리고 인간의 삶에 탄소가 어떻게 관여되어 왔는지를 단적으로 표현하고 있습니다. 지구상에 존재하는 118개의 원소 중 하나인 탄소가 어떻게 인류문명에 기여했으며, 왜 탄소가 잠재적 시한폭탄이 되었는지 이야기해 보도록 하겠습니다.

제 **2** 장

우주와 지구 탄생, 그리고 탄소의 등장

누구나 한 번쯤 밤하늘을 본 적이 있을 겁니다. 우리 눈으로 별을 몇 개나 볼 수 있을까요? 별은 실제로 몇 개나 있을까요? 어릴 때부터 어떻게 이 많은 별들이 떠 있는지 궁금했습니다. 동네 형들에게 들어서 힘겹게 익힌 별자리를 찾아보곤 했던 기억도 납니다. 과학적으로 이야기하면 우주공간의 무수한 별들은 대부분 항성(恒星)이라고 할 수 있습니다. 지금부터 수만 년 전 혹은 그보다 더 오래전에 폭발했거나 어떤 이유에서 발산한 빛이 지금 우리 눈에 도달해 반짝이는 것이지요. 우리가 망원경을 통해 보는 무수한 별은 수십억 년 동안 반짝인 혹성(惑星·가스 응집체)인 셈이죠. 이 항성들은 우주 대폭발이 있고 난 후 하나둘씩 만들어졌습니다. 그중에는 이미 소멸한 것도 있습니다. 지금도 우주 저 먼 곳에서는 무수한 별들이 만들어지거나 소멸하고 있습니다. 그런 과정에서 우주 가스가 만들어집니다. 우리가 볼 수 있는 별과 별 사이에 놓인 가스(성간운)는 이 항성들과 함께 만들어진 것입니다. 성간운(星間雲)은 지구와 같은 별이 만들어지는 기본 재료가 되었습니다.

지금 우리가 보는 밤하늘은 빅뱅(Big Bang)이라 불리는 우주대폭발로부터 시작되었습니다. 과학자들은 빅뱅이 일어난 시기를 대략 150~200억 년 전으로 추정합니다(최근 문헌에는 138억 년 전이라는 말이 자주 등장합니다). 이 시점부터 우주의 역사가 시작되었고, 약 90억 년 정도가 지난 후에 겨우 지구가 탄생되었죠. '겨우'라고 한 것은 시간도 오래 걸렸지만, 정말 운 좋게 만들어졌다는 의미입니다. 지구의 나이는 약 45억 년으로 판단합니다. 암석 물질에 대한 연대 측정 기술이 발전하면서 비교적 정확하게 파악할 수 있었죠. 지구에 존재하는 온갖 암석에 대해 연대가 결정되면서 45억 년이라는 연대가 받아들여지고 있는 것이지요. 우리가 놓쳐서는 안 될 중요한 것이 하나 있습니다. 그것은 빅뱅이라는 폭발 당시에 생성된 우주공간에 있는 가스입니다. 이 가스가 뭉쳐져서 최종적으로 초기의 지구(현재의 지구보다 작았을 것으로 생각됨)가 형성될 조건이 만들어진 것입니다. 폭발 당시 만들어진 가스(성간운)는 조금씩 커지거나 자체 중력에 의해 수축하면서 천천히 회전하게 됩니다(지구환경과학, 2000)(그림 1.2.1). 이 성간운이 비슷한 방법으로 수축하거나 뭉쳐지면서 미행성체(未行星體)가 만들어집니다(그림 1.2.1의 C). 결국, 지구는 이렇게 성간운이 재료가 되어 만들어진 것입니다. 지구의 각종 물질이 만들어지는 과정은 조금 더 복잡한데, 하나씩 풀어나가기로 하겠습니다. 참고로 성간운은 수소가 73.6%, 헬륨이 24.8%, 기타 나머지 원소가 1.6%를 차지한다고 합니다.

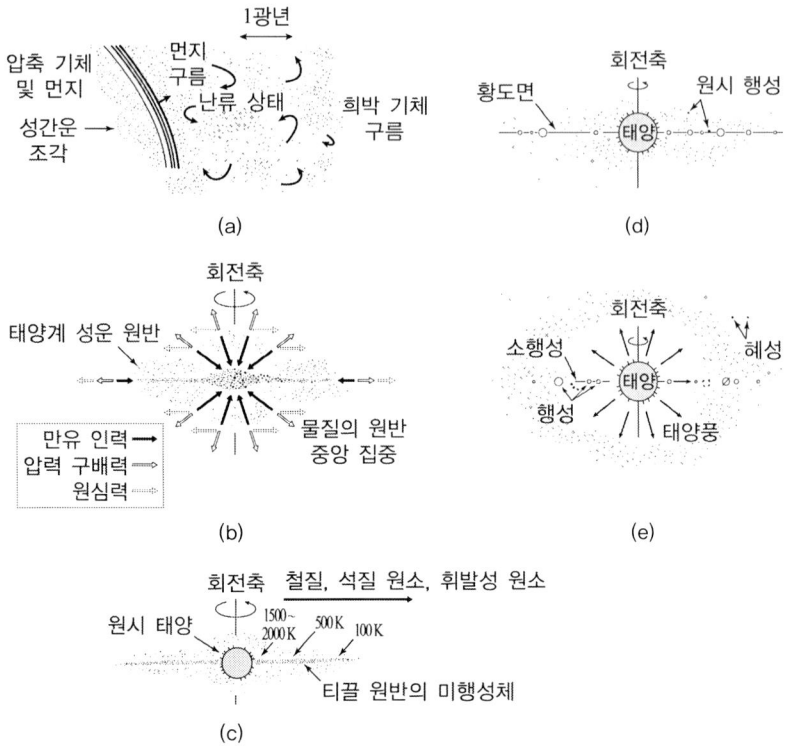

그림 1.2.1 성간운의 회전 및 태양계 형성(지구환경과학, 2000)

그렇다면, 지구 탄생 이전 태양계에 대해서 잠시 생각해 보겠습니다. 지구는 태양계가 생성되면서 만들어진 것이니까요. 간단히 설명하면 45억 년 전, 우리 은하의 어느 위치에서 거대 성간운이 초신성 폭발의 충격파로 중력 수축되면서 분열되었다고 합니다. 이렇게 분열된 성간운 중의 하나가 서서히 회전하면서 다시 중력 수축하여 태양계를 이루는 성간운이 되었습니다. 이 성간운의 중심에서 태양이 형성되었습니다. 그 주위의 가스가 티끌층을 이루고 중력이 발생해 불안정한 상태에서 응축하거나 성장하면서 미행성체(크기가 작은 행성체)가 만들어집니다. 다시 이 미행성체들 간에 충돌이 일어나 합쳐지면서 커진 것들이 원시

행성입니다. 미행성체로 성장하기까지는 정말 무한한 시간이 걸렸음이 틀림없습니다. 우주 탄생에서 약 100억 년이 지나서야 지구가 만들어졌으니까요.

물론 지구도 미행성체들이 충돌하면서 만들어졌습니다. 초기에 만들어진 지구는 지금의 지구보다 훨씬 작았을 거라고 생각되고 있습니다. 반지름이 현재의 1/2이었을 때의 원시 지구는 1년 평균 1,000개가 넘는 미행성체가 충돌했다고 합니다. 매일 여기저기서 거대한 충돌로 하루도 잠잠할 날이 없었던 것이죠. 그렇지만 이렇게 미행성체가 충돌하면 충돌할수록 지구는 덩치도 중력도 더 커지게 됩니다. 아픈 만큼 성숙해졌다고나 할까요. 결국 지구는 엄청난 수의 미행성체가 충돌하여 지금 크기가 되었고, 오랜 변화(진화) 과정을 거쳐 현재와 같은 모습으로 존재하게 되었습니다. 자, 그럼 탄소는 어떻게 만들어졌을까요? 우주가 형성될 때 확실히 존재하던 것으로 추측되는 원소는 수소(H)와 헬륨(He)뿐입니다. 그 외의 다른 원소는 빅뱅이 일어나고 수십억 년 동안 항성의 중심 영역에서 만들어진 것으로 생각됩니다(Broecker, 1985). 닭이 먼저냐 달걀이 먼저냐를 논하는 것처럼, 빅뱅과 원소들의 형성 순서는 어려운 문제입니다.

아무튼 빅뱅 발생 후 불과 몇 초 후 온도가 급격히 내려가면서 어떤 결합이 가능한 물리적 환경이 형성되었습니다. 물리적 환경은 정말로 알 수 없는 폭발의 힘과 관련된 자연법칙과 같은 것이겠죠. 분명한 것은 빅뱅 후 비교적 짧은 시간 내에 순차적으로 가벼운 원소가 만들어지고 하나둘씩 무거운 원소가 만들어진 것입니다. 다시 말해, 수소와 헬륨 이외의 다른 원소들은 오랜 시간에 걸쳐 항성이 진화하는 동안 만들어졌다는 얘기입니다. 탄소도 그중 하나입니다. 좀 더 구체적으로 살펴보기로 하죠. 앞서 진화 과정에서 원소가 만들어진다고 얘기했습니다. 어떤 진화과정을 이야기하는 것일까요? 정말 어려운 물리학 분야의 문제인데 제가 책에서 읽은 것을 잠깐 언급해 보겠습니다. 빅뱅 직후 우주에는 고온 상태에서 양성자와 중성자가 만들어졌을 거라고 생각되고 있습니다. 이 양성자는 수소 원자의 원자핵으로 빅뱅 후 처음으로 수소가 만들어졌다는 것을 의미합니다. 우주가 더욱 팽창하게 되면, 수소(양성자)와 중성자가 충돌하며 합체되는데 이것이 핵융합반응입니다. 이 핵융합 반응이 일어나면서 수소보다 좀 더 무거운 헬륨이나 리튬 등의 원소가 만들어지게 됩니다. 더 무거운 원소도 핵융합 반응의 동일한 과정으로 만들어집니다. 탄소 등과 같이 가벼운 원소는 비교적 초기에 만들어졌고, 철(Fe)과 같이 무거운 원소는 나중에 만들어졌다는 것입니다. 이런 논리를 지구에 적용시키면 철이나 마그네슘, 규소, 산소 등이 생성되는 구조도 빅뱅이 아닌 별의 진화(원시 지구의 탄생)와 관련지어 생각해 볼 수 있습니다(Broecker, 1985). 그러므로 수소와 헬륨으로부터 좀 더 무거운 원소로 전환되는 것은 오랜 시간 경과에 따른 별의 진화과정 중에 일어난 것입니다.

이 책의 주제가 되는 원소는 탄소라고 말씀드렸습니다. 그렇지만, 탄소만 있다고 해서 모든 변화가 지금처럼 이루어진 것은 결코 아닙니다. 철과 같은 매우 주요한 원소도 현재와 같은 지구환경을 만드는 데 결정적으로 중요한 역할을 했다는 것이죠. 탄소와 철, 그 외 몇몇 주요 원소들은 서로 결합하면서 그리고 독립적으로 환경 변화를 결정하는 매우 중요한 인자로 작용했습니다. 어쨌든, 지구상 자연계에 존재하는 수소와 헬륨은 가장 먼저 만들어진 원소이고, 여기서 핵융합 반응에 의해서 점점 무거운 원소인 탄소나 질소, 산소, 규소, 철 등으로 만들어진다고 합니다(Broecker, 1985). 이렇게 원소가 만들어지고 난 후에도 엄청난 핵융합 반응이 계속해서 일어납니다. 우주의 다양한 별들이 만들어지는 과정이 얼마나 오랫동안 지속되었는지는 알 수 없지만, 지구상에 알려진 자연계에 존재하는 원소 96종은 이런 과정을 거쳐서 만들어진 것입니다.

다른 문헌에 기술되어 있는 것을 좀 더 자세히 살펴보기로 하죠(전문 물리학 분야이므로, 용어에 대해서는 독자들의 관심에 맡기고 간단히 기술해보도록 하겠습니다). 편의상 순서를 쉽게 이해하기 위해 번호를 병행해서 기입하겠습니다.

1. 빅뱅 후 초기(직후)를 플랑크 시간 직후라고 합니다. 이때는 입자들의 기초가 되는 쿼크와 렙톤과 같은 소립자들이 생성된다고 합니다. 필자가 느낀 바로는 거의 빅뱅과 동시에 소립자들이 만들어지는 것이라고 생각됩니다.

2. 빅뱅 후 수 초에서 수 시간 후에는 우주의 온도가 내려가면서 원시적인 원자핵 합성이 이루어집니다. 이때는 원소기호 5번인 붕산 원자핵까지 만들어지게 되지만 그 양은 매우 적으며, 대부분은 수소 원자핵 또는 헬륨 원자핵입니다. 즉, 빅뱅의 영향으로 만들어질 수 있었던 원소는 1~5번까지입니다(수소와 헬륨인 1, 2번을 제외하고는 리튬, 베릴륨, 붕소의 비율은 매우 낮습니다).

3. 빅뱅 후 수억 년에서 현재까지는 지금까지 말씀드린 별들의 진화로 인해 무거운 원소들이 만들어졌습니다. 이때는 수소와 헬륨은 많이 만들어진 상태이며, 항성 내부에서 핵융합 반응을 통해서 수소와 헬륨이 탄소, 질소, 산소 등 점점 더 무거운 원소로 융합될 수 있게 됩니다. 하지만 철은 굉장히 안정된 상태이기 때문에 아무리 엄청나게 높은 온도와 강한 압력이 주어지더라도 만들어지지 못합니다. 이 단계에서는 별 내부의 핵융합 반응을 통해서 수소와 헬륨을 태워서 28번 원소까지 만들어질 수 있었습니다.

4. 무거운 원소가 만들어지면서 시간이 좀 더 지난 십억 년 전부터 현재로 오는 사이 어디에선가 '초신성 폭발'이 일어납니다. 이때 폭발에 따른 엄청나게 빠른 속력으로 인한 충격을 통해서 비로소 철보다 무거운 원소들이 생겨납니다. 우리가 귀하게 여기는 금이나 은도 초신성 폭발이 일어나는 극히 짧은 순간에 만들어진 것입니다. 이때 금이나 은은 철로부터 바뀐 것이라고 합니다. 즉, 초신성폭발로 29~92번까지의 원소가 만들어집니다. 우라늄이 자연 상태 원소들 중에서 가장 무거운 원소라고 하는 이유가 바로 여기에 있죠.

5. 자연에는 이외에도 인류가 인공적으로 만든 원소도 많습니다. 방사성 원소들이나 100번대 원소들이 그렇다고 하네요. 원자로를 돌리면서 생기는 플루토늄은 원자로를 가동하는 과정에서 생기게 된 것입니다. 다른 100번대의 등록 및 아직 미등록 원소들의 경우에는 과학자들이 미시세계를 연구하기 위해서 입자충돌기를 이용한 실험을 하는 과정에서 생성된 원소들입니다. 자연계에 존재하지만, 무겁기 때문에 지각 내부에 있어야 할 원소가 발견되는 경우도 있습니다. 이리듐(Iridium(Ir), 77번)이 그런데요, 이 원소는 백악기층(K/T층)에서는 그 위나 아래에 있는 층에서보다 100배나 많이 나온다고 합니다. 백금족에 속하는 이리듐이 백악기층에 많이 나오는 것은 운석 충돌의 흔적으로 해석되고 있습니다(Alvarez et al., 1990).

우주가 탄생하고 혹성이 진화하는 과정에서 모든 원소가 만들어졌습니다. 탄소도 역시 그렇습니다. 탄소는 원자수비로 계산하면 우주에서 4번째로 많은 원소이기도 합니다(Saito, 2019). 항성이 폭발하거나 만들어질 때 탄소와 같이 밀도가 작은 원소는 대기 중으로 비산했기 때문인 것으로 생각되고 있습니다. 그러나 지구에서 탄소는 양적으로 15위 정도로 올라옵니다. 항성 생성 과정에서 가벼운 원소가 비산해서 없어진 결과처럼, 지구 생성 당시도 우주에 떠돌아다니는 암석이 충돌(운석 충돌) 과정으로 생성되었다고 생각하면 좋습니다. 암석이 충돌하게 되면, 생성 당시에는 충돌에너지가 생기고 온도가 올라갑니다. 딱딱하게 굳어지지 않은 용융상태에서는 밀도가 큰 망간, 니켈 등은 밑에 가라앉고, 알루미늄과 같은 가벼운 원소는 위에 놓이게 되어 지각을 형성하게 됩니다. 물론 지각 중에는 탄소도 포함되지만, 대기 중에도 많이 존재하게 되는 것입니다(Broecker, 1985).

지구가 형성될 때 엄청나게 많은 운석 충돌이 있었습니다. 이런 무수히 많은 운석 충돌로 인해 지구는 차츰 크기가 커진 것이죠. 그 과정에서 엄청나게 높은 에너지가 발산되고 온도가 올라갑니다. 지구 형성 초기에서 생명이 출현하기 전까지도 이런 운석 충돌이 많았습니다. 지구가 만들어질 때쯤 지구를 돌고 있는 달도 만들어졌을 것으로 생각되고 있습니다. 달이 아주 먼 옛날 지구의 일부였을지도 모른다는 이야기를 들어보셨나요? 여기에 그 힌트가 있습니다. 태평양 해저는 지구의 중간층을 이루는 현무암으로 이루어져 있는 반면, 다른 해양의 바닥에는 지구 외곽의 대부분을 구성하는 화강암이 깔려 있습니다. "그렇다면 태평양 바닥에 있어야 할 화강암층은 어디로 간 것일까요?" 네이첼 카슨은 '우리를 둘러싼 바다'에서 태평양 분지에 해당하는 부분이 떨어져 나가 달이 만들어졌을지도 모른다고 추론하고 있습니다. 엄청나게 큰 위성 혹은 운석이 충돌하고, 그 영향으로 지구의 일부가 떨어져 나갔다는 겁니다(Rachel Carson, 2018). 아직까지는 입증된 확실한 사실은 아닙니다. 그러나 최근 미국 항공우주국(NASA)에서 수행한 수치모델 결과는 지구가 어느 정도 성장했을 때 다시 지구의 크기 반 정도가 되는 혹성이 충돌하게 되었고, 그 영향으로 지구의 일부분이 떨어져 나가는 모습이 재현되었습니다(NASA's Ames Research Center, 2022). 운석충돌의 결과로 달이 생겼다는 논리도 진실 여부가 언젠가는 밝혀질 것으로 생각합니다.

지구의 탄생과 관련되어 잠깐 밀도 이야기해 볼까요. 밀도를 이해하기 위해서는 지구의 내부 구조를 보면 잘 알 수 있습니다. 보통 지구는 사과 모양이라고 하는데, 껍질에 해당하는 지각이 있고, 그 안쪽으로 속살에 해당하는 맨틀, 그리고 외핵과 내핵으로 구분됩니다. 지구가 지금과 같이 굳어지면서 밀도의 법칙이 적용되었습니다. 가장 가벼운 물질은 지각에, 가장 무거운 물질은 내핵에 있는 것이죠. 물론 지각보다 가벼운 물질은 대기에 놓이는 가스 상태 물질입니다. 원자번호가 가장 작은 수소는 지구에도 있지만, 우주 공간에 가장 많습니다. 수소보다 조금 무거운 헬륨도 수소와 더불어 우주 공간에 가장 많이 있습니다. 전시에 사용되었던 독가스는 밀도 차이의 좋은 예입니다. 독가스는 공기보다 밀도가 높기 때문에 밑으로 내려가기 마련입니다. 바람이 불지 않을 때 독가스가 살포되면, 하늘로 피하지 않는 한 피할 수가 없는 것이죠. 해무나 안개가 지상에 꽉 퍼지는 것과 같아 그 피해가 어느 정도 되는지 쉽게 예상할 수 있습니다. 아무튼, 무게에 따라 물질의 위치가 결정되는 것입니다. 땅에서와 마찬가지로 대기에서도 무거운 원소는 지각과 가까운 곳(높지 않은 쪽)에, 가벼운 물질은 대기 바깥쪽에 분포하고 있는 것이죠.

그림1.2.2는 밀도에 중심을 두고 지구 내부를 보여주는 개략적 그림입니다. 지각 물질은 다양한 원소로 이루어진 암석들이죠. 그중에 특히 퇴적암은 많은 양의 탄산염이 들어있습니다. 탄산염에는 이 책의 주제가 되는 탄소가 많이 포함되어 있습니다. 고생대나 그 이전 선캄브리아 시기에 대기 중에 있던 이산화탄소가 퇴적층 속으로 저장된 것이죠. 이 점은 상당히 중요한 과학적 사실입니다. 퇴적층 속에 저장된 탄소는 어떤 것인지에 대해서도 나중에 다시 말씀드리기로 하겠습니다.

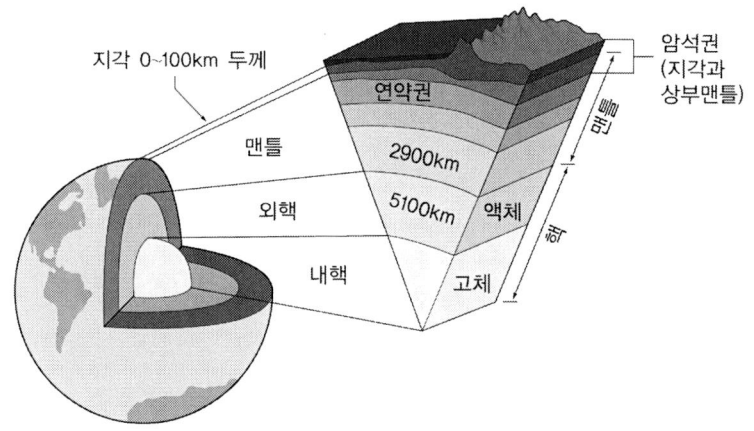

지각 0~100km 두께

암석권 (지각과 상부맨틀)

연약권

맨틀

2900km

5100km 액체

외핵

내핵

고체

그림 1.2.2 지구의 내부구조. 내부 쪽으로 밀도가 커지며, 대기층에서는 바깥쪽으로 가벼운 원소가 존재합니다(Mozie et al., 2014).

아무튼, 지구 진화와 함께 만들어진 탄소는, 다시 지구 진화와 함께 이곳저곳으로 이동되고 저장됩니다. 운석 충돌이나 화학적 결합, 모든 자연의 이치와 법칙을 통해서 암석 속으로, 지층 속으로, 그리고 생명체가 탄생한 후에는 동식물 속으로, 온 세상 속으로 퍼져 나가게 됩니다. 자연이 가진 절대 힘은 남아도는 여분은 부족한 곳으로 보내고, 부족한 곳에는 외부로부터 채우는 균형을 잡는 기능을 합니다. 탄소도 마찬가지입니다. 그렇게 많았던 원시대기 중 이산화탄소는 동식물의 활동으로 퇴적암 속으로, 바닷속으로 이동되어 잘 보존되고 있습니다. 1부에서 계속 이야기하겠지만, 어느 한 곳에 계속 머물러 있지도 않습니다. 바닷속에서는 퇴적암이 융기해 거대한 산맥을 만드는 일이 벌어집니다. 솟아난 산맥 덕분에 과거에 묻혀 있던 탄소가 지표에 노출되기도 합니다. 탄소 순환입니다. 1~4장에서 과거 대기 중에 있었던 탄소 농도와 탄소순환에 대해 자세히 이야기하겠습니다.

지금까지 말씀드린 것을 간추려 봅니다. 지구를 둘러싼 우주 공간을 주목해 봅시다. 우주는 우리가 다루어야 할 기후변화와 전혀 관련이 없다는 분도 있을지 모르나 사실 모든 결과의 원초적 원인이 다름 아닌 우주에서 비롯되었다고 할 수 있습니다. 기후변화의 요건을 생각할 때도 우주를 생각하는 게 우선일 것 같습니다. 우주에서 보면 현재 우리 인류가 살고 있는 지구나 지구형 혹성은 낯선 '이단자'로 간주됩니다 (Broecker, 1985). 지구라는 혹성이 지구 외 다른 혹성과는 확연히 다른 까닭은 각 혹성을 구성하고 있는 물질에서 아주 큰 차이를 보이기 때문입니다. 지구는 철(Fe), 마그네슘(Mg), 규소(Si), 산소(O)로 이루어집니다. 지구 외의 혹성(항성)은 수소(H)와 헬륨(He)이 대부분이고, 그 외의 물질을 전부 합치더라도 고작 1%도 되지 않습니다.

지구형 혹성이 아닌 곳에서는 주성분이 수소와 헬륨이기 때문에 이보다 무거운 원소가 없습니다. 혹시 있다고 하더라도 지구에서처럼 고체 형태의 물질은 존재하지 않는다는 얘기입니다. 결국 지구형 혹성에서만 이 책의 중심 주제로 다뤄지는 탄소와 기후변화가 있는 것입니다. 또한, 이런 사실을 확장시키면 지구형 혹성이 아닌 곳에서는 기후변화의 개념이 있을 수 없다는 결론을 내릴 수 있습니다. 지구는 원소의 탄생과 각종 물질이 오랜 세월에 걸쳐 만들어진 예외적인 혹성입니다. 그렇기에 지구에는 수소, 헬륨을 비롯한 수많은 원소가 만들어지고, 인간까지 등장하게 되었습니다. 변화 또는 진화의 한 가운데 기후변화와 탄소순환이 이루어지고 있는 것입니다. 기후변화의 중심에 온실가스가, 그리고 온실가스의 중심에 탄소가 있습니다. 따라서 탄소는 기후변화의 핵심입니다. 지금까지 언급해 온 우주와 지구 탄생, 각종 원소의 생성은 이 책의 핵심 주제인 탄소나 기후변화와 다소 관련이 없어 보일지 모릅니다. 그러나 아닙니다. 실제로 탄소순환과 기후변화가 일어나려면 그에 앞서 다양한 원소나 물질이 반드시 존재해야 합니다.

제 3 장

원소의 왕 탄소와 탄소왕국

1부의 제목은 탄소가 지배하는 세계입니다. 탄소가 세상을 지배한다는 것입니다. 먼저 우리의 삶을 지배하는 요인에 대해 생각해 보겠습니다. 종종 물리적 힘(정확히는 군사력)에 의해 한 나라가 다른 나라를 지배하기도 합니다. 한 나라 안에서는 법률이 우리를 지배하고, 먹거리도 우리를 지배합니다. 생명 유지에 관련해서는 대기질도 우리를 지배합니다. 수십 년 후에는 대기 중 이산화탄소 농도가 우리를 완벽하게 지배할 수도 있습니다. 여러 번 언급하지만 이산화탄소는 곧 탄소입니다. 탄소가 지배하는 세계! 이 세계의 모든 부분, 즉 자연환경이나 우리 인간이 살아가는 생활환경조차도 탄소가 관여한다는 것입니다. 삶의 전방위에 탄소가 관여하고 있으니 우리는 실로 탄소왕국에 사는 것이죠. 탄소왕국의 왕인 탄소는 대단한 권력을 갖습니다. 실질적으로 세상을 지배할 수 있으니까요. 세상 어느 곳에나 있는 탄소는 탄소왕국의 왕이고, 탄소로 이루어진 각종 화합물들은 그 왕국의 백성이자 구성요소입니다.

　지배한다는 것은 또 다른 의미를 가집니다. 많고 적음의 의미입니다. 오래전에 분자생물을 전공하는 연구자와 나눈 이야기가 생각납니다. 그 연구자는 진정한 지구의 주인은 박테리아라고 했습니다. 양적인 면을 이야기한 것으로 기억합니다. 환경(빛, 온도, 영양분)만 적당하다면, 박테리아의 폭발적 개체 수 증가는 지구를 충분히 지배하고도 남는다고 하더군요. 박테리아가 이분법으로 개체가 하나에서 둘로 증식되는 데 시간이 얼마나 걸리는지 아시나요? 박테리아의 종에 따라 다르겠지만 한 시간 내에 2배, 다시 2배에서 4배로 급속하게 개체수가 증가할 수 있습니다. 실험실 내의 조그만 용기에 박테리아가 얼마나 있을까요? 셀 수 없이 많이 있다는 말밖에 할 말이 없는 것이죠. 박테리아의 증가는 바이러스에 의해 조절됩니다. 바이러스가 박테리아를 감염시켜 박테리아의 증식을 억제하는 역할을 합니다. 최근 전 세계적 COVID-19 팬데믹은 바이러스가 환경에 적응하면서 자가 증식을 하는 과정이라고 할 수 있습니다. 생태적으로는 그들이 종족을 유지시키는 방법으로 변형된 바이러스가 자주 나타나는 것이라고 생태학자들은 이야기합니다.

　한편 인간에게 해로운 박테리아균은 수천만 명의 목숨을 앗아갈 수도 있습니다. 독자님들은 어떻게 생각하십니까? 박테리아가 진정한 세상의 주인인가요, 혹은 바이러스가 주인으로 등극할 수 있을까요? 여러분들의 판단에 맡기겠습니다. 앗! 잠깐만요. 여기에서 사용한 단어 '세계'는 엄연히 '지구'와는 다릅니다. 세상은 살아가는 장소로 인간을 끼워 넣은 것이고요, 지구는 인간의 간섭이 적은 자연적인 것을 의미합니다(물론 인간도 들어가 있습니다). 박테리아나 바이러스는 이 두 공간을 넘나드는 매개체이자 어떤 면에서는 주인이 될 수도 있다는 생각입니다. 반면, 지금까지 언급한 탄소나 메탄을 비롯한 화석연료는 인간의 매개가 되지 않은 자연을 의미합니다. 그들은 인간의 간섭이 없을 때 지구의 주인이었을 수도 있습니다. 앞으로도 자주 언급하겠지만, 지구의 주인으로서 이들은 인간의 간섭을 배제한 경우입니다. 이런 차이점을 유념하면 이야기를 이해하는 데 도움이 될 듯싶습니다.

그럼, 지금까지 줄곧 이야기한 온실가스인 이산화탄소나 메탄, 화석연료의 실체는 무엇일까요. 이들은 지구의 주인 행세를 하지만 화학적으로 말한다면 단순한 탄소화합물에 지나지 않습니다. 탄소의 중요성을 고려해서 탄소를 그들의 중심에 앉아 있는 왕으로 칭한다면, 이 지구는 탄소가 지배하는 세상이라고 할 수 있습니다. 그리고 위에 언급한 몇몇 탄소화합물은 탄소왕국[1]에서 큰 세력을 가진 대 영주 정도라고 할까요. 왕국에는 영주 외에도 무수히 많은 국민이자 구성원들이 존재하고 있습니다. 모두가 약간씩 다른 모습(구조)을 가진 탄소화합물인 것이죠. 우리 인간이 어떤 나라의 국민이면서도 서로 얼굴과 성격이 다른 것처럼, 이들 화합물도 화학적 구조를 달리하면서 탄소왕국을 구성하는 국민인 것입니다. 실제 자연계에서 유기화합물은 수백만 가지의 형태로 화합물을 구성하고 있으며, 현재까지도 그 구조가 밝혀지지 않은 것도 많습니다. 앞으로 밝혀낼 것도 많을 것이고요. 이런 맥락에서 지금까지 설명한 이산화탄소, 메탄, 화석연료는 탄소왕국을 구성하는 국민이면서 실질적 주인 행세를 하는 주요 구성원이라는 점을 강조하고 싶습니다.

주의가 필요한 차이점이 있습니다. 탄소왕국의 구성원이며 대 영주격인 메탄이나 화석연료는 모두 자연적으로 만들어진 것들입니다. 지구 진화나 발전 과정에서 자연적으로 만들어진 것으로, 우리 인간이 개발한 과학기술과는 관계가 없다는 것이죠. 하지만, 현재 세상에 나와 있는 탄소화합물 중에는 자연적이지 않고, 인간이 만들어낸 화합물이 너무 많습니다. 사이보그(Cyborg, 인조인간)와 같은 소위 고분자화합물입니다.

고분자화합물에 대해서는 1부 마지막 장에서 자세히 다루기로 하겠습니다. 여기서는 탄소화합물이나 고분자화합물은 탄소중립이나 기후변화 및 그 외의 환경변화에 적응하고 탄소중립이라는 궁극적 해결책을 찾기 위해 우리가 반드시 고려해야 할 부분이라는 점만 명심하시면 좋겠습니다.

지구상에서 탄소 또는 탄소를 포함하는 물질이 가장 많이 존재하는 곳은 당연히 지표(정확하게는 지표를 포함한 지각)입니다. 푸른 녹음으로 뒤덮인 산림, 이곳에 사는 동물, 곤충 등 모두는 탄소로 이루어져 있다고 해도 지나친 말이 아닙니다. 살아 있는 동식물이 존재하는 모든 장소는 탄소왕국과 같은 조건입니다. 표면을 덮은 나무나 숲을 걷어내면 바로 암석이나 지각이 나오게 됩니다. 역시 탄소를 많이 포함하고 있는 탄소왕국의 일원입니다. 지층에 묻힌 메탄이나 화석연료, 이 모든 것들에 많은 양의 탄소가 포함되었다는 것은 이미 설명한 바와 같습니다. 지표의 식물이나 동물이 유기탄소에 해당한다면, 지각이나 암석 중에 있는 것은 무기탄소인 셈이죠. 유기탄소와 무기탄소는 구분이 조금 어려울 수도 있겠군요. 이들을 쪼개면 탄소 원자니 어찌 되었든 탄소로 만들어진 물질을 이루고 있습니다.

지표에는 숲이 우거진 초록 지대가 있는가 하면, 황토고원으로 불리는 지역도 있습니다. 현재 황무지로 변한 지역은 과거에 비옥한 옥토 지대로 인류에게 양식과 보금자리를 제공했습니다. 예를 들면, 이집트 문명의 발상지인 나일강 부근이 그랬고, 아시아 중앙부에 위치한 몽골고원도 그렇습니다. 과거에는 비옥했지만 지표면 온도 변화로 인해 황무지로 변한 곳들입니다. 무분별한 사용과 방치, 더불어 수천 년 동안 이어져 온 기후변화 때문이라고 할 수 있습니다. 기후변화의 원인은 지구온난화 등 이산화탄소 증가와 같은 요인에 의한 것이죠. 아무튼 현재 황무지로 변화한 곳에서도 지각을 구성하는 물질은 여전히 탄소를 많이 함유하고 있습니다. 이렇게 본다면, 기후변화나 인간의 영향으로 지표에 있는 생물이 만들어내는 탄소의 절대량은 변화가 심하고 환경 변화에 극히 민감하다고 할 수 있습니다. 어쩌면 환경 변화를 리드하는 역할을 한다고 해야 더 정확할지도 모릅니다.

탄소는 어떻게 해서 탄소왕국을 만들었을까요? 자연계에서 스스로 만들어진 경우도 있지만, 과학 문명이 발달하면서 사람이 인공적으로 만드는 경우도 있습니다. 최근 환경오염의 주범으로 주목받는 플라스틱이 바로 사람이 만든 탄소왕국의 국민인 탄소입니다. 탄소는 실로 변화무쌍합니다. 탄소가 어떤 형태로 연결된 것 중에는 유기화합물이 있습니다. 이 유기화합물은 전부가 탄소 원자를 포함한 분자로 구성되어 있습니다. 몇 개의 원자로만 이루어진 화합물도, 수천 개의 원자로 구성된 거대한 화합물도 있습니다. 같은 형태의 구조가 연결된 간단한 것에서부터 어떻게 이렇게 복잡하게 만들어졌는지 모를 정도로 복잡한 화합물도 있습니다. 탄성이 나올 정도로 복잡한 이 구조가 정말 신기할 따름입니다.

탄소화합물은 탄소를 매개로 연결된 것으로 그 연결 방법에 대해 간단히 알아보도록 하겠습니다. 화학적으로 이야기하면 결합의 형태에는 이온결합, 공유결합, 금속결합이 있습니다. 사실 이들 결합의 형태를 이해하려면 기초지식이 있어야 합니다. 원자나 전자와 같은 용어로 시작하겠습니다. 원자는 크기가 1/1000만 mm(10^{-10} m)인데, 그 속에 원자핵(양자)과 전자가 들어있습니다(그림 1.3.1). 원자의 중심에는 원자핵이 있으며, 원자핵은 양자와 중성자가 합체된 형태입니다. 또한 원자핵의 주변에는 마이너스 전기를 띤 전자가 있습니다. 따라서 양자와 전자 수는 같기 때문에 1개의 원자 전체는 전기적으로 중성이 됩니다(Newton, 2019).

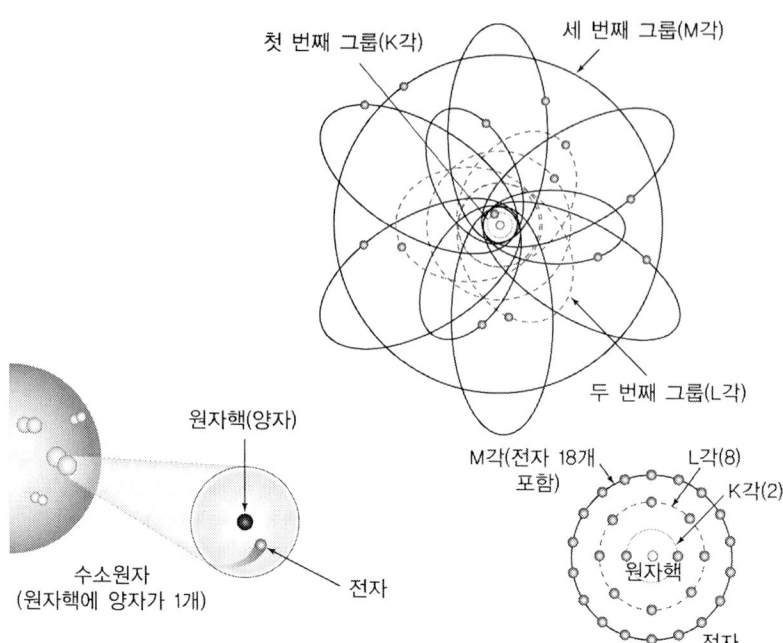

첫 번째 그룹(K각)

세 번째 그룹(M각)

두 번째 그룹(L각)

원자핵(양자)

수소원자
(원자핵에 양자가 1개)

전자

M각(전자 18개
포함)

L각(8)

K각(2)

원자핵

전자

그림 1.3.1 원자와 원자를 둘러싼 전자궤도(K, L, M각)(Newton, 2019).

원자의 종류는 원자핵에 있는 양자수에 따라 결정됩니다. 양자수는 우리가 학창 시절에 암기했던 원자번호로 원자의 종류를 결정합니다. 예를 들어, 원자번호 1인 수소 원자에는 양자 1개와 전자 1개가 있습니다. 원자번호 8인 산소 원자는 양자 8개와 전자 8개가 있는 것이죠.

그러나 전자는 아무데나 있는 것이 아닙니다. 덴마크의 물리학자인 뉴르스 보아(1008~1962)는 원자핵의 주변에 궤도가 있다는 것을 알아냈습니다. 전자는 이 궤도에 있게 되는데, 궤도는 다시 몇 개의 서로 다른 궤도로 이루어집니다(그림 1.3.1). 원자핵에 가까운 쪽에서부터 K각(2개의 전자), L각(8개의 전자) 그리고 최외각인 M각(18개의 전자)입니다. 이렇게 들어갈 전자가 정해지지만 항상 2, 8, 18개의 전자로 채워지는 게 아닙니다. 채워지지 않은 전자는 옆에 있는 다른 원자의 전자를 공유해서 채우는 것이죠. 다시 말하면, 공유하는 형태는 원자가 안정적으로 존재하기 위한 방편이기도 합니다. 전자 수를 원자번호라 했는데, 이렇게 채워지는 전자가 2개, 8개, 18개가 있는 경우는 다른 원자의 전자를 빌려오지 않아도 되는 것입니다. 그렇다면, 2, 8, 18개로만 채울 수 있는 원자는 무엇일까요. 네, 2번 헬륨(He), 10번 네온(Ne) 그리고 18번 아르곤(Ar)입니다. 아르곤은 엄밀히 말하면 2개-8개-8개로 채워집니다. 이해하셨나요? 한 번 더 말씀드리면, 원자번호 6번인 탄소(C)는 전자수가 6이므로 안쪽에 2개가 배치되고 4개가 남습니다. 그러면 불안정해지겠죠. 그래서 두 번째 궤도에 8개를 채우기 위해서 4개를 다시 빌려와야 하는데(공유), 지금까지 말씀드린 수소 원자 4개를 빌려와 8개를 채우면서 안정되는 것입니다. 이렇게 수소 원자 4개를 빌려온 형태가 바로 메탄(CH_4)인 것이죠.

다시 한번 말씀드리면, 메탄의 경우와 같이 전자는 이웃하는 다른 원자의 전자와 결합하게 됩니다. 예를 들어, 전자를 하나 가지고 있는 수소 원자는 외각에 전자 2개가 필요한 산소 원자와 결합해, 물 분자(H_2O)가 만들어지게 됩니다. 산소는 8번이므로 2개, 6개로 배열된다는 것이죠. 앞 절에서 다룬 메탄(CH_4)은 다음 그림에서 보는 것과 같습니다. 이때 탄소는 각각 하나의 전자를 가진 수소 원자 4개와 결합하게 되는데, 탄소의 외곽에 있는 4개의 전자를 사용하게 되는 것이죠(그림 1.3.2). 이렇게 해서 만들어진 게 메탄입니다. 메탄은 가스 형태로 가정에서 요리할 때 에너지로 사용합니다. 조금 더 복잡한 화합물도 마찬가지인데, 다른 곳에서 설명해 드리겠습니다.

아무튼, 이런 방식으로 원자와 원자는 전자결합을 통해 화합물이 되는데, 이 결합방식을 서로의 입장에서 공유한다고 해서 공유결합이라고 합니다. 몇 개의 전자를 공유하느냐에 따라 1중 결합, 2중 결합, 3중 결합으로 표기됩니다. 탄소는 4개의 전자를 2개씩 사용해서 2개의 산소 원

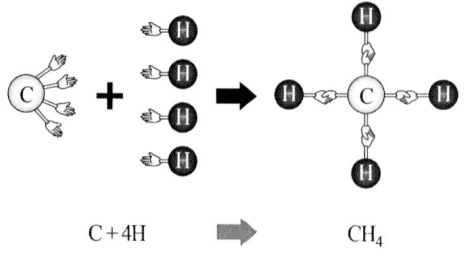

C+4H ➡ CH₄

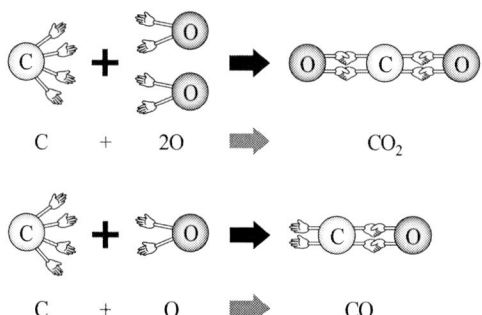

C + 2O ➡ CO₂

C + O ➡ CO

그림 1.3.2 화학결합의 다양한 형태, 메탄과 이산화탄소 및 일산화탄소

자와 결합하는데, 이것이 이산화탄소입니다(그림 1.3.2). 이처럼 2개의 결합방식을 공유해서 연결되었을 때는 2중 결합이라고 합니다. 일산화탄소(CO)는 4개의 전자 중에서 2개만 공유결합에 사용하는데(2개는 결합해야 할 상대가 없기 때문에), 산소 원자와 결합할 때 2개는 남겨지는 것이죠. 일산화탄소의 유해성은 이와 같이 불완전한 결합으로 남기 때문입니다 (Katsuhiro, 2019).

3중 결합도 있습니다. 아세틸렌은 HC와 CH 간에 3중 결합으로 만들어집니다. 즉, 2개의 탄소가 3개의 전자를 사용해 결합하는데 이 경우를 3중 결합으로 설명됩니다. 탄소 원자는 이처럼 1중 결합, 2중 결합, 3중 결합이라는 세 가지 방식으로 결합하고 화합물을 만드는 것이죠. 이렇게 만들어지는 화합물은 그 종류가 얼마나 될까요? 정확한 대답은 '아무도 모른다'입니다. 아마 수백만 종이 될 수도 있습니다. 어떤 책에서는 최소한 1억 종 이상의 화합물을 만들 수 있다고 합니다. 탄소와 화합한 경우만 그렇습니다. 지금까지 밝혀지지 않은 화합물도 있을 수 있고, 혹시 앞으로 인간이 만들어내는 유익한 인공화합물도 얼마든지 있을 수 있습니다.

화학결합을 이야기하려면 화학을 대표하는 주기율표를 빼놓고는 안될 듯합니다. 다소 지루하고 어려울지 모르지만, 여기까지 온 김에 두가지만 더 이야기하고 가겠습니다. 우선 주기율표는 성질이 비슷한 것끼리 모아 놓은 것이라고 말씀드립니다. 예를 들어, 주기율표의 14족에는 탄소를 비롯한 Si(규소), Ge(저마늄), Sn(주석), Pb(납) 등이 있습니다. 14족이 중요하다는 게 아니라, 이들 원자는 최외각에 전자 4개가 있다는 것입니다. 그러므로 조금 전 메탄(CH_4)을 설명한 것처럼, 4개의 전자로 결합하는 특징이 있는 것이죠. 탄소는 외각 4개의 전자로 이산화탄소, 질소 등과 결합해 우리 생명체에 없어서는 안 될 물질을 만들고 있는 것입니다. 물론, 석탄이나 석유 등의 화석연료에서부터 최근의 나노테크놀로지까지 견인하는 주요한 원소입니다. 대표적인 원소로 원자번호 14번인 Si(규소)도 마찬가지입니다. 규소(Si)는 지각에 산소 다음으로 많은 원소입니다. Si는 생명체의 중요한 원소는 아니지만, 오래전부터 유리(glass)나 시멘트(cement)의 소재로 사용되고 있습니다. 20세기 후반부터는 반도체나 태양전지에도 사용되고 있고요. 이처럼 외각에 4개의 전자를 갖는 규소(Si) 화합물은 광물 등에서 많이 볼 수 있는데, 수정이나 석영이 여기에 해당합니다. 때론 산소와 결합해서 이산화규소를 만들기도 하고요.

또 한 가지 중요한 특징이 있습니다. 외각 전자가 안정하게 있을 때입니다(전자가 8개나 18개로 끝날 때). 여기에는 18족 원소가 해당하는데 2번 헬륨(He), 10번 네온(Ne), 18번 아르곤(Ar) 등입니다. 이들 원소들은 최외각에 다른 전자가 들어갈 자리가 없기 때문에 가장 안정한 상태라고 할 수 있는 것이죠. 정확히 표현하면 전자를 주거나 받기 어려운 상태이기 때문에, 다른 원자와 반응할 필요가 없는 것이죠. 이들은 원자 1종류로 안정되어 있기 때문에, 결합해서 다른 형태의 분자를 만들지 않고 1개의 원자 그대로 가스로 존재하게 됩니다. 저도 실험실에서 헬륨 가스나 아르곤 가스를 많이 사용했던 경험이 많습니다. 특히 헬륨 가스는 공기보다 가볍기 때문에 불을 가까이 해도 연소하기 어렵습니다. 이런 성질을 이용해서 비행선이나 기구, 풍선 등에 사용되고 있다는 점도 알아두시면 좋겠습니다.

탄소는 현존하는 화학원소 118개(2019년 기준) 중 하나의 원소에 불과하지만, 인류에게 엄청난 영향을 주었습니다. 과학기술이 발전하면서 인간은 인공적으로 탄소 등을 합성해 화합물을 만들기 시작했습니다. 플라스틱이 가장 좋은 예입니다. 탄소가 지구를 지배한다고 언급했지만, 완성된 물건으로 생각한다면 세상은 플라스틱으로 넘쳐난다고 할 수 있습니다. 인공으로 합성된 플라스틱이 전 세계 곳곳에 버려지거나 처리되지 않은 채 폐기되어 심각한 문제가 되고 있습니다. 태평양 한가운데 한반도만큼이나 큰 쓰레기 더미가 있다는 것은 알고 계시겠죠? 대부분이 플라스틱과 같은 쓰레기입니다.

지금까지 다양한 이야기를 했습니다. 원자와 원자의 결합 형태가 매우 복잡하고 분자량이 많을 때 고분자라고 합니다. 대표적인 사례가 잠깐 언급한 플라스틱입니다. 플라스틱은 인간이 만들어 낸 화합물이지만 자연적으로 만들어진 고분자화합물도 있습니다. 물이나 이산화탄소처럼 간단한 화합물이 있는 반면에 너무나도 복잡한 화합물도 있습니다.

특히 고분자화합물(high molecular compound)이 그러한데, 고분자화합물은 분자량을 1만 이상으로 정의하며 고중합체라고도 합니다. 고분자화합물에는 플라스틱과 같이 인공적으로 만든 것과 녹말이나 셀룰로오스와 같이 자연에서 얻을 수 있는 천연 고분자화합물도 있습니다. 인간이 만든 대표적인 고분자화합물인 나일론, 폴리염화 비닐 등은 모두 플라스틱이라고 봐도 무방합니다. 최근 이산화탄소만큼이나 관심을 받는 플라스틱은 인류 문명의 발전과 함께 찾아온 선물이지만, 이산화탄소처럼 지구환경에 나쁜 영향을 미치고 있습니다. 플라스틱은 어떻게 해서 세상에 등장하게 되었을까요? 어떻게 지구환경에 영향을 주는 것일까요? 이 부분은 1부의 마지막인 7장의 '인류사에 등장한 고분자화합물'에서 다루기로 하겠습니다.

---

1) 탄소왕국: 탄소왕국이라는 용어는 Saito Katsuhiro의 '탄소는 굉장하다(일본어)'의 내용에 등장하는 단어를 이용했습니다.

제 4 장

시한폭탄이 된 이산화탄소

우리 눈에는 보이지 않지만 대기 중에는 다양한 물질이 존재합니다. 오직 자기 눈에 보이는 것만 믿으려는 사람에겐 어쩔 수 없으나, 대기 중에는 우리 눈엔 보이지 않는 수많은 종류의 물질이 있다는 것을 금방 알 수 있습니다. 1~2장에서 이야기한 수소와 헬륨, 우리가 가장 쉽게 느끼는 산소도 있습니다. 그리고 수소와 산소가 결합한 물(H_2O)은 사실은 이차적으로 만들어진 물질입니다. 물, 산소와 다른 물질로 구성된 공기는 생명을 유지하는 데 필수불가결한 물질이지요. 특히 산소는 눈에 보이지 않지만 분명 대기 중에 존재하기 때문에 우리가 살 수 있는 것이죠. 코와 입을 손으로 막고 잠시만 숨을 멈춰 보시면 대기 중 공기의 존재가 얼마나 소중한지를 알 수 있을 것입니다. 모두 알고 계시죠! 이 책의 중심 키워드인 탄소도 대기 중에 존재합니다. 그리고 이산화탄소도 마찬가지입니다. 다만, 산소와 비슷하게 이산화탄소가 너무 많으면 사람이 살 수 없습니다. 지금 지구에는 대기 중에 탄소가 너무 많아지고 있다고 해서 야단법석을 떨고 있는 것입니다. 바로 탄소의 또 다른 형태인 이산화탄소가 기후변화를 야기하고 마치 시한폭탄처럼 멀지 않은 장래에 우리의 삶을 파멸시킬지도 모른다는 염려 때문입니다. 그리고 정말 그렇게 예상되기 때문인 것이죠.

지구온난화(global warming)라는 용어는 이제 진부하게 들릴지도 모릅니다. 너무나도 자주 들었으며, 너무 오래전부터 들었기 때문일 것입니다. 문헌에 의하면 지구온난화란 용어는 1960년대 초에 기후변화(climatic change)란 용어와 함께 자주 등장하기 시작합니다. 아주 오래전 일이죠. 필자가 느끼기엔 기후변화를 설명하는 수단으로 지구온난화가 사용되었다고 판단되지만, 그렇다고 해서 그 중요성이 떨어지지 않았고, 오히려 시간이 지남에 따라 점점 더 중요하게 간주됩니다. 그런 연유로 한때 지구온난화와 기후변화를 동일시하는 경우도 있었다고 생각됩니다. 그건 최근의 기후변화가 온난화의 경로에서 빚어지는 각종 현상으로 특징되기 때문일 것입니다. 정확하게 구분하면 지구온난화는 기후변화의 한 현상이며, 온난화 현상으로 이행되는 것은 기후변화 그 자체입니다. 기후변화 자체를 본다면, 온난화에서 한랭화로 또는 한랭화에서 온난화로 수십 번이나 지구환경 변화의 틀에서 반복되었던 것이죠.

탄소는 우주가 생성될 때 만들어진 행성 기원 원소라 할 수 있습니다. 지구는 다른 행성과 같이 탄생하였으므로, 당연히 원시 지구 상태에서 현재와 같은 모습으로 진화하면서 탄소의 함량도 조금씩 변했다고 생각하는 게 당연할 것 같습니다. 탄소뿐만이 아니라 다른 대기의 성분도 그럴 것입니다. 그림 1.4.1에서 보듯이 과거 4억 년 동안 지구의 대기 상태는 매우 큰 변화를 겪었습니다. 지구상에 생명이 나타나기 시작한 시기를 약 5~6억 년 전으로 보아 4억 년은 생명 진화와 같이 변화한 대기

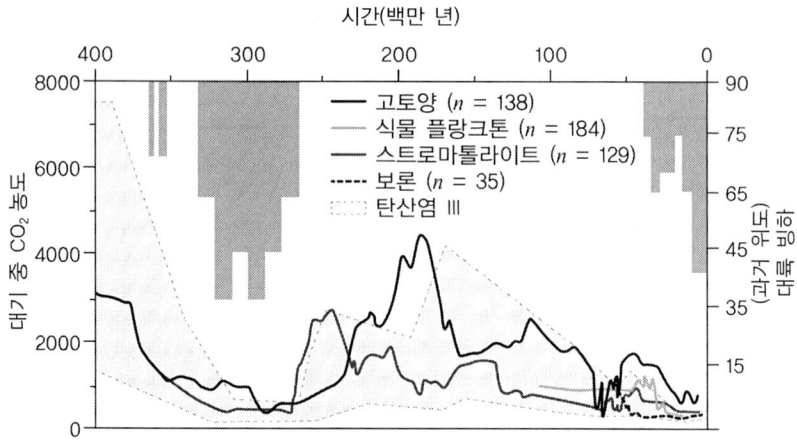

시간(백만 년)

그림 1.4.1 과거 4억 년간의 대기 중 이산화탄소 농도 변화(IPCC 4차 보고서). 다양한 지시자에 의해 과거 4억 년 동안 이산화탄소 농도가 복원되었고, 큰 변화를 보이는 특징이 있다.

조성일 수 있습니다. 그러나 그림에 표시된 것처럼 지금부터 약 4억 년 전인 원시대기에는 이산화탄소(CO_2) 농도가 최고 7500ppm 정도까지 이르게 됩니다(그림 1.4.1). 나중에 언급하겠지만, 산업혁명 이전의 대기 중에 존재하는 이산화탄소 농도를 약 300ppm 정도로 가정한다면(실제 280ppm 정도로 여겨짐), 단순하게 계산해 봐도 20배 이상이나 더 많았던 것이죠. 기후변화에서 가장 중요한 온실가스로 평가되는 이산화탄소는 한때 지구의 대기 중에서 질소와 산소를 제외하면 가장 많은 가스였습니다.

그 후 지구의 진화와 더불어 이산화탄소는 각각의 시기에 따라 증가와 감소를 반복하면서 현재에 이르고 있습니다. 즉, 4억 년 전에는 산업혁명 이전보다 20배나 많았고, 3억 년 전에 현재와 비슷할 때도 있었다는 이야기입니다. 또한 3억 년에서 2억 년 전으로 이행되는 시기에는 대기 중 이산화탄소가 다시 증가하고 있는 것을 알 수 있습니다. 여기에서 중요한 사실이 있습니다. 즉, 현재와 비슷한 수준의 이산화탄소가 있었던 시기인 약 3억 년 전에는 플랑크톤도 현재와 같이 상당히 많았다는 사실입니다. 지구상에서 일어난 탄소순환(탄소량 변화)과 생물 생산이 긴밀하게 관련되기 때문인 것이죠. 장기간에 걸쳐 진행되는 지구환경 변화를 살핀다면 이러한 문제는 더욱 중요하게 다루어져야 할 것입니다. 여기서는 대기의 이산화탄소 농도 증감이 플랑크톤의 증감과 깊이 관련된다는 사실만 우선 기억하기로 하고 구체적으로는 나중에 자세히 설명하도록 하겠습니다(그림 1.4.1).

대기 중에 존재하는 다양한 물질 가운데 이산화탄소가 차지하는 비율은 매우 낮습니다. 대기의 전체 물질을 100%로 간주한다면, 현재 이산화탄소는 0.038%에 지나지 않습니다. 물질 백만 개 중에 380개가 있으니 그리 많은 게 아닙니다. 쉽게 사용하는 단위로 하면 약 380ppm입니다. 또한 온실가스인 메탄의 양은 0.00018%(1.8ppmv)인데, 물질 백만 개 중에 18개 정도가 있다는 이야기입니다. 이 둘이 전체 온실가스의 95%를 차지하고 있다는 사실은 이미 언급한 바와 같습니다(그림 1.1.2 참조). 이처럼 대기 중에 소량의 이산화탄소가 있지만 어떤 임계점이 되면 갑자기 (지질학적 시간스케일로 하면 약 수천 년 이상) 지구 상태를 완전히 바꾸어 놓기도 합니다. 2, 3부에서 자세히 설명하겠지만, 어쨌든 대기 중의 이산화탄소 농도는 모든 변화의 시발점입니다. 기후변화와 기타 생명의 진화, 환경 변화, 지하자원의 형성에 이르기까지 관여하고 있는 것입니다. 3장에서 설명한 것처럼 말 그대로 탄소왕국을 형성하게 된 것이죠!

과거 대기에 있던 이산화탄소 농도를 알아내기는 간단치가 않습니다. 아무리 과학기술이 발전했다고 해도 사라진 기록을 정확하게 복원(reconstruction)하는 데는 지극히 어려운 과학적 노력이 필요하다는 것이죠. 그럼에도 다양한 방법을 통해 과거 기록을 복원하려는 노력이 계속되고 있고, 또한 정확성을 높이려고 노력하고 있습니다. 앞의 그림 1.4.1에서도 알 수 있듯이, 이런 부정확성이 있기 때문에 복원된 값은 많은 오차를 포함하고 있습니다. 따라서 오차를 줄이기 위해서 다양한 방법을 통해서 과거 기록을 복원하게 되는데, 소위 대리지표(proxy)를 통해서 여러 가지 기록을 통합적으로 해석하게 됩니다. 예를 들어, 과거 대기에 있던 이산화탄소 농도를 알 수 없기 때문에 식물 플랑크톤이나 고토양(paleosols), 보론(Boron) 동위원소를 이용하여 이산화탄소를 복원하는 것이죠. 그림 1.4.1의 결과도 대리지표를 사용하여 추측한 변화곡선입니다. 그 외에도 다양한 간접적 변화 기록이 대리지표로 사용될 수 있는데(예를 들어, 유공충의 산소동위원소는 수온에 대한 대리지표), 각각의 대리지표로 복원된 4억 년 전의 대기 중 이산화탄소의 농도는 많게는 약 7,500ppm에서 적게는 400ppm의 범위로 추측되었다는 것이죠. 이렇게 오차가 많다는 것은 그만큼 추정이 어렵다는 것이기도 합니다. 그리고 대리지표를 통해 추정한 이산화탄소의 농도가 맞는 농도라면, 지질시대를 통해 심하게 변화한 이산화탄소의 농도가 의미하는 것은 그만큼 지구환경이 급격하고 크게 변화했다는 증거이기도 합니다.

그림이 내포하는 의미는 매우 많습니다. 우선 그 변화가 극심하다는 것인데, 지구상에 생물이 출현해서 얼마 되지 않았던 약 3억 년 전에는 생물 활동으로 대기의 이산화탄소 농도가 매우 낮아졌다는 결론에 이릅니다. 육상이나 해양의 생물 활동이 대기의 이산화탄소 농도를 낮추는 역할을 한 것이죠. 특히 이때는 해양생물인 식물성 플랑크톤의 광합성 작용을 통해 대기 중 이산화탄소 농도가 급속히 떨어진 것으로 생각됩니다. 대기 중 이산화탄소 농도가 떨어진 것만큼 해양의 식물성 플랑크톤이 활발하게 광합성 작용을 했음이 틀림없기 때문입니다. 또 하나 숨겨진 사실은 대기에서 사라진 이산화탄소는 거의 확실하게 지구상 어딘가에 고정되었다는 추측을 할 수 있겠죠. 우주 공간으로 날아가지 않은 이상 지구상 어딘가에 있다는 추측이 가능합니다. 지구상에 있는 절대 탄소량은 거의 비슷한데, 이것이 놓이는 위치가 하늘이나 땅(퇴적물 속), 그리고 해양에 머물다가 다른 곳으로 이동했다는 것이죠. 탄소순환입니다. 탄소순환이 이루어지면서 어디에서 어디로 이동되고, 얼마나 많은 양이 이동되는지 이들의 운명에 대해서 앞으로 전개되는 이야기를 읽으면 잘 알 수 있을 것입니다.

대기 중 이산화탄소 농도를 복원하는 과학기술의 발전이 거듭될수록 그 정확도가 향상되었습니다. 몇몇 분야에서는 과거 수십만 년 동안 이산화탄소 농도를 자세하고(고분해로) 정확하게 복원할 수 있습니다. 특히 빙상 코아(ice core)에 오래 묻혀 있던 얼음 시료를 활용한 복원에는 눈부신 기술적, 과학적 진보가 있었습니다. 즉, 남극에 쌓인 빙상에서 과거 수십만 년 동안의 얼음 층(빙상 코아)을 굴삭하고, 거의 연 단위로 자세한 분석을 하게 된 것이죠. 그 결과는 매우 중요한 몇 가지 정보를 제공하고 있습니다. 과거 수십만 년 동안에도 크고 작은 이런 변화가 항상 있었다는 것입니다. 그림 1.4.2는 남극에서 얻어진 빙상 코아에서 과거 40만 년 동안의 대기 중 이산화탄소 농도와 메탄 농도를 보여주고 있습니다. 여기서 보이는 변화의 특징은 다음과 같습니다. 첫째, 뚜렷한 10만 년 주기, 둘째, 극히 최근 (산업혁명 이후) 자료를 제외한다면, 그 농도 최댓값이 약 40만 년 전부터 산업혁명 전까지는 300ppmv(part per million, volume, 용적비 100만분의 1)를 넘지 않았다는 것입니다.

산업혁명 후 인간 활동으로 증가된 현재의 대기 중 이산화탄소 농도를 420ppm으로 간주한다면, 빙기-간빙기의 10만 년 동안 자연적 변화와 산업혁명 후 200여 년간에 변화한 값이 비슷한 수준입니다. 이러한 변화는 지구환경 또는 기후환경에 매우 큰 영향을 미칠 것으로 예상되기 때

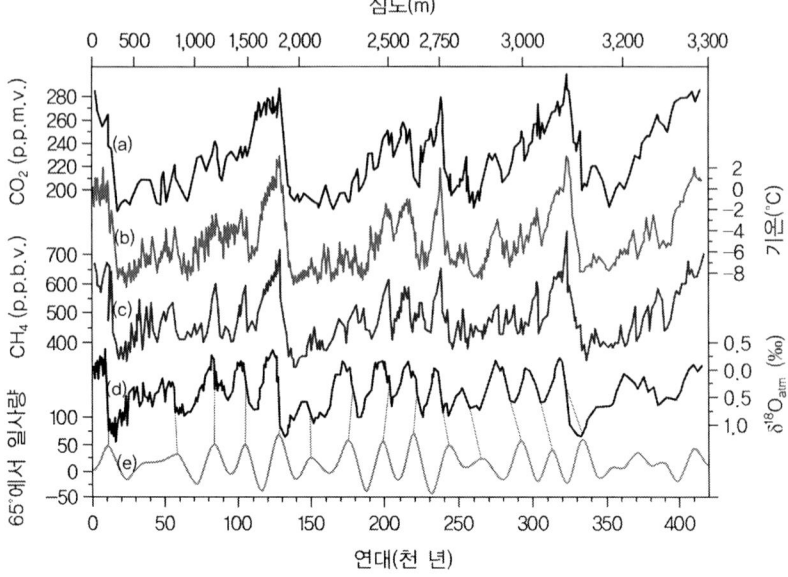

그림 1.4.2 남극대륙의 보스톡 빙상코아에서 구한 과거 40만 년에 걸친 기록 II
(Petit 등, 1999). (a) 얼음에 포획된 CO_2 농도(ppmv), (b) 얼음의 수소
동위원소 비(D값)(‰)로 추정한 기온, (c) 얼음에 갇힌 공기의 메탄농도
(ppbv), (d) O_2의 8O 커브, (e) 북위 65도의 6월 중순 일사량.

문에, 인간의 영향이 미치지 않았던 시기의 대기 중 이산화탄소 농도 변
화폭은 중요한 시사점이 있는 것입니다. 그 변동 폭과 주기적 변동 또한
의미가 큽니다(그림 1.4.2).

과거 수십만 년 동안 대기 중 이산화탄소 농도나 메탄 등 다른 가스
농도에 대한 정확한 정보는 다른 지역의 빙상 코아 분석을 통해서도 잘
알려졌습니다. 남북극 지방엔 만년 빙상이 있습니다. 만년 빙상은 말 그
대로 얼음덩이가 언제나 녹지 않고 남아 있는 것이죠. 지역에 따라 다르
지만 일부분은 녹거나 눈이 내리고 굳어져서 빙상으로 성장하기도 합니
다. 매년 겨울에 쌓이는 빙상은 그 깊이가 수 km에 달하는 것으로 알려
져 있습니다. 이 빙상을 채취(지하수를 뚫기 위해 굴삭하는 방법과 비슷합니

다)하여 얇은 판자 모양으로 자른 후(연대 결정), 그 얼음 속에 들어있는 기포로부터 가스 농도를 알아낼 수가 있습니다. 그림 1.4.2는 빙상 코아에서 얻어진 (빙상 코아에 포획된 기포) 대기 중 이산화탄소 농도 변화를 보이는 것입니다. 참으로 놀랍지 않습니까. 빙상 코아에는 대기 중에 있던 이산화탄소나 각종 미량 원소가 쌓일 때 당시의 상태로 스며들어 있습니다. 따라서 빙상 중에 든 기포나 빙상(H_2O)을 분석하면 산소동위원소, 수소동위원소 등 각종 원소들의 함량이 얼마나 있는지를 알아낼 수 있는 것이죠. 우리들의 건강에 유해한 미세먼지나 기타 중금속도 빙상 코아에 잘 보존되어 있습니다. 마찬가지로, 과거부터 현재까지 이산화탄소의 변화, 환경오염의 지표가 되는 각종 중금속의 농도 등 거의 모든 정보를 확보할 수 있게 됩니다. 빙상이 만들어질 당시의 환경(상황)이 고스란히 들어가기 때문이죠.

좀 더 구체적으로 살펴보면, 과거 대기 중 이산화탄소 농도는 지질학적 시간인 제4기에 와서는 빙기-간빙기 간에 주기적인 변화를 보이는 특징이 있습니다. 산업혁명 이전만을 고려했을 때, 간빙기의 280ppm에서 빙기의 180ppm으로 빙기-간빙기 간 약 100ppm 정도 차이를 보이면서 증가하거나 감소하는 주기적 경향이 뚜렷한 것이죠. 이렇게 변하는 제4기의 이산화탄소 변화는 주로 태양에서 받는 일사량과 지구에서 반사하는 반사량에 의존한다고 봐야 합니다. 단, 산업혁명 후에 인간이 배출한 이산화탄소를 제외하면 말이죠. 다만, 여기서는 지구 온실가스의 하나인 이산화탄소 농도가 과거 수억 년, 수백만 년, 또는 수만 년 동안 뚜렷한 변화를 보인다는 것에 주목합니다. 온실가스가 변화했기 때문에 그에 상응해서 지구의 기온도 변화했다는 것이죠. 지구 온도변화는 곧 기후변화를 의미합니다.

물론 이산화탄소 이외에 다른 원소의 농도도 약간씩 변화하고 있는

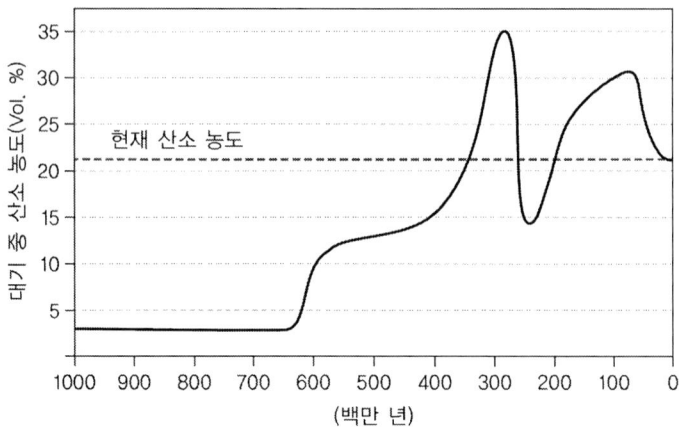

과거 10억 년 동안 대기 중 산소 농도

현재 산소 농도

그림 1.4.3 대기 중 산소 농도의 변화. 약 6억 년 전부터 급격하게 증가했다. 파선은 현재의 산소 농도를 지시한다.

것도 사실입니다. 오래전에는 대기 중 이산화탄소가 압도적으로 많았고, 시간에 따라 그 농도가 많은 변화를 보였습니다. 대기 중 산소 농도도 처음부터 지금과 같은 농도로 유지되지 않았던 게 분명합니다(그림 1.4.3). 산소도 이산화탄소처럼 크게 보면 지구의 진화와 관련되어 농도 변화가 있었다는 겁니다. 여기서 중요한 점 하나를 언급하면, 지금으로부터 약 6억 년 전에는 대기 중 산소 농도가 2~3% 수준이었지만 지구상에 생명(식물, 동물)이 출현한 후에 급격히 높아졌다는 사실입니다. 현재의 산소 농도는 우리 인간이 살 수 있는 약 21% 정도를 유지하고 있습니다. 당연한 환경이라 생각하시겠지만, 과거에는 대기 중에 존재하는 산소 농도가 희박해 인간이 살 수 없는 환경이었던 것이죠. 이를 좀 더 확장시켜 보면, 최근 인간 활동 때문에 증가되는 이산화탄소는 마치 초미세먼지가 증가하면서 인간의 생활에 어려움을 초래하는 것처럼 어쩌면 부적합한 환경을 만들어 가는 과정일 수 있다는 것입니다. 증가하는 초미세먼지나 높아지는 이산화탄소 농도는 무엇보다 인위적인 요인에 의한 것이라는 데 그 중요성이 있습니다.

현재 세계 대기 중 평균이산화탄소 농도가 얼마인지 아시는지요. 의외로 전공하는 사람에게 물어봐도 모른다는 대답이 많이 돌아옵니다. 우리 실생활과 밀접하게 관계되지만, 그만큼 관심을 갖지 않는 현실을 보여줍니다. 대기 중 이산화탄소 농도는 지역마다 약간의 차이는 있지만, 미국 해양대기청(NOAA)이 발표한 자료에 따르면, 2020년 기준 412.5 ppm입니다(NOAA, 2020). 최근의 고농도는 과거 인위적 영향이 없었던 빙기-간빙기의 이산화탄소 농도 범위(앞서 언급한 180~280ppm)와 비교했을 때 상당히 높은 농도를 보이고 있습니다. 자연적 변화와는 달리 뚜렷하게 높아진 이산화탄소 농도는 결국 인간의 활동에서 기인한 것으로 판단되고 있습니다. 그 결과로 오늘날과 같은 지구온난화와 기후변화가 야기된 것입니다. 참고로 우리나라 안면도에서 정기적 관측을 해본 결과, 전 세계 평균 상승률(매년 2.3 ppm)보다 약간 높은 2.4ppm으로 나왔습니다. 울릉도나 독도에서 관측된 대기 중 이산화탄소 농도는 청정지역이라 여겨지는 하와이의 마우나로아에서 관측된 값보다 다소 높게 (2~3ppm) 나타나는 경향이 있습니다. 이렇게 높게 나타나는 이산화탄소 농도에 관해서는 여러 가지 이유가 있겠지만, 그 원인을 규명하는 것과 동시에 한반도 주변에서도 지구온난화나 탄소중립에 관심을 가지고 지속적 연구가 수행되어야 할 필요성이 있습니다. 당연히 탄소중립과 같은 세계적 경향에 맞추어야 하며 오히려 더 적극적으로 동참하고 노력해야 하는 것이죠.

과거 수억 년 동안 대기 중 이산화탄소 농도변화에 대해, 그리고 빙기-간빙기 동안 변화한 대기 중 이산화탄소에 대해 언급했습니다. 이 절을 마무리하면서 꼭 한 가지 덧붙이고 싶은 것이 있습니다. 그것은 대기 중 이산화탄소량이 얼마나 빨리 변화했느냐 하는 문제입니다. 빙기-간빙기의 10만 년간 겨우 100ppm 정도의 자연적 변화가 있었을 뿐입니다. 그러나 산업혁명(1800년대 중반) 전의 자연적 배경농도를 280ppm으로 생각했을 경우, 겨우 200여 년이 지난 지금 대기 중 이산화탄소의 농도는 빙기-간빙기의 변화폭을 뛰어넘는 급격한 변화를 보이고 있습니다. 현재를 420ppm으로 한다면, 엄청나게 빠른 속도인 것이죠. 게다가 어느 정도까지 상승곡선이 이어질지 아무도 모릅니다. 이런 이유 때문에 모두가 주목하는 탄소배출을 줄이고, 탄소중립을 실천해야 하는 당위성이 있는 것입니다. 몇 번이고 반복하고 있지만, 아무리 강조해도 지나치지 않습니다. 산업혁명 후 인간이 배출하는 탄소나 이산화탄소는 자연적 변화의 속도를 훨씬 뛰어넘는 변화입니다. 언제 멈출지도 모르며, 언제 급격한 기후변화가 시작될지 가늠할 수도 없습니다. 월러스 스미스 브로커(Broecker)가 말한 것처럼 앞이 보이지 않는 안개 속을 걸어가는 형국으로 언제 벼랑 끝으로 떨어질지 모르는 셈인 것이죠. 그것도 언제 폭발할지 모르는 시한폭탄을 안고서 말입니다.

제 **5** 장

지층에 매장된 지뢰,
불타는 얼음을 아시나요?

기온이 급격히 올라가면 어떤 장소에 살고 있던 동·식물은 어떻게 될까요? 인간이 그러하듯 땅위에 똬리를 틀고 살아가는 동·식물도 주위를 둘러싼 환경에 적응하면서 살아갑니다. 그렇기에 급격한 기온변화는 고통을 의미하며, 고통을 감내하려면 변화(외부의 충격)에 견딜 만한 충분한 시간이 필요합니다. 그것은 인간이 기온변화에 적응하기 위해 여름과 겨울에 옷을 갈아입는 것과 같습니다. 또한 이동성이 적은 식물은 처음에 넓적한 잎을 가진 나무로 자랐지만 기후변화에 적응하는 과정에서 가늘고 긴 선인장 가시와 같이 진화한 것과 같습니다. 넓은 온도 범위에 금방 적응할 수 있다면 굳이 그들은 변화에 무감각할지도 모릅니다. 온도가 올라가든 내려가든 고통도 없으며, 제 할일만 하면 되니까요. 생명체는 그렇지 않다는 게 자연의 이치인 것이겠죠. 일부 좁은 범위의 온도에 적응할 수 있는 변온동물조차도 급격한 변화에 적응하기 위해선 오랜 겨울잠을 자는 등 많은 수고가 따릅니다.

지구 역사상, 땅과 바다에 머물렀던 수많은 생명체가 급격한 변화로 인해 적응할 시간도 없이 속절없이 사라져간 경우가 있었습니다. 한두 번이 아니었습니다. 소위 말하는 동식물의 대량 전멸(mass extinction)입니다. 대량 전멸의 한 원인으로 지구온난화와 비슷한 대기질에 급격한 성분변화가 있었다고 예측하고 있습니다. 바로 해저에 저장되어 있었던 온실가스의 하나인 메탄의 대량 방출입니다. 메탄가스는 이산화탄소와 더불어 강력한 온실가스의 하나라는 것은 이미 말씀드렸는데 기억하고 계시죠? 어떻게 해서 메탄가스가 이 땅의 동식물을 앗아갔는지, 또 그런 일이 어떻게 일어날 수 있었는지 알아보는 게 이 장의 주제입니다.

사실, 메탄(CH_4)은 화학원소 기호에서도 알 수 있듯이, 탄소, 수소, 산소와 같은 단일종이 아닙니다. 탄소원자 하나에 수소원자 4개가 붙어있는 화학적으로 결합된 화합물(chemical compound)입니다(그림 1.5.1). 지구가 만들어진 후 수소는 원래부터 많았으며, 탄소는 조금 후에 만들어지기 시작했습니다. 이 둘은 상대적으로 많았기 때문에 메탄은 다양한 과정을 통해서 속속 만들어지게 되면서 많아집니다. 앞서 어디선가 잠깐 언급했지만, 이 메탄은 분명 수소, 탄소가 닭이라면 닭이 낳은 달걀인 것이죠. 그러기에 이 메탄 역시 지구의 오랜 진화과정 중에서 만들어진 것이기에 많아지게 되었다고 표현했습니다. 결국 메탄은 지구상에 상대적으로 많은 양이 존재하게 되었으며 지금은 그 유용성으로 인해 주요한 천연자원이 되었습니다. 경제적으로 매우 유용한 자원이 되기 때문에 자연상태에서는 다소의 위험성을 무릅쓰고서라도 가스 상태의 메탄을 끄집어내고 저장하며 적절하게 사용하고 있는 현실입니다. 그러나

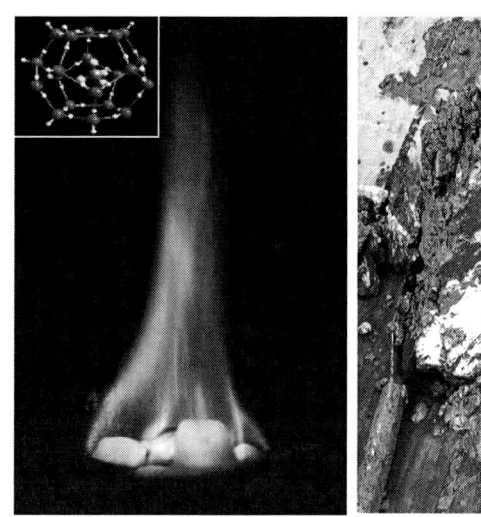

그림 1.5.1 메탄 하이드레이트가 불타는 모습(왼쪽)과 퇴적물에 들어있는 메탄하이드
레이트(오른쪽, 하얀 부분)(미국 지질조사국(United States Geological
Survey)).

메탄은 자원임과 동시에 온실가스라는 데 문제가 있습니다. 메탄이 가
진 자원적 가치를 차치하고 온실효과와 관련된 문제를 다루는 게 이 장
의 내용임을 다시 말씀드립니다.

메탄가스를 정의하면 탄소와 수소가 결합된 화합물이며 가스입니다.
메탄은 지구상 곳곳에 퍼져 있으며 만들어지거나 저장(보존)되는 형태
도 다양합니다. 이 장의 제목은 '지층에 매장된 지뢰'라고 했습니다. 바
로 메탄을 지칭하는 것인데, 지층 중에서는 존재형태가 약간 다릅니다.
가스 상태에서는 태워서 바로 에너지를 얻을 수 있지만, 지층 중에서는
온도 압력 조건이 맞으면 얼음덩어리 형태로 존재합니다. 메탄가스가
낮은 온도와 높은 압력조건에서는 물과 반응하여 얼음형태(고체)가 되
는데 이것을 메탄 하이드레이트(Methane Hydrate), 또는 가스 하이드레이
트(Gas Hydrate)라고 정의합니다. 하이드레이트(Hydrate)라는 말은 수화

물(水化物)을 의미하는 것이죠. 이 하이드레이트가 바로 얼음덩어리를 지칭하는 것입니다. 그러니까, 가스 상태의 메탄이 메탄 하이드레이트가 되었다는 것은 메탄가스가 높은 압력과 낮은 온도에서 물과 결합하여 고체 결정을 만들었다는 것입니다. 바로 메탄 하이드레이트인 것이죠.

대기에 존재하는 메탄의 양은 최근 수십 년의 기록을 보더라도 이산화탄소와 마찬가지로 계속해서 증가하고 있습니다(그림 1.5.2). 1~4장에서 언급한 과거 수십만 년 동안 대기 중 이산화탄소 농도변화 곡선을 기억하고 계신 분은 금방 이해할 수 있겠지만, 대기 중 메탄가스 농도 역시 과거 수십만 년 동안 이산화탄소와 거의 비슷한 형태로 빙기-간빙기를 반복하여 왔습니다(그림 1.4.2 참조). 역시 이산화탄소의 거동과 운명

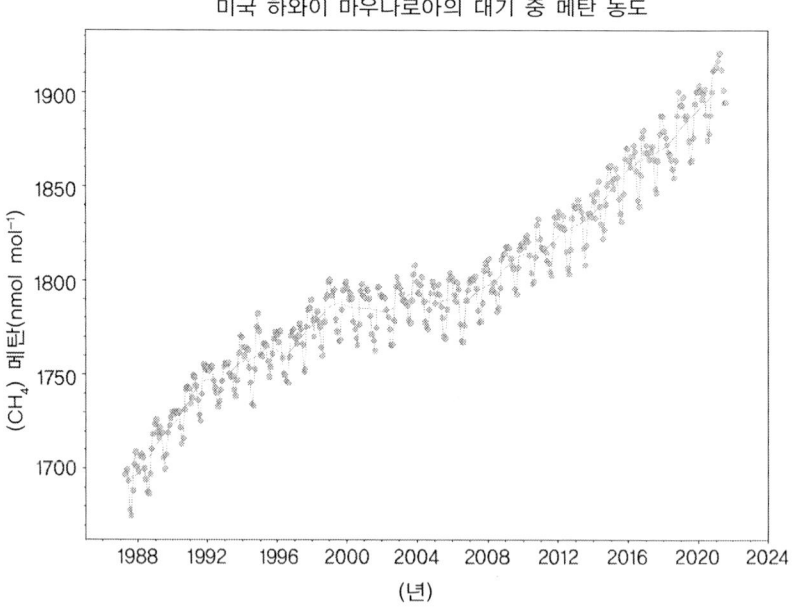

미국 하와이 마우나로아의 대기 중 메탄 농도

그림 1.5.2 미국 해양–대기청(NOAA)에서 마우나 로아(Mauna Loa)에서 관측한 대기 중 메탄 농도의 증가 경향. 2020년에 1912ppb에 달했다(NOAA, Earth System Research Laboratory, 2021).

을 같이 하려는 것인지 언제까지, 그리고 어느 정도까지 증가할 것인지 현재로선 알 수 없습니다. 그림 1.5.2에서는 1988년부터 지속적으로 증가하는 메탄 농도의 변화 경향을 볼 수 있습니다. 온실기체로서 지구의 기후변화에 중요한 역할을 하고 있음이 명백한 것이죠. 정말 대기 중 이산화탄소의 농도와 비슷하게 말입니다. 메탄이 이렇게 매년 뚜렷하게 증가하는 원인은 어디에 있을까요? 원인이 어디에 있는지 알아보기 전에 메탄 역시 이산화탄소 농도와 마찬가지로 전적으로 우리 인류의 노력에 그 운명이 결정된다는 사실을 기억해야 맞을 것 같습니다.

메탄 하이드레이트는 물리적으로 압력이 높고 온도가 낮은 조건에서 만들어지며 체적의 약 200배에 달하는 메탄을 포함합니다. 따라서 메탄 하이드레이트는 고체 메탄의 저장고라고도 할 수 있습니다. 특정한 조건(온도와 압력)만 충족된다면 지구상에 가장 풍부하게 존재하는 물과 메탄이 결합해서 수화물을 형성하게 되므로 지구상 어디에서나 쉽게 찾을 수 있는 특징이 있습니다. 하지만 일반인은 메탄 하이드레이트를 실제로 체험하지 못한 경우가 많습니다. 메탄과 달리 하이드레이트는 특정한 조건에서 형성되기 때문입니다. 메탄이나 메탄 하이드레이트에 관해서는 생성이나 보존, 자원양 등 언급해야 할 사항이 무궁무진합니다. 그러나 이 책이 주제가 탄소중립이나 기후변화에 관한 것이므로 형성이나 분포 및 온실효과에 미치는 영향으로 나누어서 간략하게 살펴보겠습니다.

메탄(메탄 하이드레이트)의 형성과 분포

메탄은 당연히 천연가스의 주요한 성분인데, 발견된 장소에서도 알 수 있듯이 습지와 비슷한 환경에서 유기물이 분해로 발생하게 됩니다. 그러므로 대부분의 메탄 기원은 자연 상태에서 가스가 많은 지질층에서 볼 수 있습니다. 그림 1.5.3에서 보는 것처럼 메탄의 기원은 매우 다양한

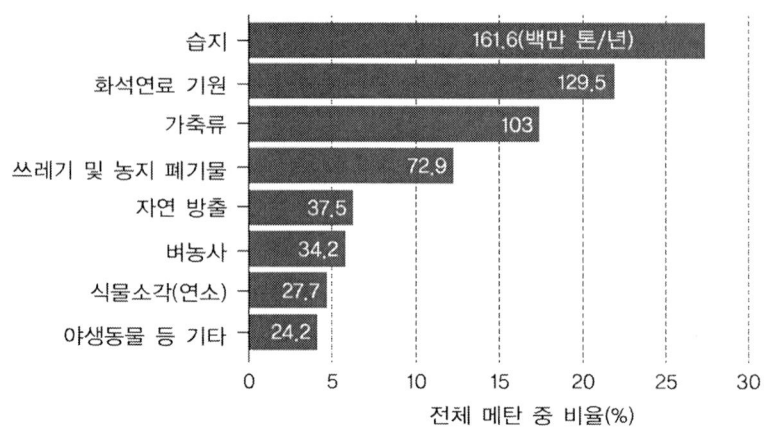

습지 161.6(백만 톤/년)
화석연료 기원 129.5
가축류 103
쓰레기 및 농지 폐기물 72.9
자연 방출 37.5
벼농사 34.2
식물소각(연소) 27.7
야생동물 등 기타 24.2

전체 메탄 중 비율(%)

그림 1.5.3 메탄의 생성 기원 및 전체에 대한 발생원별 비율(Nature, 2022).

데, 자연 상태인 습지(Wetlands)에서 가장 많이 방출되고 있음을 알 수 있습니다. 습지에서 대기 중으로 방출되는 메탄은 전체의 25%가 조금 넘는 정도입니다. 우리가 사용하는 화석연료에 의해서는 약 20%가 조금 넘습니다. 이 둘을 합치면 거의 50%에 해당합니다. 그 외에 가축류나 농업활동에 의해서도 메탄이 생성됩니다. 물론, 가축류(소나 말) 등이 방출하는 방귀에서도 적지 않은 양의 메탄이 발생합니다(e.g.World Economic Forum, 2021). 한때는 가축의 방귀가 메탄 배출의 주요 원인이라서 가축을 줄여서 온난화에 대처해야 한다는 주장도 있었습니다. 이와 같은 주장은 사실이지만, 가축 배출이 다른 배출에 비해 크지 않기 때문에, 그런가 하고 지나가버렸습니다. 아무튼 메탄가스는 자연발생적으로도 생성되며, 인간의 경제적 활동에 의해서도 배출되고 있습니다. 농촌이나 도시, 산림 등 탄소와 유기물의 분해 등 쉽게 발생할 수 있는 특징이 있기 때문입니다.

이렇게 메탄의 기원은 다양하지만, 크게 보면 다시 두 가지로 구분할 수 있습니다(Hunt, 1979). 첫째는 메탄이 생성되기 위해서는 자연환경에서 생물이 필요한데, 특히 미생물에 의해 무기물과 유기물을 분해하는 과정에서 메탄이 만들어집니다. 즉 혐기성 환경에서 미생물의 분해, 발효작용을 하면 그 과정에서 메탄이 만들어지게 됩니다. 이 과정을 생물기원(biogenic)으로 여깁니다. 두 번째는 가스와 생물의 유해가 지층 속에서 열과 압력을 받아 생성되는 열분해(thermogenic) 기원입니다. **그림 1.5.3**에는 열분해가 약 5% 남짓이라고 설명하고 있습니다. 자연에서 지질학적으로 방출되는 메탄(geological seeps)을 지칭합니다. 물론 연구가 진전되면서 메탄가스에 대한 동위원소분석을 통해서 그 가스가 열분해인지, 생물기원인지를 판단하기도 합니다(e.g. Sapart et al., 2017). 보통 연안에서 수행된 선행연구에서는 생물기원 메탄이 다소 많고 소량의 열분해가 있거나 이 둘이 합쳐진 경우가 자주 보고되었습니다.

위와 같이 배출원이 다양하다는 것은 한편으로는 또 다른 의미 있는 정보를 알려 줍니다. 대부분 사람들이 알고 있는 것처럼 대기 중에 증가하는 온실가스는 우리가 사용하는 화석연료에 기인한 것으로 알고 있습니다. 맞는 말입니다. 그것은 온실가스 중에 이산화탄소가 압도적으로 많기 때문입니다. 그러나 온실가스의 한 종인 메탄은 그렇지 않습니다. 우리가 화석연료를 사용하지 않더라도 이산화탄소와는 달리 대기 중에서 증가할 수 있다는 것입니다. 오히려 메탄은 화석연소 사용으로부터는 20% 남짓이지만, 자연 습지에서는 25% 남짓이 만들어집니다. 중요한 사실 하나가 더 있습니다. 습지에서 발생하는 메탄은 유기물의 분해 등에 의해 발생하는 것이므로 유기물의 분해가 왕성해지려면 온난하고 다습해야 된다는 것입니다. 어떻게 하면 온난다습해질까요? 네, 대기 중 이산화탄소가 증가되고 온난화가 진행되면 습지에서 분해가 왕성하게 진행될 수 있습니다. 결국, 습지에서 발생되는 메탄의 양은 대기로 방출되는 이산화탄소의 양과 밀접하게 관련된다는 결론입니다. 메탄가스는 온실가스의 하나이기도 하지만, 이것은 이산화탄소와 짝을 이루어 거동한다고 할까요? 1~4장에서도 설명했지만, 과거 수십만 년간 대기 중에서 이산화탄소와 메탄 농도가 거의 똑같은 형태로 변화했다는 것을 기억하신다면, 자연 상태에서 이산화탄소와 메탄이 얼마나 긴밀한 관계인가를 알 수 있을 것입니다.

자연적으로 발생되는 메탄은 주로 지질학적 그리고 생물학적 과정을 거쳐서 습지와 같은 지층, 또는 바닷속 깊은 해저면에서 볼 수 있습니다. 메탄가스는 일단 형성되면 다양한 과정을 거치면서 육지나 대기, 그리고 해양 내에 머물기도 하며 이곳저곳에 저장되게 됩니다. 수화물이 된 후에는 해저면에 가장 많이 저장되게 됩니다. 그림1.5.4는 메탄의 기

그림 1.5.4 메탄의 기원 및 저장, 대기 중에서의 광화학 반응과 해저면에 메탄 하이드레이트(methane clathrate)가 저장되어 있는 모습이 보인다 (NASA Mars Exploration, http://mars.nasa.gov).

원과 저장되는 장소를 일목요연하게 보여주고 있습니다. 역시 발생된 메탄이 가장 많이 저장되는 장소는 해저면인데, 주로 가스형태가 아닌 하이드레이트의 형태로 보존(저장)됩니다. 해저면 깊은 곳은 압력이 높고 온도가 낮기 때문에 메탄가스와 물이 합쳐져서 얼음 형태의 고체로 만들어지기 쉬운 환경이 되는 것이죠. 그러나 압력조건이 변하게 되면, 해저면에 저장된 하이드레이트는 해리(dissociation)하여 가스형태로 바뀌게 되어 해수 중으로 방출하게 되고, 계속해서 대기 중으로도 방출되게 됩니다. 결국, 해저면 깊은 곳에 있던 메탄 하이드레이트가 메탄가스로 전환되고 대기로까지 방출되어 온실효과를 일으키는 것이죠.

메탄 하이드레이트가 분포하고 있는 해저 지층은 압력이 높고 온도가 낮기 때문에 하이드레이트를 형성할 수 있는 충분한 물리적 조건을 갖추고 있습니다. 실제로, 메탄 하이드레이트층은 해저면 하부 수백 m까지 분포하고 있는 것으로 알려져 있으며, 조건이 맞으면 더 낮은 곳에서 형성되기도 합니다. 이와 같은 사실은 해양지질조사 연구를 위해 수행된 해양학술 시추결과에 의해 잘 밝혀졌습니다. 메탄 하이드레이트는 얼음과 같은 고체이므로 하이드레이트가 보존되어 있는 해저 지층과 하이드레이트가 없는 일반적인 지층과는 물리적 성질이 다르기 때문에, 특히 탄성파의 전달속도가 다른 지층에 비해 매우 높게 나타납니다. 이런 성질을 이용하여 해양조사를 할 때 나타나는 강한 탄성파 반사 이벤트에 의해 메탄 하이드레이트가 존재하고 있는지 여부를 판단하게 됩니다. 현재까지도 탄성파탐사를 통해 강한 반사면이 나타나면 그 층에 메탄 하이드레이트가 있다고 판단하고 있으며, 실제 시추를 통해 확인한 사례가 많습니다(e.g., Kvenvolden, 1998).

메탄 하이드레이트가 주목받기 시작한 것은 그리 오래되지 않았습니다. 처음에는 귀찮은 존재로까지 여겨졌습니다. 시베리아와 같은 동토의 화학공장에서는 파이프라인을 통해 석유나 석유, 메탄가스를 에너지원으로 사용하기도 했는데, 운송수단으로 사용하던 파이프라인의 폐쇄사고가 자주 일어났던 것이죠. 1930년대쯤의 일입니다. 당시에는 이러한 사고가 다반사로 일어났지만, 공장에서 근무하는 기술자들은 그 이유를 몰랐습니다. 사실 이 폐쇄사고의 원인은 메탄 하이드레이트였습니다. 운송되는 가스가 약간의 수분을 포함하고 있으면, 가스와 물이 반응하여 고체 형태의 메탄 하이드레이트가 만들어지게 된 것입니다. 앞서 설명한 고압상태에서 메탄가스가 메탄 하이드레이트로 변하는 것과 똑같은 이치이며, 또한 고위도나 한랭지에 있는 공장에서 빈번하게 일어났던 파이프라인의 폐쇄사건도 똑같은 원인이었습니다. 물론 폐쇄사고는 지하의 저류암층에서 가스를 회수할 때에도 일어났습니다. 이와 같이 폐쇄사고가 자주 일어나면서, 석유나 천연가스의 운송이 중단되고 경제적으로 많은 문제가 일어났습니다. 그러나 역설적으로, 이런 문제를 해결하기 위해 노력한 결과 메탄에 대해 자세히 알게 되었죠.

파이프라인의 폐쇄사고를 계기로 1940년대에는 메탄 하이드레이트의 생성온도나 압력조건 등에 관한 연구가 왕성하게 이루어졌습니다. 또한 사고를 계기로 수행된 다양한 실험적, 이론적 연구는 천연 상태의 메탄 하이드레이트의 발견으로 이어졌습니다. 물론 메탄 하이드레이트의 생성온도나 압력 등에 관한 자료는 해저에 부존하는 메탄하이드레이트의 분포지역을 추정하거나 매장량을 계산하는 데 중요한 자료로 사용되었던 것이죠. 1950년대의 일입니다. 폐쇄사고가 빈번하게 일어났던 동토층의 하부지층은 메탄 하이드레이트의 생성에 필요한 온도와 압력조건을 충족시키고 있어, 메탄가스만 있다면 메탄 하이드레이트가 존재할 가능성이 높다고 예측되었습니다. 실제로 서부 시베리아 메소야하(Messoyakha)에서는 메탄 하이드레이트 존재를 지시하는 증거를 얻게 되었고, 1970년경에는 서부 시베리아의 메소야하 가스광상에서 세계 처음으로 '메탄 하이드레이트광상'이 발견되어 인정받기에 이르렀습니다 (Matsumoto, 1995). 자원과 환경의 관점에서 메탄 하이드레이트에 관한 연구는 현재도 계속되고 있습니다.

이어진 수많은 연구 결과, 1980년대가 되면서 전 세계적으로 어디에 얼마만큼의 메탄 하이드레이트가 부존되어 있는지 추측하기에 이르렀습니다. 추정되는 분포지역을 보면 알겠지만, 쉽게 말하면 지구상 도처에 분포하고 있습니다. 매장량은 부정확하지만 말입니다. 이렇게 메탄 하이드레이트의 부존량이나 분포지역을 알려고 했던 것은 메탄 하이드레이트가 자원으로서 중요하다고 판단했기 때문이었습니다. 알고 계시는 독자도 있겠지만, 1970년대에는 세계적 오일쇼크(석유파동)가 있었습니다. 세계적으로 에너지의 중요성이 부각되었고, 경제발전을 위해서는 장기적으로 그리고 안정적으로 공급 받을 수 있는 에너지가 필요했던 것이죠. 당시는 석유파동 등 경제발전을 위한 에너지 수급에 전 세계가 관심을 가지고 있었으니까요. 이때도 이미 메탄 하이드레이트가 온실가스의 역할을 한다는 것을 알고 있었습니다. 그러나 당시는 환경보다는 경제에 방점이 있었던 세계적 상황이 있었던 만큼 다소 아쉬운 점이 있습니다. 고속도로를 질주하는 자동차는 뒤로 돌아가려고 해도 한참 더 지난 후에 우회 차선을 이용해야 합니다. 마찬가지로, 에너지 자원 측면에서 바라본 메탄 하이드레이트는 당시에는 인류의 미래 에너지자원으로서 매력적인 자원의 하나로 간주되었으니까요. 온실가스의 위험성이 여전히 남아있지만, 여전히 우리 인류는 화석연료가 고갈되었을 때는 이 메탄 하이드레이트를 화석연료와 같은 자원의 일부로 사용하려고 온갖 기술을 개발해왔습니다. 지금도 본격적인 자원으로서의 개발을 하고 있지 않지만(사실은 회수의 어려움도 있습니다), 화석연료가 고갈되면 차

세대 인류가 이용해야 할 대체 에너지원의 일부로 간주하고 있습니다.

메탄가스가 지구온난화의 중심 키워드로 등장한 것은 이산화탄소보다는 약간 뒤였다고 생각됩니다. 이산화탄소와 더불어 강력한 온실가스이며, 지층에 매장된 막대한 양의 메탄 하이드레이트가 기후변화에 큰 영향을 준다는 사실이 알려진 뒤부터입니다. 그것은 지구온난화나 기후변화 문제가 그리 심각하게 대두되기 이전에, 메탄 하이드레이트가 자원으로서 매우 중요하게 간주되기만 했을 뿐, 환경에 영향을 얼마나 많이 주는가에 대한 고민이 부족했기 때문입니다. 아무튼 메탄가스는 주요한 온실기체입니다. 메탄 하이드레이트는 이산화탄소와 마찬가지로 온실가스이며 탄소화합물입니다. 석유나 석탄과 같은 화석연료보다 약간 뒤에 우리의 관심사로 등장했지만, 그 잠재적 영향은 가늠할 수 없을 정도로 큽니다. 탄소중립의 핵심 키워드인 것이죠!

메탄(메탄 하이드레이트)의 기후변화 영향

메탄이 중요한 이유는 그것이 온실가스이기도 하지만, 대기 중에서 이들이 광화학반응을 일으키기 때문입니다. 그림 1.5.4에 잘 표시되어 있지만, 메탄은 광화학반응(photochemistry)을 통해 메탄올(Methanol (methyl alcohol), CH_3OH)이나 포름알데히드(Formaldehyde, organic compound, CH_2O)로 전환될 수 있습니다. 물론 이들 2차적으로 만들어진 화합물은 둘 다 인간에게 좋지 않은 영향을 주는 것이고요. 이 둘이 화학반응을 하게 되면 이산화탄소가 되기도 합니다(그림 1.5.4). 이런 보이지 않은 물질이 대기 중에서 이리저리 옮겨 다니면서 인간을 포함한 생명체에 영향을 주었다고 생각해 보면, 과거 있었던 대멸종의 직·간접적 원인물질이 되었을 가능성이 있다는 것은 쉽게 상상해 볼 수 있습니다.

메탄 하이드레이트가 지구온난화나 기후변화에 미친 영향에 대한 연구가 소홀했던 것은 아니지만, 메탄이 과거에 있었던 지구사적 대멸종 사건과 깊이 관련되며 잠재적으로 지구온난화가 진행되면 더 무서운 폭탄의 뇌관이 될 수 있다는 연구결과가 발표됩니다. 소위 이야기 하는 'Clathrate Gun Hypothesis(하이드레이트 총 가설)'가 그것이죠(Kennett, 1999; 그림 1.5.5). 즉, 지층에 매장되어 있던 메탄 하이드레이트가 압력이 낮아지면(따뜻한 해수가 유입되면서 밀도를 낮춤) 높은 압력, 낮은 온도에 있던 메탄 하이드레이트가 안정영역에서 벗어나 불안정해지면서 얼음 형태가 녹게(해리) 됩니다. 본래 가스였던 메탄이 얼음 형태에서 다시 가스

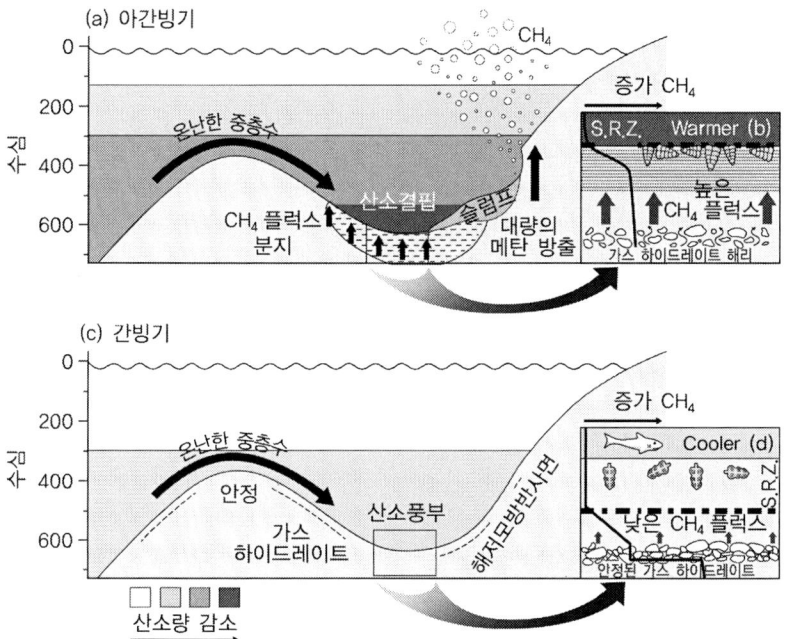

그림 1.5.5 Santa Barbara 분지에서 아빙기-아간빙기 간 일어난 메탄 플럭스의 개념도(Kennett et al., 2000). 아간빙기(Intestadials)에는 따뜻해진 해수가 밀도를 낮추며, 그 결과 퇴적층 중 메탄이 해리하고 해수 중으로 분출된다. 대기 중으로 분출한 메탄가스는 동식물에 잠재적 위험으로 작용할 것이라는 'clathrate gun hypothesis(하이드레이트 총 가설)'가 만들어진다.

로 변화하는 것이죠. 당연히 지층의 메탄가스는 지층을 뚫고 해수 중으로 나오며 드디어 해양에서 대기로 방출되게 됩니다(그림 1.5.5). 일단 대기로 나온 메탄은 지금까지 설명한 바와 같이 온실가스로 작용하게 되며 지구온난화의 역할을 하게 되는 것이죠. 이런 일련의 과정은 지질학적으로는 순식간에 일어날 수 있기에 더 무섭습니다. 수억 년에 걸쳐 진화했던 생물종이나 식물종이 적응할 시간을 갖지 못할 정도의 빠른 시간입니다. 그렇기에, 적응에 실패한 생물종은 바뀐 환경에서 사라질 수밖에 없는 운명인 것이죠.

마크 라이너스(Mark Lynas, 2008)가 내놓은 『6도의 멸종(SIX DEGREES: Our Future on a Hotter Planet)』에 의하면 지구 온도가 6도 상승하게 되면 대멸종이 일어난다고 했습니다. 그는 6도가 상승하면 해저에 매장되어 있는 메탄 하이드레이트가 대량 분출하게 되는 상황을 이야기 했습니다. 온도가 올라가면, 메탄 하이드레이트의 안정 영역이 깨지고 세계 도처에 매장되어 있던 메탄 하이드레이트에서는 동시 다발적으로 메탄가스 방출이 일어나는 것이죠. 물론 이런 상황이 되면 메탄 방출 자체로 그치는 게 아니라 연쇄적 환경변화가 야기될 것이라는 것은 두말할 필요도 없겠죠. 오존층도 파괴될 것이며, 온난화하기 때문에 대기질 성분과 기후패턴 등 모든 조건이 달라질 것으로 예상되는 것입니다. 결국, 메탄 하이드레이트의 해리로 인해, 지구상 생물 대부분이 종식을 고하는 것으로 귀결됩니다.

과거의 기록을 살펴보면, 메탄가스가 대량으로 분출했던 기록을 찾아볼 수 있습니다. 과학기술의 발전으로 동토층에서 메탄층을 굴삭하는 것과 같은 목적은 아니지만, 국제 공동연구를 통해서 해양저 퇴적물에 대한 굴삭작업이 수십 년 동안 계속되어 왔습니다. 대표적인 국제 프로그램이 IODP(International Ocean Drilling Program, 국제 해저 지각 시추사업)인데, 실로 방대한 지역에서 굴삭을 했으며 현재도 계속되고 있습니다. 장기간에 걸친 지구의 기후변화, 지구 심부 이해, 지질재해, 심부 생명체 탐구 등 4개의 과제를 목표로 진행했습니다(IODP Science plan, 2011).

이렇게 IODP를 비롯한 굴삭 퇴적물에 대한 적극적 조사는 과거에도 메탄 분출이 많았음을 지시하고 있었습니다. 하이드레이트에서 메탄이 방출하게 되면, 화합물인 메탄에서 해리된 탄소가 저서에 살고 있는 생물종에 흡착되게 됩니다. 앞서 잠깐 얘기했지만, 탄소동위원소를 분석하면 메탄의 기원을 알 수 있다고 했죠. 마찬가지로 생물종(유공충)에 대해 탄소동위원소를 조사한 결과 메탄 기원의 탄소가 흡착된 유공충과 그렇지 않은 유공충은 동위원소에서 뚜렷한 차이를 보입니다. 또한 외형적으로만 보아도 이차적으로 탄소가 흡착된 경우에는 색깔에서조차도 많은 차이를 보입니다(그림 1.5.6). 메탄 가스의 탄소가 분출하는 과정에서 해저에 살고 있던 저서성 동물의 표피에 그 흔적을 남긴 것이죠.

어떤 환경변화가 일어나면, 그에 따라 다양한 변화가 연쇄적으로 일어날 수 있겠죠. 퇴적물 중에서 메탄이 방출하는 경우도 마찬가지입니다. 잘 알려진 플라오신-에오신 온도 최대(PETM, Pliocene-Eocene Thermal Maximum)가 바로 좋은 예입니다. 지금부터 약 5천 6백만 전에 일어났던 사건입니다. 어쩐 일인지 이때 지구 온도가 갑자기 5~8도 정도 더워졌으며, 해저에 살고 있었던 생물종은 전멸했고 해양은 급격히 산성화되었다고 기록되어 있습니다. (다음 어디선가 좀 더 자세히 설명하겠지만, 해양이 산성화되었다는 것은 해수에 포화된 탄소가 많았다는 것을 의미합니다. 즉, 대기 중 이산화탄소가 증가하게 되면 해양은 더욱 산성화됩니다). 이와 같은 지구 규모의 변화에는 다양한 원인이 있을 수 있는데, 그중 지층에 있었던 메탄 하이드레이트의 해리도 한 원인으로 생각되고 있습니다. 이산화탄소와 마찬가지인 온실가스 메탄은 이산화탄소와 같은 거동을 보이

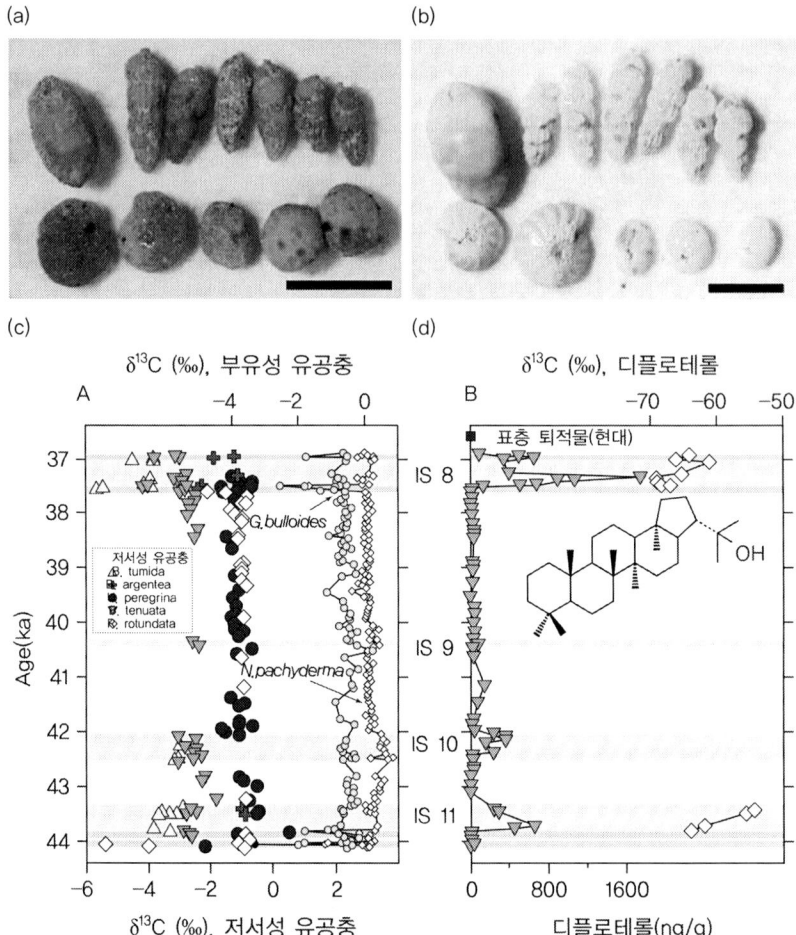

(a)　　　　　　　　　　　(b)

(c) $\delta^{13}C$ (‰), 부유성 유공충　　　(d) $\delta^{13}C$ (‰), 디플로테롤

그림 1.5.6 해저퇴적물 중의 유공충 화석과 산소 및 탄소동위원소(Hinrichs et al., 2003; Ohkuchi et al., 2005). 메탄가스의 영향을 받은 유공충의 현미경 사진(a)은 잘 보존된 모양(b)과는 완전히 다른 모습을 보인다. 메탄이 분출했을 딩시 퇴적물에 대한 유공충 및 유기화합물 조사 결과, 탄소동위원소값이 크게 가벼워지는 것을 알 수 있다.

면서 지구환경을 지배해왔다고 해도 과언이 아닙니다. 과거의 지질학적, 기후학적 증거가 이를 뒷받침하고 있으며, 지하에 매설된 지뢰를 밟으면 터지는 것처럼 위험한 상태에 있다는 것입니다.

불타는 얼음으로 메탄 하이드레이트를 정의한 바 있습니다. 정말 **그림 1.5.1**에서 보듯이 메탄 하이드레이트는 본래 가스이기 때문에 불 그 자체가 될 수도 있습니다. 원시 시대에는 인간이 나무를 태우고 에너지인 불을 만들었다면, 현재는 메탄이나 원자력을 이용해서 에너지를 얻고 있습니다. 여기서 메탄은 에너지원이지만, 환경적 측면에서는 위해성 가스이기도 합니다. 에너지원이 아닌 온실효과, 기후변화를 야기하고 지구를 불덩어리로 만들어 버릴 만큼의 대재앙, 대멸종의 원인 제공자가 될 수도 있습니다. 지금의 지구온난화, 기후변화는 그런 징조라는 데 이견이 없는 것이고요.

메탄(하이드레이트)은 동전의 양면이며 양날의 검과 같습니다. 에너지원으로 적절히 사용하면 인류의 삶을 윤택하게 할 수도 있지만, 조금만이라도 과용하면 언제든 암 덩어리가 되어 우리 몸을 파괴해버리는 무서운 잠재력을 가진 존재인거죠. 어떤 균형을 유지해야 하는지 전적으로 우리의 노력에 달려 있습니다. 노력하지 않으면 언제 폭발할지 모르는 지뢰가 우리 발밑에 있다는 사실은 정말 우리가 위험에 직면해 있다고 말할 수 있습니다. 더 무서운 것은 우리가 그 지뢰를 밟기 시작했다는 것입니다.

제**6**장

또 다른 탄소 덩어리, 화석연료

너에게 묻는다.
연탄재 함부로 발로 차지 마라.
너는 누구에게 한 번이라도 뜨거운 사람이었느냐.

안도현 시인의 시 〈너에게 묻는다〉의 앞부분입니다. 연탄재는 활활
타올랐던 뜨거움의 상징입니다. 시대적 상황에 따라 그 뜨거움은 또 다
른 의미도 내포하고 있습니다. 과학적으로 연탄재는 대부분 탄소로 구
성된 연탄이 에너지를 발산하고 남은 것입니다. 아마 제가 초등학교 때
로 생각됩니다. 한두 번 도시로 나올 기회가 있었는데, 거기서 연탄을
처음 봤습니다. 그 시절 절대 발로 차서는 안 되는 귀한 존재가 연탄이
었습니다. 어쩌다 부서진 연탄도 다시 회수해서 공장에서 제대로 된 연
탄을 찍어 내는 데 사용했습니다. 불덩어리가 될 운명인 연탄은 다른 말

로는 탄소 덩어리입니다.

연탄은 이렇게 우리에게 귀한 존재였습니다. 인류는 불을 발견한 뒤 연탄의 재료가 되는 나무를 줄곧 사용했습니다. 땔감뿐만 아니라 수레를 만들고 집을 짓기도 했습니다. 이렇게 다양하게 쓰이는 나무가 연탄의 원재료이자 과학적으로는 화석연료(fossil fuel)입니다. 대표적인 화석연료에는 석탄과 석유가 있습니다. 석탄은 기원전 4,000년 전부터 중국에서 사용되었다는 기록이 있습니다. 석탄은 18세기 산업혁명이 시작되고 나서 본격적으로 사용되어, 현대문명을 일으키는 데 핵심적인 역할을 했습니다. 석탄에 이어 석유가 사용되었습니다. 화석연료인 이 둘은 점점 더 그 사용량이 늘어, 현대 문명을 구축하는 데 중요한 에너지원이 되었습니다. 현대 문명을 반석 위에 올려놓았지만 이제는 애물단지로 전락할 운명에 놓인 대표적 화석연료가 바로 석탄과 석유입니다. 여기서 다루는 석탄과 석유는 대표적 화석연료인 만큼 세계적 이슈인 지구 온난화, 기후변화, 탄소중립과 밀접한 관계에 있습니다. 효용성에 가려 도외시되었던 이들 화석연료가 환경에 미치는 영향에 대해 짚고 넘어가겠습니다. 화석연료의 불편한 진실에 대한 이야기입니다.

석탄(coal)

석탄은 대표적 화석연료입니다. 화석은 과거 지질시대의 퇴적암이나 지층에 남은 당시 살았던 동물이나 식물의 흔적을 이야기합니다. 쉬운 예로, 공룡의 예를 들어 보겠습니다. 호기심으로 공룡 이름을 암기하는 아이들이 꽤 많습니다. 공룡은 퇴적층에서 발견된 화석(남아 있는 골격)으로 복원한 것입니다. 실제 뼈가 남은 경우와 흔적만 남은 경우가 있습니다. 골격이 남았으면 본래의 모습을 그럴듯하게 복원할 수 있습니다. 그렇지 않으면 무슨 모습인지 알기 힘들어 '흔적 화석'이라는 이름으로 불립니다. 그런데 화석연료인 석유나 석탄, 가스는 화석에 포함되지 않습니다. 어떤 물질 또는 동물인지 본래의 모습을 정확하게 복원하기가 어렵기 때문입니다. 예를 들어, 공룡 화석으로는 공룡을 그럴듯하게 잘 복원할 수 있지만, 동물이나 식물의 유해가 고온 고압 상태에서 석탄이나 석유로 변했을 때는 본래 어떤 모습이었는지 알 수 없습니다. 그렇지만, 석유나 석탄, 천연가스로 대표되는 이들 화석연료는 자원으로 매우 중요합니다. 모두 지질시대의 동식물에서 기원하였으며 다른 말로는 화석에너지라고 부르기도 합니다.

화석연료 중 석탄은 20세기 중엽인 1957년 국제석탄학회에서 비로소 학술적으로 정의하게 되었습니다. 학술적으로 정의해야 할 필요성이나 중요성이 있어서겠죠. 국제석탄학회에서 정의했던 이유는 필자가 이 장에서 석탄을 다루는 이유와도 비슷합니다. 석탄을 사용하는 그 자체가 곧 기후 온난화와 직접적으로 관련되기 때문입니다. 학술적으로 석탄은 '중량으로 50% 이상 탄소 함유'와 '용적으로 70% 이상 탄소분을 함유'한 물질로 정의합니다. 고생대 동안 우거진 숲에서 자라던 거대한 수목 등이 매몰되어 오랫동안 열과 압력을 받아 석탄이 만들어졌다면, 당연히 탄소가 많이 들어 있겠죠. 석탄을 난방용으로 사용하면 불완전 연소한 석탄에서 탄소가 대기로 배출되는 것입니다. 석탄은 경제적으로 세계를 지배해 온 원동력이기도 하지만 어느새 환경 악화의 주범이 되었습니다.

석탄은 주로 고생대, 그중에서도 석탄기에 가장 많이 형성되었습니다. 고생대, 석탄기라는 용어는 지질시대를 지칭하는 것인데, 이 지질시대를 구분할 때는 특정한 지질학적 사건이 발생한 경우를 활용하기도 합니다. 대표적인 예가 바로 석탄기와 백악기입니다. 3억 3,000만 년이라는 긴 고생대 기간 중, 석탄기(Carboniferous Period: 약 359~299Ma)는 6,000만 년 동안 지구사적으로 매우 중요한 특징을 갖습니다(그림 1.6.1).

그림 1.6.1 석탄기의 모습(https://samnoblemuseum.ou.edu/)

고생대는 기온이 높아 나무가 등장한 시기입니다. 높은 온도에서 나무의 등장으로 전 대륙은 숲이 우거진 환경이 되었습니다. 나무(식물)에 뒤이어서 고등한 동물이 등장하는 시기이기도 합니다. 그렇지만 석탄기 초기에는 육상에 동물은 거의 없고 온 세상이 식물로 넘쳐났습니다. 우리가 관광할 때 보는 열대 식물원과 유사했을 것입니다. 자연환경에서 이들 식목은 생을 마치고 퇴적됩니다. 다양한 환경으로 인해 최종적으로는 퇴적된 상태가 달라집니다. 퇴적되는 환경(전문 용어로는 '퇴적환경'이라 합니다)에 따라 탄소 함유량이 달라집니다. 석탄은 탄소 함유량에 따라 구분합니다. 탄소 성분이 60% 정도일 때는 이탄(泥炭), 70%는 아탄(亞炭), 80~90%는 역청탄(瀝靑炭), 95%는 무연탄(無煙炭)으로 구분합니다. 이처럼 석탄은 탄소를 많이 함유하고 있으며 형성되는 환경도 다르다는 점을 주목할 필요가 있습니다.

또 한 가지가 있습니다. 그 당시의 대기 성분, 즉 산소 농도입니다. 4장에서 그림 1.4.3에 표기했지만, 이때 대기 중 산소 농도는 거의 30%가

넘습니다. 산소의 중요한 역할은 불이 일어나는 데 기름 역할을 한다는 것입니다. 산소가 없으면 화재가 발생하지 않습니다. 그래서 화재가 발생하면 우선 산소 공급을 차단하는 게 가장 빠른 대처 방법인 거죠. 숲이 우거진 석탄기 가뭄이 심하던 어느 날, 자연 상태로 발화된 산불은 거의 온 세상을 잿더미로 만들었음이 확실합니다. 이 같은 결과로 석탄기에는 석탄이 곳곳에 자연스럽게 형성될 수 있는 환경이었을 것입니다. 현재 석탄은 남극을 제외한 거의 모든 대륙에서 발견됩니다. 전 세계에 석탄층이 있다는 것은 넓은 범위에 걸쳐 거의 동시에 석탄이 지층에 묻힐 환경이 오랫동안 지속되었던 것이죠. 그 결과 현재 100여 개 국가에서 석탄을 채굴하고 에너지원으로 사용하고 있습니다.

고생대 석탄기 6000만 년 동안 지구는 온 세상이 열대우림으로 우거진 숲의 정원이라고 할 수 있습니다. 다시 언급하면, 이 시기에 석탄이 대량으로 확인되었기 때문에 석탄기로 부르는 것입니다. 현재의 북미나 유럽지역은 당시 광범위하게 삼림이 형성되었을 것입니다. 그런 결과로 북미나 유럽에서는 당시 대량으로 형성된 석탄이 나타나고 있습니다. 앞서도 강조했지만, 그림 1.4.1을 한 번 더 주목해 주십시오. 이 시기에 대기 중 이산화탄소 농도는 계속해서 내려가고, 해양 플랑크톤의 생산력은 상당히 높다는 것을 알 수 있습니다. 산소가 많았다는 것은 육상에서도 수목이 무성했다는 것을 반증하는 것입니다. 물론, 석탄의 원재료가 되는 식물들이 대기 중 이산화탄소 농도를 낮추는 역할을 했을 것입니다. 조금 후 언급하겠지만, 식물보다 동물이 더 늦게 세상에 나왔기에 동물의 유해로 만들어진 석유가 생성되는 시기는 석탄기보다 당연히 늦습니다.

세계에너지협회(World Energy Council)의 2010년 자료에 따르면 석탄 매장량은 미국이 가장 많아 2,372억 9,500만 톤(전 세계의 22.6%), 러시아가 1,570억 1,000만 톤(14.4%), 그 다음으로는 중국이 1,145억 톤(12.6%)입니다. 2011년 브리티시 페트롤륨(British Petroleum)에 의하면 연간 산출량은 중국이 32억 4,000만 톤(48.3%)으로 가장 많고, 뒤이어 미국, 인도 순으로 석탄을 많이 채굴하고 있습니다. 석탄을 많이 생산하면 탄소 배출을 많이 한다는 의미입니다. 중국, 미국, 인도가 지구온난화 문제 해결에 책임 있는 자세를 보여야 하는 이유는 석탄 생산을 많이 하기도 할 뿐만 아니라 과다 사용으로 탄소를 대량으로 배출하기 때문입니다. 우리나라도 결코 적지 않습니다. 문제 해결과 지속가능한 성장을 위해 무엇을 어떻게 할 것인가를 심각하게 고민해야 하는 입장입니다.

전 세계적인 석탄 사용량은 2014년을 정점으로 다소 줄었습니다. 하지만 지역별로는 여전히 증가하는 곳도 있습니다. 지금도 석탄은 산업이나 생활에 필요한 에너지를 만들어 내는 곳간이며 탄소를 방출하는 원인 물질이라는 사실이 중요합니다. 석탄 사용은 지난 60여 년 동안 꾸준히, 특히 2000년대 초반에 크게 증가했습니다. 다행스럽게도 2015년부터는 약간 감소하는 경향을 보이고 있습니다. 지구온난화나 환경에 나쁜 영향을 준다는 인식이 확산했기 때문입니다. 그러나 임시방편격으로 석탄 사용을 줄이는 것은 다른 에너지원 수급을 고려한 차원이라 차선책이라 할 수 있습니다. 차선책은 다른 에너지원 상황에 영향을 받을 수밖에 없습니다. 석유 수급이 좋지 않는 나라에서는 쉽게 석탄 사용량을 줄이기 어려운 이유입니다. 석탄은 이렇게 다른 에너지원과 연동되어 사용되고 있습니다.

탄소 배출의 관점에서 본다면, 전 세계적으로는 석탄 사용량이 계속 감소하고 있습니다. 석탄 사용에 의한 탄소 배출이 조금씩 줄고 있는 것이죠. 그러나 탄소 배출 전체는 그다지 줄지 않고 있습니다. 탄소 배출 물질 개개에 대한 통합된 전략이 필요합니다. 매우 어려운 문제입니다.

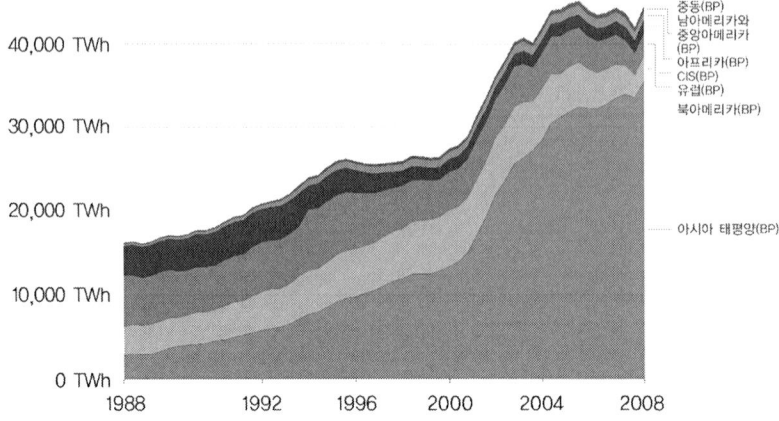

그림 1.6.2 세계 석탄 소비량 지역별 추세(Statistical Review of World Energy-BP (2022), https://ourworldindata.org)

예를 들어, 2021년 우리나라는 경유차에 필요한 요소수 공급 부족으로 심각하게 영향을 받은 적이 있습니다. 요소수는 석탄으로 만듭니다. 석탄 생산이 많은 중국에서 요소수를 만들고 우리나라는 수입하는 형편이었습니다. 우리가 석탄을 사용하지는 않았지만, 중국에서 사용했으므로 전체적인 탄소 배출량은 같은 것이죠.

육상에서 석탄기를 마무리하는 큰 사건이 일어났습니다. 바로 열대우림의 붕괴입니다. 온난하고 습윤한 기후에서 한랭하고 건조한 기후로 기후환경이 바뀌었습니다(Heckel et al., 2008). 원인은 분명하지 않지만 빙하 작용이나 해수면 하강에 의해 발생한 것으로 추정됩니다. 이 환경변화로 동물종 멸종이 일어납니다(Shaney et al., 2010). 기후조건이 달라지면 식물의 다양성이나 종류도 바뀌고 결과적으로 동물도 바뀌게 됩니다. 기후 조건이 바뀌면서 대량으로 석탄을 형성할 만한 환경은 지구상에서 사라집니다.

고생대 석탄기는 시간으로 따지면 먼 옛날입니다. 지구의 진화 과정에서 찾아온 육상 식물의 대 번성은 우리가 오랫동안 사용해 온 석탄층을 만들었습니다. 지구가 준 선물임이 틀림없습니다. 그러나 우리는 그 선물을 너무 많이 사용했습니다. 과유불급이라고 할까요.

석유(oil, petroleum)

석유 역시 연소되는 대표적인 화석연료입니다. 석탄과 마찬가지로 탄소와 수소를 포함해 탄화수소(hydrocarbon)라 일컫습니다. 석유는 생성되기까지 많은 시간을 필요로 합니다. 석탄은 고생대 석탄기에 형성되었지만, 석유는 이보다 늦은 중생대(256~66Ma) 동안 대부분 형성되었습니다. 현재 존재하는 석유 광상의 약 70%는 중생대, 20%는 6,500만 년 전인 신생대, 나머지 10%는 고생대(541~256Ma)에 형성되었습니다. 형성 시기의 차이는 과거의 환경변화를 시사합니다. 중생대는 석유가 만들어지기에 적합한 열대성 기후였을 겁니다. 석유의 원료가 되는 많은 동물, 특히 해양에는 플랑크톤의 폭발적인 생물량이 있었습니다. 중생대 동안 줄곧 석유가 만들어지기에 적합한 환경만 지속된 것도 아닙니다. 고생대와 신생대에도 석유가 부분적으로 만들어졌다는 것은 고생대-중생대-신생대를 거치면서 지구의 기후와 해양생물의 생물량에 많은 변화가 있었다는 것을 의미합니다. 고생대에 번성했던 식목이 석탄을 만들었던 환경이었다면, 뒤이어서 등장한 동물은 석유가 만들어지는 환경을 제공한 셈이죠.

석유는 주로 따뜻한 바다에 살았던 미생물의 잔해가 열과 압력을 받아 변화된 것으로 정의됩니다. 천연에서는 액체 상태로 산출되며, 주로 탄소(83~87%), 수소(10~14%), 질소(0.1~2%), 산소(0.05~1.5%) 등으로 이루어진 탄화수소 혼합물입니다. 탄소가 많이 들었다는 점에서 화석연료로 분류되며, 석유가 (불)완전 연소하면 탄소가 대기로 배출되는 것이죠. 여러 번 반복하지만, 석유에는 탄소가 다량 함유되어 있고, 바로 이 탄소는 온실가스의 주요한 성분이므로 그 중요성에 대해서는 아무리 강조해도 지나치지 않습니다.

석유의 생성은 해양의 얕은 바다에서 플랑크톤이 죽은 후 남는 유기물이 집적되고 바닥으로 떨어지는(퇴적) 것에서부터 시작됩니다. 소형 어류나 동물 플랑크톤, 식물 플랑크톤이 모두 포함됩니다. 해저로 침적(沈積)되는 생물 기원 유기물은 강을 통해서 바다로 유입된 무기물과 합쳐집니다. 이렇게 오랜 시간 해양 동물과 육상의 무기물이 합쳐지고 퇴적되면 결국 석유를 형성합니다. 형성된 후에 잘 보존되려면 지층의 구조 등 여러 환경 조건이 충족되어야 합니다. 석유가 형성되는 과정을 일반적으로 차례로 열거한다면 아래와 같이 요약할 수 있습니다.

1) 플랑크톤의 사해(dead body): 천해(淺海)에서 활동하던 동·식물 플랑크톤이나 각종 조류, 박테리아 등은 바다에 퇴적되고, 강 등에서 유입되는 점토질과 같은 무기물질과 합쳐집니다. 이 합쳐진 형태는 주로 물이 많은 환경에서 유기물이 풍부한 진흙(organic-rich mud)이 됩니다.

2) 유기물이 풍부한 진흙은 박테리아에 의해 분해되며 그 결과 무산소 환경으로 변화합니다. 유기물이 분해되기 전에 묻힌 진흙(mud)은 퇴적암으로 변화해 소위 유기물이 풍부한 셰일(shale)이 됩니다.

3) 이 셰일이 2~4km 정도 쌓이면 온도가 올라갑니다. 온도가 올라가면 셰일은 케로겐(kerogen)으로 변화하는데, 이 케로겐을 함유한 물질이 바로 오일 셰일(oil shale)입니다.

4) 케로겐의 온도가 90~160℃가 되면, 케로겐은 오일이나 천연가스로 변합니다. 온도가 더 올라가면, 천연가스와 그라파이트(graphite)가

만들어집니다. 참고로 이 온도 범위를 '오일 창문(oil window)'이라고 칭하고 있습니다.

5) 오일은 물보다 가볍기 때문에, 모암에 공극이 생기면 어디론가 없어지고 대신 물로 채워질 수 있습니다. 많은 양의 오일을 함유한 암체를 저류암(貯留岩·reservoir rocks)이라고 합니다. 오일은 결국 이 저류암 속에 갇히고, 암석층이 두꺼워지면 저류암 속에 봉합되는 형태가 됩니다. 봉합(seal)이 존재하는 한, 오일이나 가스는 저류암 속에 있다가 최종적으로 굴삭할 때 나타납니다.

석유는 중동 지역에 가장 많이 매장되어 있습니다. 브리티시 패트롤륨의 2005년 자료에 의하면 중동 지역 매장량은 7,420억 배럴에 이른다고 합니다. 이 중 사우디아라비아에만 2,500억 배럴 매장으로 중동 전체의 약 1/3에 해당합니다. 석유를 보유한 당사국들은 석유수출국기구(Organization of Petroleum Countries, OPEC)를 1960년에 결성해 석유에 관한 주도권을 가지고 20세기 세계 경제에 큰 영향을 주었습니다. 중동 지역은 과거 천해(淺海) 환경이었습니다. 즉, 얕은 바다로 동식물이 서식하거나 활동하기에 좋아서 석유의 형성과 매장에 적합한 환경이었습니다.

석유는 램프용 기름을 대체하기 위한 사업용으로 이용되기 시작했습니다. 1859년 미국 펜실베이니아주에서 세계 최초로 유정에서 석유를 생산하기 시작했습니다. 그 후 증기기관이나 자동차 등 내연기관에 폭넓게 사용하면서 오늘에 이르고 있습니다. 현대 사회를 지탱하고 발전시키는 데 에너지는 필수적입니다. 에너지원은 다양하게 있지만, 그림 1.6.3에서 볼 수 있듯이, 석유 사용량은 꾸준한 증가세를 보이고 있습니다. 최근에 와서 화석연료가 탄소배출의 원인 물질이라는 이유로 사용량을 줄이려고 노력하고 있습니다. 현재의 경제 시스템으로는 언제까지

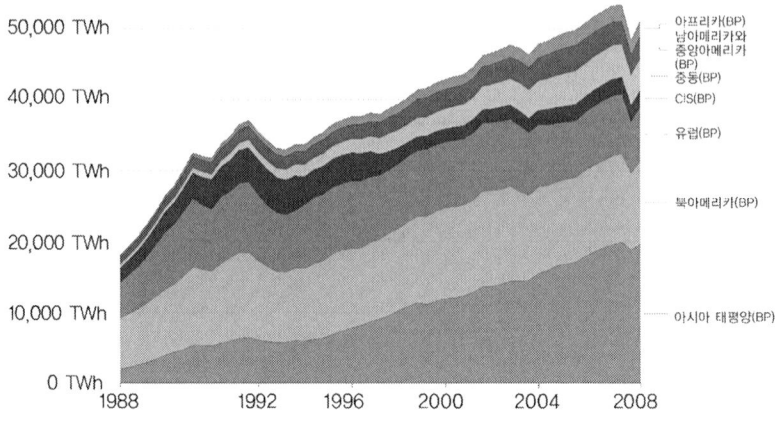

그림 1.6.3 전 세계 오일 소비량(Statistical Review of World Energy-BP(2022), https://ourworldindata.org)

증가할지 알 수 없는 상태입니다. 탄소배출의 증가 추세가 계속되면 지구온난화도 계속될 수밖에 없습니다. 석유를 연료로 계속 사용한다는 것은 이렇게 중요한 의미를 가집니다.

전 세계적으로 사용되는 1차 에너지 소비에 관한 통계가 있습니다. 영국석유회사(BP)의 통계에 따르면, 1991년 세계적으로 사용된 1차 에너지 소비량은 석유로 환산했을 때 약 78억 톤에 달한다고 보고되었습니다. 그중 석유가 40%, 석탄이 28%, 천연가스가 23%, 원자력이 7%, 수력 등이 2%를 차지하고 있습니다. 좀 오래되긴 했지만 에너지를 만들어내는 원료로서 석유와 석탄이 얼마나 많이 사용되고 있는지 보여주고 있습니다.

더욱 중요하게 고려해야 할 부분도 있습니다. 화석연료는 그 자체의 사용 증가로 인해 대기 중 온실가스를 증가시키고, 기온을 다소 올리는 데서 끝나는 것이 아니라는 점입니다. 온도가 급히 올라가면 어떻게 될까요? 기존에 적당한 온도에 살던 동물들은 적응에 실패하고 생태적 다양성이 약해집니다. 균형 잡힌 생태계가 파괴되는 것이죠. 다양성이 약해지면 그만큼 환경에의 적응성을 더 악화시키는 쪽으로 움직입니다. 약해진 생태계는 이산화탄소를 흡수하는 능력을 떨어뜨리고 식물의 작용을 근본적으로 바꿀지도 모릅니다. '부정적 되먹임 작용(negative feedback)'이 시작되는 것입니다. 일단 고삐를 풀어 놓으면 망아지가 어디로 튈지 아무도 모른다는 속담이 딱 맞는 상황일 것입니다. 끝날 때까지 돌이킬 수 없다는 게 더 심각한 문제입니다.

2014년 IPCC 4차 보고서는 21세기 말 지구 평균 온도가 3.7도, 해수면은 평균 63cm 상승할 것으로 예측했습니다. 이런 이유로 기온 상승을 2도가 넘지 않게 노력하는 게 최소한의 예방책이라는 판단을 내렸습니다. 이를 위해서 2050년까지 온실가스를 2000년 배출량의 1/3로 줄여야 한다는 보고를 내놓았습니다(IPCC SR.4). 그러나 2021년 IPCC 5차 보고서는 기온변화가 예측했던 것보다 훨씬 심각해 더 적극적으로 온실가스를 줄여야 한다고 경고하고 있습니다(IPCC SR 5). 온실가스 배출이 지금처럼 계속되면 2050년에는 대기 중 이산화탄소 농도가 500ppm을 넘고 기온은 3~4도 상승할 수도 있다고 했습니다. 급격하게 상승하는 기온은 PETM(팔레오세-에오세 최고 온도)에서 상승한 자연 증가보다 수십 배나 빠른 속도입니다. 20만 년 동안 서서히 증가한(지질학적 타임 스케일로는 매우 빠르게) PETM의 변화에서 동식물종의 대량 전멸이 있었다는 사실은 무시할 수 없는 대목입니다. 이러한 과거의 사례를 감안한다면, 최근에 이렇게 빠르게 증가하는 이산화탄소가 어떤 결과를 초래할지 예측 불가능한 상황인 것이죠. 조효제 교수가 저술한 『탄소사회의 종말』의 제1부 제1장에는 지금을 '비교할 기준이 없는 위기'라고 정의하고 있습니다(조효제, 2020). 정말 우리는 지구 역사상, 인류 역사상 비교할 대상이 없는 변화의 길에 서 있다는 것입니다.

에너지 절약은 변화에 적응하는 한 가지 방법이 될 수 있습니다. 석유 사용을 줄이는 것은 에너지 고갈에 장기적으로 대응하는 방법입니다. 또한 화석연료, 석유 사용 줄이기는 지구온난화에 대한 우리의 노력이기도 합니다. 대체에너지를 개발한다거나 또 다른 신기술을 개발하기 위한 모멘텀을 가져올 수도 있습니다. 물론 전적으로 대체 에너지가 사용되지 않더라도 기술 개발을 통해 에너지 효율성을 향상시키는 문제로도 전환될 수 있는 것이죠.

가령, 우리가 저연료 자동차를 선호하는 이유는 간단합니다. 에너지 사용에 필요한 경비를 절감하는 것이죠. 1리터당 10km를 갈 수 있는 자동차와 100km를 갈 수 있는 자동차는 기술 개발에 달려 있습니다. 기술 개발은 에너지 사용 증대를 방지할 수 있습니다. 화석연료 사용을 줄여가는 노력은 지속가능한 우리 사회를 지탱하는 원동력이 될 것입니다.

제 7 장

인류사에 등장한 고분자화합물

20세기 초부터 과학기술의 비약적인 발전이 있었습니다. 산업혁명이 단초가 되었고 몇 번에 걸친 인류사적 사건을 계기로 발전을 거듭해 온 과학기술은 드디어 과학의 본질까지 접근하게 되었습니다. 물질의 가장 작은 단위인 원자를 알고, 그 속에 전자와 중성자까지 파악하여 과학의 본질까지 접근했다고 말씀드리는 것입니다. 과학 발전이 과연 어디까지 갈까요. 30~40년 전 하늘을 날아다니는 자동차를 만화에서 봤던 때를 떠올립니다. 멀지 않은 장래에 그게 현실화한다는 것을 생각하면 정말 믿을 수 없을 정도의 발전입니다. '우주여행'이라는 상상 속에만 머물던 단어가 이제 현실이 되었으니 얼마나 큰 발전인가요. 영화 〈스타워즈(star wars)〉에는 우주 전쟁이 있었습니다. 우주 어딘가에 지능을 가진 생명체가 있다면 그런 세상이 올지도 모른다는 생각도 듭니다. 세상이 앞으로 어떻게, 그리고 어떤 방향으로 변할지 현재로선 가늠할 수 없습니다. 과학기술이 발전했지만 아직까지 미래를 확실하게 특정할 정도로 발전한 것은 아닙니다. 미래의 불확실성이 명료해질 정도로 과학이 발전하지 못했습니다. 급격하게 변하는 환경문제만 보더라도 그렇습니다. 지구온난화 문제 해결은 어느 시점에 어떻게 될까요? 인류 문명을 지탱할 에너지 수급은 어떻게 될까요? 대체에너지는 얼마나 효율적으로 사용할 수 있을까요? 인간의 수명은 어디까지일까요? 우주 어느 곳에는 지능을 가진 생명체가 있을까요? 이처럼 많은 질문에 명료한 대답을 내놓을 수 없는 게 현실입니다.

그러나 불확실을 확실로 만들 힘은 역시 과학기술에 있다고 생각합니다. 비약적 과학 발전을 거듭해 온 데서 우린 그걸 읽을 수 있습니다. 먹거리가 부족했던 과거의 모습에서 (세계 모든 나라가 균형을 이루지는 못했지만) 조금 나아진 형편이 되었으며, 폭발적 인구 증가를 감당할 만한 생활의 윤택도 있습니다. 현대 물질문명의 이기를 누리는 것도 과학기술의 결과라 하지 않을 수 없습니다. 인간의 삶을 윤택하게 하는 인문학적 여건도 따지고 보면 과학기술의 힘입니다. 의식주가 해결되어야 예술을 할 수 있습니다. 이처럼 우리의 삶과 관련된 모든 영역에 과학기술이 깊게 자리 잡은 현실이 과학기술의 중요성을 대변하고 있습니다.

이 책의 주제인 탄소를 중심에 두고서도 마찬가지입니다. 꽃도 예쁘고 약으로도 쓰이는 양귀비 꽃나무가 화학적으론 탄소화합물이라는 사실도 과학의 힘으로 밝혀냈습니다. 다양한 용도로 쓰일 수 있는 것도 과학의 힘입니다. 과거 배가 고파서 억지로 먹었던 전분(녹말)도 과학적으로는 탄수화물이며 고분자화합물입니다. 과학기술의 발전으로 인류가 만들어 낸 고분자화합물도 많습니다. 너무나 잘 알려진 플라스틱이 여기에 해당합니다. 탄소를 중심으로 빚어진 탄소화합물이자 고분자화합물이죠. 플라스틱은 과학기술의 힘을 업고 당당하게 인류사에 등장했습니다. 현대를 '플라스틱 시대'라고 일컫고 있습니다. 바로 플라스틱은 '탄소'의 또 다른 형태이며 이 책의 중심 단어라는 것을 다시 상기시켜 드립니다. 1부의 마지막인 여기서도 역시 중심어는 탄소입니다. 자연적으로 만들어진 화합물과 인공적으로 만들어진 합성화합물에 관심을 가져야 한다는 게 이 장의 주제입니다.

탄소를 중심으로 이야기하기 전에 화학 분야에 대해 잠시 언급해야 할 듯합니다. 화학은 무기화학과 유기화학으로 구분합니다. 현재까지 알려진 118종 원소 대부분은 무기물을 만들고 있습니다. 크게 보면 특정한 무기물이 어느 정도 물질에 포함되느냐에 따라 그 물질의 성질이 결정됩니다. 그러나 유기물로 구성된 물질에서 성질을 결정하는 것은 원소의 연결 형태입니다(Newton, 2019). 이미 19세기 초에 유기물이 탄소나 수소, 산소 및 질소 등 몇몇 종류의 원소로 되어 있다는 것을 알아냈습니다. 유기물의 성질은 이들 몇몇 원소의 연결 형태로 형성된다는 것이죠. 유기물은 이런 몇몇 원소에 의해 만들어졌지만, 오히려 무기물보다 훨씬 종류가 많습니다. 이렇게 종류가 많아지는 결과의 중심에 탄소가 있습니다. 탄소가 다양한 결합 형태를 가지면서 만들어 내는 물질을 연구하는 분야가 유기화학 분야로 구분하고 있습니다(Newton, 2019).

고분자(高分子, polymer, high molecular)는 '분자량이 많다'라는 뜻입니다. 다른 용어로는 중합체(重合體)라고 합니다. 중합체라는 말은 분자가 중합하여 만들어졌다는 의미입니다. 분자 여러 개가 결합되었다고 생각하면 좋을 듯합니다. 반대 개념은 '단위체(monomer)'라고 합니다. 예를 들면, 폴리스타이렌(polystyrene; 방향족 탄화수소 고분자)은 스타이렌의 중합반응으로 생성되는 고분자화합물인데, 이 경우 스타이렌이 단위체입니다. 천연 고분자인 셀룰로오스(cellulose)의 단위체는 D-글루코스(D-Glucose)이고, 천연고무의 단위체는 아이소프렌(isoprene; 천연고무를 구성하는 불포화 탄화수소)입니다. 말 그대로 중합체는 분자가 중합하여 존재하므로 분자량이 매우 큽니다. 화학구조가 복잡하고 분자량으로 1,000g/mol인 경우를 고분자로 정의하고 있습니다. 고분자화합물은 천연으로 만들어지는 것과 인공적으로 합성한 것으로 나눌 수 있습니다. 자연계에서 자생적으로 만들어진 고분자화합물을 천연 고분자화합물(Natural high molecular compound)이라고 합니다. 반면 인공적으로 합성한 고분자화합물을 합성 고분자화합물(Synthetic polymers)로 부르고 있습니다.

이미 언급했듯이 과학기술이 발전하면서 인공적으로 만든 고분자화합물도 많아집니다. 분자량이라는 개념이 나오기 전에는 어떤 물질이 어떤 화학원소로 되어 있는지에 관한 본질을 모른 채 외형적으로만 이로운 물질인지 해로운 물질인지를 판단했습니다. 이제 '모든 것은 원자로 되어 있다'는 과학적 상식 위에 거의 모든 물질의 분자 구조에 관한 정보도 비약적으로 많아졌습니다. 이러한 과학기술의 발전과 함께 인류가 만들어 내는 고분자화합물도 많아질 것이며 계속 발전할 것입니다. 제가 아는 한 교수님은 이런 말씀을 건네주었습니다. "화석연료, 특히 석유는 에너지로 활용할 기간이 얼마 남지 않았을 수도 있다. 그렇지만, 석유를 활용한 소재 개발에는 어떤 세계가 기다리고 있는지 모른다." 탄소를 활용한 소재 개발도 아직 걸음마 단계라고 해도 틀린 말이 아닌 듯합니다. 일반적으로 공업 분야에서 유용한 단위체는 분자량이 수십~수백에 달하는 반응성이 좋은 화합물로 석탄, 석유, 천연가스 등의 주원료로부터 복잡한 공정을 거쳐 합성됩니다. 현재는 이를 이용한 공업 활동이 대규모로 가능해져 결국 오늘날 석유화학의 주요 부분을 이루고 있습니다. 앞으로 제2, 제3의 플라스틱과 같은 인공화합물을 얼마든지 만들 수 있다는 것이죠.

고분자 물질은 천연으로 만든 무기 고분자 물질(석면, 운모, 흑연 등)과 유기 고분자물질(셀룰로오스, 녹말, 단백질, 고무 등) 등으로 나눌 수 있습니다. 무기 고분자 물질은 구성 물질로 짐작하듯이 지구가 높은 온도에서 냉각되어 고체로 굳어질 때 생성된 것입니다. 운모는 광물로도 간주하며 탄소화합물인 흑연은 석탄과 일맥상통합니다. 유기 고분자물질은 동물이나 식물 등의 생체 내에서 만들어져 생명 유지, 형태의 유지나 보호 역할을 합니다. 이와 같이 천연 유기 고분자 물질은 생명 또는 생존에 필요할 뿐만 아니라 직·간접적 처리를 통해 우리의 생활에 많은 영향을 미치고 있습니다. 예를 들어, 섬유, 종이, 고무, 접착제, 피혁, 건축 재료(목재) 등이 그것들이죠. 또한 유기 고분자 물질은 의학 분야에 널리 사용되고 있습니다. 아래 표는 유기 고분자화합물의 종류와 용도를 보여줍니다(표 1.7.1). 이외에도 고분자화합물은 대단히 많은데, 대표적인 고분자화합물에 대해 조금 더 구체적으로 살펴보기로 하겠습니다.

표 1.7.1 유기 고분자 화합물의 사례.

셀룰로오스계	식물 섬유, 재생 인조 섬유, 아세틸셀룰로오스, 니트로셀룰로오스
단백질계	동물 섬유(비단, 양모), 카세인, 피혁, 아교
이소프렌계	천연 고무, 구타페르카, 발라타, 그 유도체
기타	알긴산, 한천, 녹말, 기타의 다당류, 수지

　자연에서 쉽게 접할 수 있는 대표적인 고분자화합물로 천연고무가 있습니다. 천연고무는 고무나무에서 채취한 수액으로 만듭니다. 콜럼버스가 신대륙을 발견하고 나서 보니 원주민들은 이 고무나무 수액을 신발이나 항아리 등에 발라 방수용으로 쓰고 있었습니다. 필자는 중학교 시절, 선생님으로부터 지우개가 고무나무에서 나온 것이라고 들었던 기억이 납니다. 정확하지는 않지만, 어쨌든 지우개는 고무 성분을 많이 함유

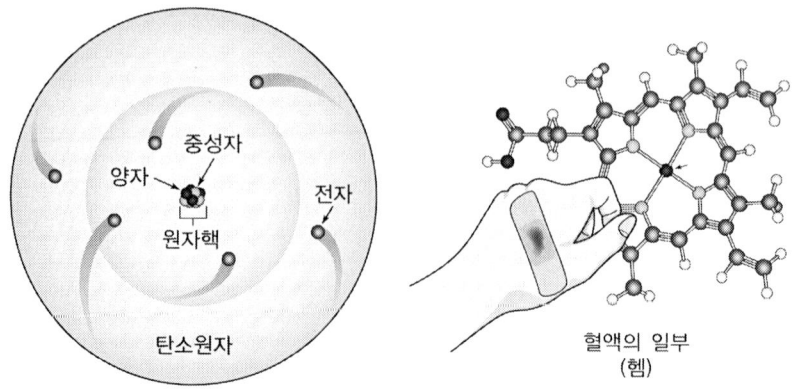

그림 1.7.1 탄소원자와 탄소화합물(혈액)

하고 있습니다. 고무나무 수액을 화학식으로 분석한 결과 중합체, 즉 고분자로 이루어졌음이 알려졌습니다. 고무는 폴리이소프렌(polyisoprene)으로 이루어져 있으며, 이소프렌을 구성하는 원소는 탄소와 수소라는 것입니다. 공장에서 만드는 합성고무는 천연의 폴리이소프렌, 즉 천연고무를 모방했지만 천연고무의 능력을 100% 따라가지는 못한다고 하네요. 우리 주변에는 고무를 활용한 제품처럼 고분자 물질이 넘쳐나고 있습니다.

고무나무처럼 천연의 고분자화합물로는 곡물 속의 녹말과 셀룰로오스가 있습니다. 콩이나 계란과 같은 음식물 속의 단백질도 고분자 물질입니다. 셀룰로오스라고 들어보셨죠? 사전적으로 정의하면 고등식물 세포벽의 주성분이자 다당류 섬유소로, 화학식은 $(C_6H_{10}O_5)n$으로 표현됩니다. 화학구조는 D-글루코스가 B-1,4 결합으로 중합되어 사슬 형태로 연결되어 있습니다. **그림 1.7.2**와 같습니다. 이 셀룰로오스는 다당류 중에서 분자량이 가장 큰 물질로 분자량이 천연 상태에서 수만~수십만에 이릅니다. 또한 셀룰로오스 분자는 다수가 모여 섬유를 이루는데 그 최소

셀룰로오스(β-글루코오스 분자들의 결합)

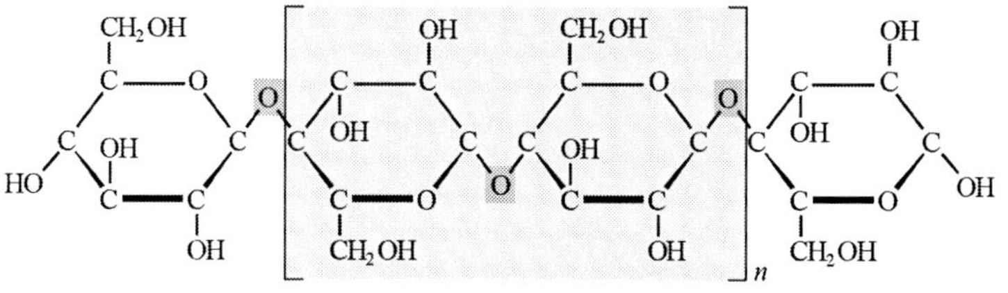

그림 1.7.2 셀룰로오스의 구조

단위는 '미셀(micelle)'이라 하여 지름 0.05nm, 길이 0.6nm 이상이며, X선 분석 결과 미셀은 결정 구조를 이루고 있다고 합니다.

대표적인 천연 고분자 물질에 녹말도 있습니다. 녹말은 화학식으로는 $(C_6H_{10}O_5)n$으로 표현되는데, 포도당(α-Glucose)이 중합되어 생긴 고분자입니다. 식물의 체내에도 광합성 결과로 녹말을 저장합니다. 식물 체내의 녹말은 물과 함께 열을 가하면, 인간의 체내에서 효소를 이용해서 분해하기 좋은 B-녹말의 형태로 전환되어 먹을 수 있다고 하네요. 이것을 호화현상이라고 합니다. 자연계에 무수히 많은 종류의 천연 고분자화합물 가운데 대표적인 것이 천연고무나 녹말이라는 사실을 기억해 두십시오. 아! 물론 단백질도 중요한 고분자화합물입니다. 인간이 꼭 섭취해야 할 아미노산을 고분자 단백질을 통해 섭취하게 되니 매우 중요한 고분자화합물입니다.

그렇다면, 인공적으로 합성된 고분자화합물에는 어떤 것들이 있을까요? 총칭해서 쓰는 말이지만 대표적으로 플라스틱이 있습니다. 그런데 이 플라스틱은 결합 형태에 따라 성질이 약간씩 다릅니다. 합성고분자화합물에는 그동안 무심코 들었던 다소 익숙하지 않은 단어들을 열거할 수 있습니다. 에틸렌(ethylene)이나 프로필렌(propylene) 등이 그것들이죠. 다시 좀 어려워지는데, 단어에 붙은 'ene'는 의미가 있습니다. 사슬 모양의 탄화수소를 명명할 때 어미에 'ane'가 붙는 것은 단일 결합, 'ene'가 붙으면 이중결합, 'yne'가 붙으면 삼중결합을 의미합니다. 따라서 화학식 C_3H_6의 에틸렌(ethylene)은 에틸렌계의 탄화수소 중 하나로 이중결합 한 개를 가진 탄화수소의 알켄 계열 중에서 두 번째로 간단한 불포화 유기 화합물로 정의됩니다. 이들은 결국 다소 간단한 유기화합물인데 단위체의 역할을 하며 좀 더 복잡한 고분자화합물을 만든다고 할 수 있습니다.

인공적으로 합성된 고분자화합물은 각기 다양한 반응을 합니다. 즉 단순한 탄화수소 형태인 에틸렌이나 프로필린은 다른 단위체가 합해지고 다양한 체인 구조(결합 형태)를 만들면서 중합체로 전환됩니다. 폴리에틸렌(Polyethylene) 역시 다른 단위체가 합쳐지면서 중합체로 전환됩니다. 연구 결과에 의하면 1만 개 이상의 단위체가 결합되어 나선상의 체인 구조를 만든다고 합니다. 폴리에틸렌은 결정질(crystalline)로 반투명(translucent)이며 열가소성(thermoplastic)입니다. 즉 열을 가하면 부드러워집니다. 따라서 코팅(coatings), 패킹(packaging)이나 병 같은 용기를 만듭니다. 폴리프로필렌(Polypropylene) 또한 결정질이며 열가소성이지만 폴리에틸렌보다는 딱딱합니다. 이 고분자는 약 5만~20만 개의 단위체로 구성됩니다. 이 합성 고분자화합물은 직물 산업(textile industry)이나 목적에 맞는 모형을 만들어 활용할 수 있습니다.

플라스틱으로 대표되는 물질들은 20세기 기적의 소재라고 부릅니다. 인공적으로 만들어진 고분자화합물이면서 실로 다양한 목적으로 광범위하게 사용되기 때문입니다. 플라스틱 사용은 꾸준히 늘고 있으며, 앞으로 어떤 형태로 진화할지 예상하기도 어렵습니다. 앞서 얘기했듯이 모형을 자유자재로 만들 수 있기 때문입니다. 과학기술의 발전과 함께 새로운 화합물을 발견할 가능성 또한 높습니다. 플라스틱은 20세기 초 눈부신 과학기술 발전과 함께 탄생해 인류사에 당당히 등장하게 되었습니다. 그렇다면 당연히 그 영향도 있겠죠. 영향이라는 것은 어떤 행위가 있고, 그 한참 후에 나타납니다. 탄소화합물이 인류사에 영향을 주기 시작한 것은 20세기 말이고, 최근에 와선 그 영향이 점점 뚜렷해지고 있습니다. 19세기 중반 자연 상태로 있는 석유나 석탄 등의 화석연료 소비는 플라스틱의 원재료에 해당하는 영향입니다. 본격적인 영향은 탄소로 된 인공의 고분자화합물(나일론)을 만들고 나서입니다. 한 단어로 나일론이나 플라스틱이라고 했습니다. 수백 종의 플라스틱 제품이 쏟아지는 현실을 감안한다면, 인간이 인공적으로 만드는 중합체인 고분자화합물은 지금 시대를 대표하는 물질이 되었기 때문입니다.

1922년 독일 화학자 헤르만 슈타우딩거는 실험실에서 딱딱하게 굳어지는 화합물 덩어리를 살펴본 결과 수천 개의 분자 사슬이 고분자로 이루어졌음을 발견했습니다. 자연 상태에 있던 고분자화합물이 인간의 영역으로 들어온 것입니다. 1933년에는 폴리에틸렌(PE)으로 만들어진 플라스틱 원형이 나옵니다. 고분자화합물의 재발견입니다. 어쨌든 이 PE는 포장용 비닐봉지로 많이 사용되었습니다. 그러던 중 월리스 케러더스(Wallace Carothers)는 1935년에 합성섬유 나일론을 발견하게 됩니다. 20세기 초에 발견된 이 나일론은 20세기 인류가 만든 가장 위대한 발명품의 하나로 지금까지 근 100여 년 동안 인류사에 둘째가라면 서러워 할 정도로 큰 영향을 미쳤습니다. 플라스틱이 발견된 20세기 초는, 현재 문명의 관점에서 격동적인 세계사의 변화가 있었던 시기입니다. 제1, 2차에 걸친 세계대전과 과학기술의 눈부신 발전이 있었습니다. 특히, 나일론의 변형된 형태는 낙하산 제조와 같은 군사적 용도로 사용되면서 대단히 효율적으로 쓰이게 되었습니다.

분위기도 전환시킬 겸 좀 안타까운 사진 한 장 보여드리겠습니다. 현재 플라스틱이 얼마나 지구환경에 악영향을 주고 있는지를 나타내는 사진입니다(그림 1.7.3). 몇 년 전 부산 해운대 백사장에 설치된 '지구의'입니다. 이 페트병 쓰레기들 대부분은 플라스틱으로 되어 있습니다. 대기 중에도, 백사장 모래 속에도, 그리고 바닷물에도 플라스틱이 많이 있다고 생각하면 틀림없습니다. 수많은 연구 결과가 그걸 증명하고 있습니다 (National Geographic Creativework, 2022). 이들 플라스틱은 인간에 의해 만들어진 후 제 용도를 다하고 이제 쓰레기로 남은 것입니다. 여기저기 방치되어 있지만 여전히 탄소가 주체가 되는 왕국의 일원으로 남아 있는

그림 1.7.3 해운대 백사장의 지구의. 각종 쓰레기가 지구를 덮고 있다(저자 촬영)

것입니다. 악역을 했든, 유용하게 쓰였든 거의 모든 물건이나 재료, 생물체가 탄소를 많이 포함하고 있습니다. 정말 이 세상은 탄소왕국입니다.

플라스틱은 매년 1천만 톤이 해양으로 유입됩니다(UNEP.org). 우리 은하계에는 별이 약 4천억 개, 안드로메다은하에는 1조 개가 있다고 합니다. 1천만 톤에 달하는 플라스틱, 우주에 펼쳐진 혹성의 숫자보다도 많은 게 분명합니다. 지구가 우주라면, 그 속에 지구와 같은 크기의 혹성이 플라스틱처럼 여기저기 산재해 있는 것이죠.

인간이 만든 플라스틱은 세상 온갖 곳에 그 흔적을 남기고 있습니다. 연구결과에 의하면 매년 1천만 톤 이상의 플라스틱이 바다로 유입된다고 합니다. 또한 2018년 5월의 보도에 의하면, 죽은 향유고래 배 속에 6 kg에 가까운 플라스틱 제품이 들어 있었다고 합니다(BBC 뉴스, 2018). 플라스틱 컵 115개, 비닐봉지 25개, 플라스틱 병 4개, 그 외 다른 플라스틱 제품도 많이 있었습니다. 얼마 전에는 새의 배 속에서도 플라스틱이 가득한 사진을 본 적이 있습니다. 〈가디언(The Guardian)〉이라는 과학 잡지(2022.03.25)는 네덜란드 연구진의 충격적인 연구 결과를 발표했습니다. 미세 플라스틱 입자가 인간의 혈관 속에서도 검출되기 시작했다는 것입니다. 크기는 0.000508mm, 22명 중 17명에서 발견되었다고 합니다. 더욱이 한 사람은 세 종류의 플라스틱이 검출되었다고 하니, 얼마나 많은 플라스틱이 세상에 노출되어 있는지 잘 알 수 있습니다.

플라스틱은 이렇게 세상을 오염시키고 사람의 건강까지 해치고 있습니다. 문제는 플라스틱 오염이 여기서 끝나지 않는다는 것입니다. 박테리아가 유기물을 분해하니 플라스틱도 결국은 분해됩니다. 다만 시간이 오래 걸려 100~200년 정도 소요됩니다. 19세기 중반에 만들어진 플라스틱은 수십 년 후면 분해되기 시작할 것입니다. 어떻게 되겠습니까? 인류가 계속해서 플라스틱을 사용했기 때문에, 매년 분해되는 양도 많아질 겁니다. 플라스틱은 탄소화합물이라고 했습니다. 탄소가 어떤 형태로 대기나 토양 중으로 방출되는지 아직 아무도 모르는 상태입니다. 플라스틱이 일시에 분해되기 시작하면 분해된 화합물을 받아줄 곳은 결국 지구상 어딘가입니다. 토양이나 대기, 바다, 지구 도처에 큰 영향을 미칠 것으로 예상됩니다. 지구가 온난화되면서 여기저기서 메탄 하이드레이트가 해리하고, 이산화탄소가 대기 중으로 방출되는 상황이 될 수도 있습니다. 플라스틱은 탄소순환과 오염이라는 측면에도 영향을 준다고 할 수 있습니다. 화석연료 사용을 줄여야 하는 것처럼 플라스틱 사용에 의한 환경문제도 결국 우리가 감당해야 할 몫입니다.

탄소는 현존하는 화학원소 118개(2019년 기준) 중 하나의 원소에 불과하지만, 인류에게 엄청난 영향을 주었습니다. 상상을 초월할 정도입니다. 과학기술이 발전하면서 인간이 인공적으로 탄소를 합성하여 화합물을 만들기 시작한 것이죠. 플라스틱이 가장 좋은 예입니다. 탄소가 지구를 지배한다고 언급했습니다. 탄소를 주성분으로 해서 만들어진 다양한 물질들을 생각한다면 세상이 합성 플라스틱으로 넘쳐난다고 할 수 있습니다. 탄소왕국입니다. 수만 종의 유기화합물, 수만 종의 고분자화합물, 헤아릴 수 없이 많은 미세 플라스틱, 이들 모두는 탄소왕국의 국민이며 구성원입니다. 인공으로 합성된 플라스틱이 세계 곳곳에 버려지거나 폐기되어 심각한 문제가 되고 있습니다. 이산화탄소나 탄소의 문제를 넘어 지구환경에 대한 또 다른 문제로 급부상하고 있습니다. 태평양 한가운데 한반도만큼이나 큰 쓰레기 더미가 있다는 것은 알고 계시죠? 대부분이 플라스틱과 같은 쓰레기입니다. 그리고 버려진 탄소 덩어리입니다.

탄소가 생명의 영역은 물론 지구상 거의 모든 곳에 관여하고 있기 때문입니다. 앞서 유기화합물을 '생명체가 만드는 화합물'이라고 정의했습니다. 생명체와 유기화합물은 불가분의 관계에 있습니다. 사실 생명체는 골격을 제외하면 대부분은 유기화합물로 만들어져 있다고 해도 지나친 말이 아닙니다. 무기물인 칼슘(Ca)으로 만들어진 뼈, 딱딱한 게의 껍데기나 곤충의 날개도 모두 탄소화합물입니다. 생명체 이외의 많은 부분에도 탄소가 관여되어 있습니다. 땅 위의 무기물인 토양이나 암석에도 탄소가 있습니다. 제1~6장에서 언급한 화석연료에도 말입니다. 수십만 가지의 유기화합물, 또한 수만 종의 무기화합물이 있습니다. 이런 종 하나하나를 다 열거하면 이 책이 다루려는 취지에서 벗어나기에 고분자화합물과 탄소왕국에 관해서는 여기서 갈음하기로 하겠습니다.

제2부

시간은 신비한 것: 기후변화가 있기까지

제1장

잃어버린 기록 - 스노우볼 어스 (snowball earth)

예전에 본 〈인디아나 존스〉라는 영화가 생각납니다. 고대 문명의 결과물이라 할 수 있는 잃어버린 기록을 찾기 위해 온갖 역경을 이겨내고 탐험하는 영화죠. 이 영화에서 고고학을 전공하는 주인공은 미지의 세계를 탐험하고 모험을 즐깁니다. 미지의 세계를 탐험하면서 직면한 위기 상황을 헤쳐 나갈 지식과 더불어 박진감 넘치는 장면은 영화를 더욱 흥미롭게 해줍니다. 이 영화는 허구를 다루었지만 우리에게 중요한 시사점을 던져 줍니다. 미지의 세계로 탐험을 떠나지 않으면 과거에 일어난 사실을 알 수 없고 숨겨진 진실도 드러나지 않는다는 것입니다. 또 한 가지가 있습니다. 똑같은 목표를 가지고 탐험하지만 누구는 중간에 실패하고 누구는 온갖 난관을 극복하고 목표를 이루는 차이가 있다는 것입니다. 숨겨진 보물이나 기록을 찾기 위해선 당시 상황을 잘 이해해야 합니다. 당시의 환경을 잘 이해해야만 고대인들이 그들의 방식대로 숨겨 놓은 보물을 찾을 수 있는 것이죠. 고대인들은 분명히 당시의 환경과 조건에 맞춰서 보물이나 기록을 숨겼을 테니까요. 탐험 과정에서 위험에 봉착했을 때 위기 극복도 마찬가지입니다. 당시 사람들의 관습이나 생활방식을 잘 이해하는 것은 어려움을 극복하는 최선의 방안이 될 수도 있습니다. 그런 이유 때문에 고대인들이 기록해 놓은 문자를 해독하려고 많은 수고를 아끼지 않는 것이지요.

지구환경에 대한 진실도 비슷합니다. 변화된 환경을 알기 위해선 당시 상황을 정확히 파악하거나 아니면 변화가 기록된 과학적 증거를 찾아야 합니다. 자연법칙을 따라가면서 과학적 증거를 찾으면 진실에 가까워집니다. 45억 년이라는 지구의 역사에 숨겨진 기록을 찾아내는 것도 마찬가지입니다. 45억 년이나 되는 지구의 진화과정에 얼마나 많은 변화가 있었겠습니까? 복잡하게 얽힌 환경이 다시 다른 요인과 얽히고설켜 있습니다. 환경이 변화를 거듭했다는 것은 틀림없는 사실입니다. 탄소나 지구의 환경 변화를 이해하기 위해서 우리가 찾아내야 할 진실도 그만큼 많이 남아 있을 수도 있습니다. 그래서 해양과 우주는 인류가 극복하고 개척해야 할 마지막 남은 프론티어(frontier)라고 하지 않습니까.

1부에서는 탄소와 관련된 다양한 소재에 대해 알아봤습니다. 직접 탄소가 관여한 과학적 사실입니다. 2부에서는 지구 역사상 있었던 극적인 환경변화를 중심에 두고, 탄소의 거동과 탄소가 어떻게 관여하는지에 대해 이야기할까 합니다. 1부가 탄소가 관여한 구체적 사실이라면, 2부는 오랜 시간에 걸친 환경변화로 인해 지구상의 탄소 거동이 변했을 가능성이 있다는 사실을 모았습니다. 이들은 지구과학이나 해양학 분야에서 다루는 중요한 기록입니다. 탄소가 거대한 스케일로 변하는 장소 또한 지구상입니다. 그 기록이 남은 곳도 지구의 어떤 장소이기 때문에 학문적으로는 지구과학이나 해양학과 많이 관련된다는 것이죠. '지구는 진화한다'고 말씀드린 기억이 납니다. 이런 의미에서 환경변화는 지구가 진화하는 과정에서 한 변화가 다른 변화를 야기한 결과이자 변화의 원인이 될 수도 있습니다. 이산화탄소의 증가와 온실효과의 관계도 그런 측면이 있습니다. 온실효과로 이산화탄소가 증가했을까요? 아니면 이산화탄소가 증가해 온실효과를 일으키고 있을까요? 물론 인과관계는 있습니다. 하지만 인과관계가 꼭 정해져 있지 않고 두 요소가 동시에 일어난다고 할 수도 있을 듯합니다.

2부 첫 장에서는 지구에 생명체가 출현하기 전 상태에 대해 생각해 보겠습니다. 지금은 직·간접적인 증거가 있기 때문에 과학적 사실로 받아들여지는 과거의 잃어버린 기록들입니다. 대표적인 것이 '스노우볼 어스(Snowball earth)'로 전지구(全地球) 동결 사태로 번역됩니다. 과거 어떤 시기에 고위도인 극지방에서 저위도 열대지방까지 지구가 모두 얼음이나 눈으로 덮였다는 가설이죠(Nakajumam Tajika, 2013). 바닷물도 수심 수백 미터까지 동결되었고요. '스노우볼 어스' 이론은 가설을 넘어서 현재는 거의 정설로 받아들여집니다. 인디아나 존스에서 과거의 비밀이 밝혀지면서 보물을 발견할 수 있었던 것처럼, 지구상 많은 곳이 눈으로 덮였다는 기록이 속속 발견되고 있으니까요. 전 지구가 완전히 동결된 상태와 반대의 경우도 있습니다. 지구상에 얼음이나 눈이 하나도 없었던 무동결 상태입니다. 또 현재와 같이 남극과 북극에 눈이 조금씩 쌓인 부분 동결 상태도 있습니다. 지구의 상태는 완전 동결-무동결-부분 동결의 세 가지 형태로 존재해 왔습니다(그림 2.1.1). 놀랍지 않습니까? 완전히 동결되었다면, 어째서 그랬을까요? 또 어떻게 해서 완전 동결에서 무동결로 상태가 바뀔 수 있었는지, 그리고 현재는 어떻게 해서 부분적으로만

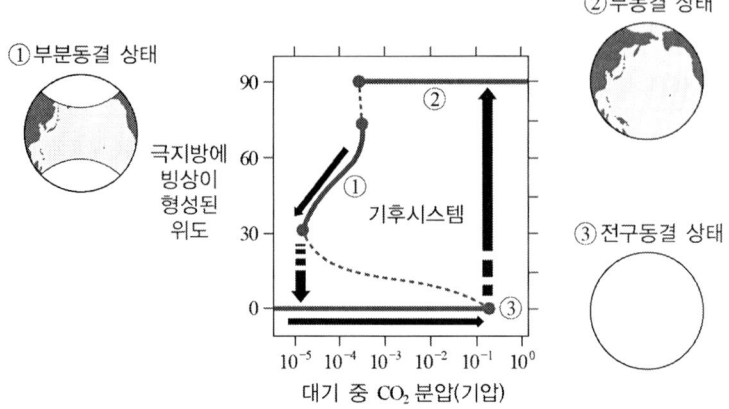

그림 2.1.1 지구가 가질 수 있는 세 형태: 전 지구 동결–무동결–부분동결(기후변화과학, 2020 일부 수정)

남극과 북극에 얼음이 남아 있는지 궁금한 게 한둘이 아닙니다. 조금 더 자세히 알아보겠습니다.

원생대(原生代) 후기에 해당하는 6억 5,000만 년 전은 범지구적인 빙(하)기 시대였다고 알려집니다. 이 시대 지층에는 세계 어디서나 빙하성 퇴적물을 볼 수 있습니다. 당시 기후가 어떤 상태였는지 알려면 당시 대륙의 위치에 대한 정보가 필요합니다. 당시 모든 대륙이 북극이나 남극에 모여 있었다면 어디서나 빙하성 퇴적물(빙퇴석)이 발견되어도 전혀 이상하지 않기 때문이죠. 암석에 기록된 과거의 지구 자기장(지자기)에 대한 정보를 확인하면 빙하성 퇴적물이 형성될 당시의 위치(위도)를 자세히 알 수 있습니다. 이런 이유로 광범위한 지자기(地磁氣) 연구가 진행되었습니다. 그 결과 당시 대륙은 극지역이 아니라 적도 지역에 모여 있었던 사실을 알게 되었습니다. 또한 현재의 호주 남쪽은 적도 바로 아래쪽에 있었던 것으로 밝혀졌습니다. 적도 지역에 모여 있던 대륙이 어째서 빙상으로 덮여 있었을까요. 결론은 자명합니다. 적도 지역에까지 빙상이 있었다는 것이죠.

암석 물질에 대한 연대측정이나 지자기 결과로 당시 적도 지방에 빙상이 있었다는 사실을 받아들인다고 해도 어떻게 전 지구 동결 상태가 완전히 다른 상태로 바뀐 것인지 매우 궁금합니다. 이 극적인 환경 변화를 가져올 수 있는 외부로부터의 어떤 힘에 대한 이야기가 이 장의 핵심입니다. 어떤 이유가 있을까요? 바로 대기질의 변화입니다. 당시 대기 중에 존재하는 온실가스의 농도변화가 가장 큰 원인이 되었을 것으로 보입니다. 물론, 간접적으로는 지구가 받는 온도에 따른 것으로 이 온도는 태양과의 관계로 결정됩니다. 즉, 태양에서 오는 에너지와 지구가 반사하는 방사에너지 수지 개념을 확장하면 극지방에 생긴 얼음이 한랭화와 함께 저위도 쪽으로 확대하는 경우를 생각해 볼 수 있습니다. 얼음은 반사율(알베도 · albedo)이 높기 때문에 얼음이 확대되면 지구가 받는 일사 총량이 떨어집니다. 그 결과 지구는 더욱 한랭해지고 빙상은 발달합니다.

우리가 일반적 개념으로 이야기하는 악순환이 거듭되는 것이죠. 한랭화를 악순환의 개념으로 생각한다면 말입니다. 전문적 용어로는 일종의 피드백 현상(feedback: 되먹임 작용)에 의해 한랭화가 가속화되는 것입니다(그림 2.1.2). 그림에서와 같이 다양한 피드백 현상이 있을 수 있습니다. 스노우볼 어스는 정(플러스)의 피드백(아이스 알베도 피드백) 기구 때문에 빙상이 저위도(20~30°)까지 크게 확대되면서 기후시스템은 급격히 불안정해집니다. 그 결과 '기후 점프'가 일어나고 지구 전체가 얼음으로 뒤덮인 '전 지구 동결 상태'가 된다고 합니다(Tajika, 1998). 빙상이 저위도까지 발달하기 위해서는 아마 수십만 년 이상의 시간이 필요하겠지만 기후점프에 의해서는 수백 년 정도에도 일어날 수 있다고 생각됩니다.

기후 점프는 정상적으로 작동하던 시스템에 파문이 일어난 결과입니

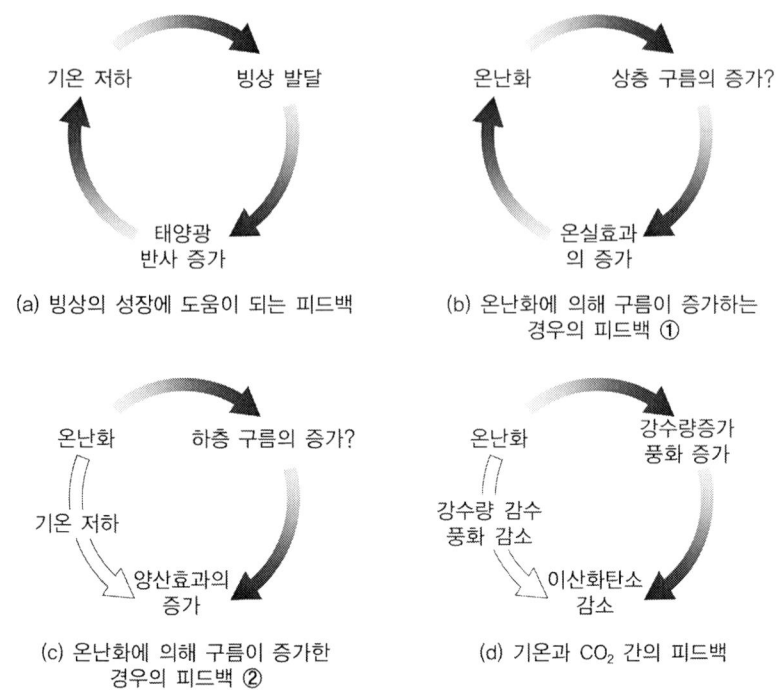

(a) 빙상의 성장에 도움이 되는 피드백

기온 저하 → 빙상 발달 → 태양광 반사 증가

(b) 온난화에 의해 구름이 증가하는 경우의 피드백 ①

온난화 → 상층 구름의 증가? → 온실효과의 증가

(c) 온난화에 의해 구름이 증가한 경우의 피드백 ②

온난화 → 하층 구름의 증가? → 양산효과의 증가, 기온 저하

(d) 기온과 CO₂ 간의 피드백

온난화 → 강수량증가 풍화 증가 → 이산화탄소 감소, 강수량 감수 풍화 감소

그림 2.1.2 다양한 피드백(되먹임 작용)(Nakajumam Tajika, 2013)

다. 최소한 크고 작은 지구환경의 변화가 줄곧 있었지만, 지구 전체가 얼어붙은 대격변이 지극히 짧은 시간 내에 발생한 것입니다. 왜 이런 일이 발생했는지 생각해 봐야겠죠. 답은 역시 대기 중 이산화탄소 농도가 크게 떨어지는 대기의 온실효과가 어떤 변화를 일으켰을 것으로 보입니다(Nakajumam Tajika, 2013). 예를 들어, 지구 전체의 화산 활동이 뜸해지면서 대기 중으로 이산화탄소가 공급되지 않게 되면 수십만 년 정도 걸려서 지구는 한랭화되고 마침내 전 지구 동결 상태에 이르게 된다는 것입니다. 현재와 같은 부분동결 상태의 지구에서는 대기나 해양의 순환에 의해 저위도에 있는 열이 효율적으로 중위도로 운반되고 있기 때문에 이러한 불안정한 일은 일어나기 어렵습니다. 그렇지만 이산화탄소

농도가 크게 떨어지면 결국 전 지구 동결 상태가 될 수도 있습니다. 예를 들어, 현재 지구에서 이산화탄소 농도가 수십 ppm까지 저하되면 전 지구는 동결이 일어나게 됩니다. 지금부터 약 6억~7억 년 전의 원생대 후기에는 태양광도가 현재보다 6% 정도 낮았다고 생각되기 때문에 이산화탄소 농도가 현재와 같은 정도(수백 ppm)까지 저하되면서 전 지구 동결이 일어났을 것으로 생각됩니다. 그러나 원생대 후기에 어떤 이유로 대기의 온실효과가 상실되었는지에 대해서는 아직 잘 알려지지 않았습니다. 물론 지금도 기후학자나 관련 연구자들이 각종 방법으로 그 원인과 결과에 대해 연구하고 있습니다.

원생대 후기, 적도 지역에 대륙 빙상이 존재했던 것이 사실이라면 이론적으로는 당시에 지구는 전체가 동결 상태였다는 결론에 이릅니다. 이 전 지구 동결 사태, 즉 '스노우볼 어스(Snowball earth)'는 기후학자들에게 주목을 받고 있는 가설입니다. 이에 대한 연구도 활발히 진행된 결과 많은 자료들이 이 사실을 증거해 주고 있습니다(Kirschivink, 1992). 조금 더 설명을 추가하면 다음과 같습니다. 일단, 전 지구가 동결되면 지구는 하얀 얼음으로 덮여 있기 때문에 알베도(반사율)가 매우 높아지며 결국 태양에서 오는 열(태양방사)의 60~70% 정도를 반사했다고 생각됩니다. 쉽게 얘기하면, 여름에 받는 태양 빛(열)이 겨울처럼 낮아지며 지구의 평균 기온은 -40℃까지 떨어집니다. 이렇게 되면, 조금 전 설명한 피드백 효과에 의해 바닷물도 표면이 차가워지기 때문에 수심 1,000m 정도까지 얼어붙었다고 생각됩니다. 더욱 중요한 점은 (지금의 관점에서 본다면) 이렇게 지구가 극단적인 상태에 놓였지만 전 지구 동결은 안정적인 상태여서 쉽게 벗어날 수 없었다는 것입니다. 바꾸어 말하면, 전 지구 동결 상태이거나 무동결 상태가 안정된 상태라는 것이죠! 이와 같은 일련의 과학적 현상을 연결하면, 지구는 현재와 같이 부분적으로 얼음에

덮인 '부분동결 상태'(한랭 기후) 외에 얼음이 완전히 형성되지 않은 '무동결 상태'(온난 기후), 전 지구를 얼음으로 덮은 '전 지구 동결 상태'(초한랭 기후)라는 세 종류의 안정된 기후 상태로 나타날 수 있다는 것을 알 수 있습니다(그림 2.1.2). 이들 모두는 지구가 받는 태양방사와 지구가 우주공간으로 방출하는 지구방사가 똑같은 에너지 균형 상태에 있었을 때입니다. 예를 들어, 전 지구 동결 상태는 지구가 받는 태양방사 에너지는 작지만 극심한 한랭기후 때문에 지구가 방사하는 에너지도 작아 에너지 수지는 균형이 딱 잡히는 것입니다.

그렇다면, 지구는 도대체 어떻게 이 상태에서 벗어날 수 있었을까요. 이 문제는 굉장히 풀기 어려운 부분이었습니다. 사실 지구가 동결 상태에 빠질 가능성은 1960년대부터 알려졌지만 실제로 그런 일은 일어나지 않았다고 여겨졌습니다. 지구가 일단 동결 상태로 들어가면 다시 벗어날 수 없다고 생각했기 때문입니다. 그러나 과학적 의구심이 발동된 결과 스노우볼 어스 가설에서도 동결 상태에서 벗어날 수 있다는 의견이 등장합니다. 핵심은 탄소순환에 있습니다. 즉, 전 지구 동결 상태에서 벗어나지 못하는 이유는 탄소순환이 작용하지 않을 것이라고 판단했기 때문입니다. 이런 상황에선 일단 전 지구 동결 상태로 빠지면 그 상태에서 벗어나지 못한다는 것이었죠! 그러나 생각을 바꾸어, 만약 전 지구 동결 상태에서도 탄소순환이 가능해진다고 가정하면, 전 지구 동결 상태에서 벗어날 수 있다는 것입니다. 탄소순환이 핵심 포인트입니다. 좀 더 자세히 알아볼까요.

일반적으로 대기 중 이산화탄소는 보통 대륙에서 일어나는 화학적 풍화나 생물의 광합성에 의해서 소비됩니다. 그러나 지표의 물이 모두 동결되면 대륙에서 마땅히 있어야 할 소비 프로세스가 정지됩니다. 반면, 화산활동으로 인해 대기로 방출되는 이산화탄소는 소비되지 않고 그대로 대기 중에 계속 축적됩니다. 방출되어 누적되는 이산화탄소가 수백만 년에 걸쳐 현재의 수백 배에 상당하는 농도가 되면, 적도지역의 기온이 얼음의 융점(融點)을 상회하게 됩니다. 이런 상황에서 기후시스템은 불안정해지고 다시 기후점프가 생겨 얼음은 모두 융해됩니다. 기후시스템이 불안정하게 되는 것은 앞에서 언급한 아이스 알베도 피드백과 같은 이유에서입니다. 이런 과정을 거치면서 지구를 뒤덮었던 얼음은 수백~수천 년 정도면 모두 녹을 수 있습니다. 생각해 보면 너무 간단합니다. 생각의 차이가 모든 것을 바꾸는 순간입니다. 조금씩 증가하기 시작한 대기 중 이산화탄소가 결국은 시간이 좀 걸리긴 했지만, 완전히 얼어있던 지구에 다시 피드백 효과를 가동시키면서 완전한 무동결 상태로 만들었으니까요.

여기서 강조하고 싶은 점은 전 지구 융해는 기후점프에 의해서 생기기 때문에 대기 중에 존재하는 이산화탄소의 농도 수준은 거의 저하되지 않는다는 것입니다. 이 때문에 지구가 동결 상태에서 벗어난 직후의 대기 중에는 0.1 기압 정도의 이산화탄소가 존재하여 전 지구 평균 온도가 60°C에 이르는 고온 환경이 되었을 것입니다. 즉, 전 지구 동결 이벤트란 극단적인 한랭화가 생길 뿐만 아니라 극단적인 온난화도 수반하는 상태를 내포하고 있습니다. 전 지구 평균 기온 변화는 무려 100°C에도 이르렀다고 판단됩니다.

저위도에 빙상이 존재했다는 증거들로부터 전 지구 동결 이벤트가 23억~22억 2,000만 년 전, 7억 3,000만~7억 년 전, 6억 5,000만~6억 3,500만 년 전 등 적어도 3차례 일어났던 것으로 알게 되었습니다(Nakajumam Tajika, 2013). 하지만 전 지구 동결 이벤트에 대한 자세한 내용은 아직 밝혀지지 않았습니다. 숨겨진 비밀을 찾아내기가 그리 간단하지 않다는 것입니다. 그러나 지금까지 알려진 이러한 변화는, 적어도 지구 사상 최대 규모의 기후변동이라고 할 수 있을 것입니다. 지구상 모든 생물에게 필요불가결한 액체인 물이 모두 얼어버리기 때문입니다. 전 지구 동결 이벤트가 당시 생물에게 미친 영향은 헤아릴 수 없을 정도였을 것입니다. 궁극적 원인 물질은 대기 중 이산화탄소 농도변화입니다. 역시 탄소가 지배했던 지구였던 것이죠!

지구환경이 크게 변동하면 생물의 대멸종을 초래하지만 한편으로는 생물의 극적인 진화를 촉진시키기도 합니다. 즉, 전 지구 동결 이벤트는 진핵생물이나 다세포 동물의 출현과 인과관계가 있다는 설명도 있습니다. 전 지구 동결 이벤트가 생물진화에 어떠한 영향을 미쳤는지에 대해서는 현재도 논쟁이 계속되고 있습니다. 지질학적으로는, 약 6억 년 전, 마지막 전 지구동결 이벤트가 끝난 지 얼마 되지 않아서 다세포 동물이 출현한 것으로 추정되고 있습니다. 그리고 조금 지난 후인 약 5억 4,200만 년 전인 현생대인 캄브리아기에 딱딱한 껍데기나 골격을 가진 생물이 출현합니다(그림 2.1.3). 지구상 생명출현과 비약적인 진화 발전이 시작되는 것입니다.

딱딱한 껍데기(경골)나 골격은 오팔이나 탄산칼슘, 인산칼슘 등의 광물로 되어 있습니다. 생물의 부드러운 조직인 유기물은 산소와 결합해 분해되기 쉽지만 골격이 되는 광물은 훨씬 안정적인 상태에 있습니다. 그렇기 때문에 캄브리아기를 경계로 생물의 경골이 화석으로 지층에 많이 남게 되었습니다. 이러한 화석을 통해 현생대 생물의 멸종이나 다양화 등 생물의 흥망성쇠가 자세하게(높은 시간 해상도로) 밝혀짐과 동시에 기후변화에 관한 자세한 정보도 얻을 수 있게 되었습니다.

과거의 어느 시점에 있었던 대기 중 이산화탄소 농도를 추정하는 것은 매우 어려운 일입니다. 1부 4장에서 설명했지만, 과거 수십만 년 정도는 남극이나 북극의 빙상 속에 당시 대기의 기포로 남아 있습니다. 이

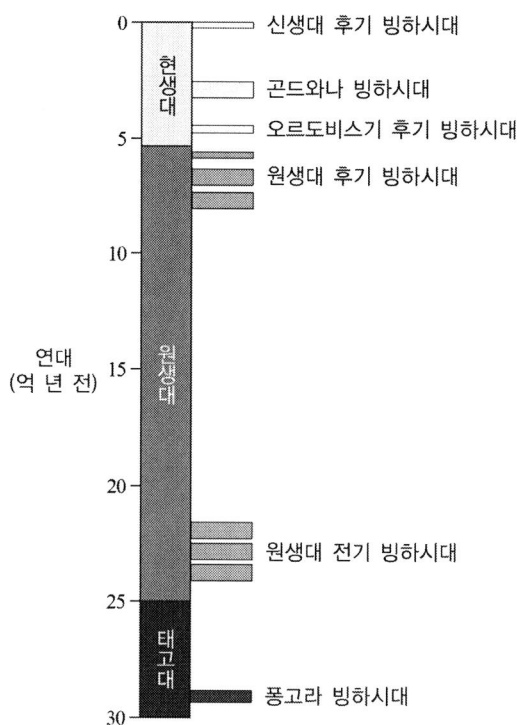

그림 2.1.3 지구사의 주요 빙하시대(Nakajumam Tajika, 2013). 원생대 전기 및 후기는 전지구 동결시대

기포가 있으면 그걸 분석하고 대기 중 이산화탄소 농도를 복원할 수 있습니다. 그러나 그 이전의 시대(빙상이 없는 경우)는 그와 유사한 대기의 기록이 남아 있지 않습니다. 그렇기 때문에 여러 가지 과정으로 만들어진 이산화탄소 기록은 간접적으로 추정해야 합니다. 주로 지층에 남아 있는 기록이나 단편적으로 알려진 과학적 사실을 바탕으로 추정하거나 모델을 활용하기도 합니다.

예를 들어, 이산화탄소는 식물 플랑크톤의 광합성에 의해 유기물로 고정됩니다. 이때 탄소의 동위원소 비율이 바뀌는 성질을 이용하여 생물 생산이나 대기 중 이산화탄소 농도 정도를 알아낼 수 있죠. 구체적으로 이야기하면, 탄소에는 질량수가 12와 13인 안정 동위원소가 있는데, 식물플랑크톤은 광합성 과정을 할 때 이 중 가벼운 탄소, 즉 질량수가 12인 탄소를 잘 흡수합니다. 그 결과 생물의 몸을 구성하는 유기물의 탄소 동위원소비율(C^{13}/C^{12})은 일반적 환경과는 매우 다른 값을 갖게 됩니다. 여기서 광합성을 할 때 탄소 동위원소소비율의 변화 크기는 환경 중 이산화탄소 농도에 의존합니다. 이러한 관계에 주목하면 유기물과 바닷물 중에서 침전된 탄산염 광물의 탄소동위원소 비율 차이(탄소 동위비율의 변화 크기)로 당시 대기 중에 있던 이산화탄소 농도를 추정할 수 있습니다.

그 외에도 고토양이라고 불리는 옛날 토양이 풍화되는 과정에서 화학적 풍화와 관련된 대기 중 이산화탄소 농도를 추정하는 방법, 육상 식물이 이산화탄소를 빨아들이는 잎 표피에 있는 작은 구멍(기공)의 밀도가 이산화탄소 농도에 의존하는 관계를 사용하는 방법 등 여러 가지 추정 방법이 개발되어 있습니다. 이러한 방법 모두는 정확성이 크지 않지만, 과거의 환경지표이기 때문에 이들을 이용하면 매우 귀중한 정보를 얻을 수 있습니다.

이처럼 다양한 방법으로 추정된 현생대의 고(古)이산화탄소 농도에 관한 데이터 일부를 그림1.4.1에 나타낸 바 있습니다. 다시 살펴보면, 과거 약 5억 년에 걸쳐서 대기 중 이산화탄소 농도는 크게 변동했다는 것을 알 수 있습니다. 복수의 방법으로 추정된 고(古)이산화탄소 농도는 통계적으로 볼 때도 의미 있는 특징적 변동을 보이고 있습니다. 고생대 전반(약5억~4억 년 전)에는 현재의 이산화탄소 농도(산업혁명 이전의 시점:약 280 ppm)의 약 20배 정도나 높던 것이 고생대 후기(약 3억 년 전 전후)가 되면 현재와 거의 비슷한 수준까지 저하되었습니다. 그 후 중생대 중반(약 1억 년 전)이 되면 현재의 10배 정도까지 다시 증가했으며, 다시 신생대 후기에는 현재와 같은 낮은 농도로 저하되는 변동을 보이고 있습니다. 지구의 상태 변화는 이산화탄소가 쥐고 있습니다. 이산화탄소가 방아쇠를 당겼다면 이산화탄소 변화를 야기한 도화선은 태양방사입니다. 지구에 있어서 태양은 말 그대로 '그대는 나의 태양'입니다.

태양의 변심으로 지구는 크고 작은 여러 번의 빙기를 경험했고, 또 여러 번의 간빙기를 경험했습니다. 참고로 현재는 빙기에 속하지만, 현재와는 완전히 다른 더 극심한 초빙기(超氷期)가 있었고, 인간이 살 수 없을 정도의 초온난기도 있었다는 것입니다. 모두 태양과 지구와의 관계 속에 그 숨겨진 비밀이 숨겨져 있는 것입니다.

한 가지만 더 살펴보기로 할까요. 그림 2.1.3을 보시면 좀 이상하게 보일지도 모르겠지만, 원생대 중반의 22억 2,000만 년 전부터 7억 3,000만 년에 이르기까지 약 15억 년간 온난기가 계속되었습니다. 좀 신기하지 않습니까? 다른 시기에는 전 지구 동결이 되거나 극심한 추위가 있었지만 15억 년 동안 태양과 지구의 관계 또는 지구 내부의 상황이 일정하게 유지되었던 것입니다. 이 기간은 극도로 안정된 지구 환경이 계속되었던 것이죠! 다른 시점을 고려해서 비교하거나 판단해 본다면, 화산활동이 현재와는 완전히 다른 상태에 있었다고 할 수 있습니다. 그렇지만 이 부분은 아직 잘 논의되지 않아 우리의 과학적 도전을 기다리고 있습니다.

* 2부 1장의 내용은 『기후변화 과학』(Teruyuki Nakajima, Eiichi Tajika 공저 (일본어), 현상민 역, 2020)에서 많은 부분을 인용했습니다.

제2장

시간의 흐름과 변화: 부정합과 실러캔스

시간은 흔적을 남깁니다. 흔적이라면 보통 눈으로 볼 수 있는 어떤 형체가 있는 것을 말합니다. 그렇지만 형체가 없더라도 흔적은 남습니다. 우리는 흔히 "호랑이는 죽어서 가죽을 남기고, 사람은 죽으면 이름을 남긴다"고 합니다. 가죽은 실체가 있지만, 이름은 실체가 없는 것이죠. 지구의 역사를 돌아보면 실체는 없지만 어떤 현상이 다른 현상으로 옮겨 갔다는 추상적인 변화의 흔적이 분명하게 남아 있는 경우도 많습니다. 그렇게 보면 '시간'은 정말 신비한 것입니다. 지금이 어느 순간인지는 모르지만, 끊임없이 시간은 지나왔고 앞으로도 쉬지 않고 흘러가겠죠.

내친김에 여담을 하나 더 해볼까요. 지구의 역사를 약 45억 년으로 알고 계시죠. 중·고교 시절에 배워서 다 아실 겁니다. 그럼, 빅뱅의 나이도 아십니까? 약 150억~200억 년 전이라고 들어보셨겠지요. 그렇다면, 이게 진짜 질문입니다. 빅뱅 이전은 무엇인가요? 우주의 시작이자 세상의 시작이 빅뱅이라면 우리는 빅뱅 이전을 어떻게 규정해야 하는 것일까요. 잠깐 생각해 보시기 바랍니다. 저도 어느 책에선가 읽었는데, 빅뱅 이전의 세계는 철학(哲學)의 세계라고 한답니다. 시간이 존재하는 시기를 과학(科學)의 시간으로 규정한다면, 빅뱅 이전의 시기는 단지 철학으로만 존재하는 것이죠. 빅뱅 이전엔 시간도 없었다는 것입니다. 한편으로는 과학을 논할 때는 반드시 시간을 알아야 하고, 시간의 축이 꼭 있다는 것입니다. 이 책은 과학을 다루기에 모든 주제에 시간이 필요합니다. 모든 이야기에 시간이라는 개념이 들어가 있는 것이죠. 앞으로 글을 읽어 가면서 그 내용 어딘가에 시간이 들어 있다는 사실을 명심하면 좋겠습니다. 필자도 가끔 이러한 사실을 상기시키면서 글을 이어가도록 하겠습니다.

'변화'는 필자가 이 책에서 가장 많이 사용한 단어 중 하나일 것입니다. 변화도 시간과 관계가 깊은 단어입니다. '기후변화', '환경변화' 등 거의 모든 단어에 변화를 붙일 수 있습니다. 각종 사건사고는 반드시 어떤 결과를 초래합니다. 그 결과를 만들어 낸 어떤 상황의 전후 관계가 매우 중요하게 여겨질 때가 있습니다. 특별한 상황에서는 특별하게 다른 결과를 만들어 낼 수도 있기 때문입니다. '아니 땐 굴뚝에 연기가 날 수 없다'는 것은 전후 사실관계가 그만큼 중요하다는 의미입니다. 이 특별한 상황 속에는 우리가 별생각 없이 쓰고 있는 '시간'도 당연하게 포함됩니다.

지구환경이나 기후환경에도 '변화'라는 단어를 무수히 사용합니다. 그런데 이 '변화'라는 단어에는 당연히 '시간'이라는 추상명사가 포함되어 있습니다. 어떤 변화가 있으려면 일정한 '시간'이 필요조건으로 들어가야 하기 때문입니다. 한 시간 후의 변화, 일 년 후의 변화, 백만 년 전과 달라진 변화 등등. 어느 변화도 시간 개념을 빼고는 설명할 수 없습니다. 시간은 정말 신비한 것입니다. 눈에는 보이지 않지만 지층 속이나 진화하는 생물 종에 남아 있기 때문입니다. 시간이 얼마나 중요한지 두 가지 사례를 들어 설명하겠습니다. 모든 변화에는 시간이 숨어 있습니다.

지구의 역사를 간직한 숨겨진 비밀 '부정합(unconformity)'

45억 년 전 지금보다 훨씬 작은 지구가 만들어졌습니다. 지구는 서서히 성장하면서 진화합니다. 운석이 충돌하고, 가끔 큰 규모의 지진이 일어나고, 때로는 그보다 수 백 배에 달하는 땅의 움직임이 계속 있었습니다. 오랜 시간에 걸쳐 천천히 변화하기도 하지만 거대한 힘이 순식간에 모든 것을 바꾸어 놓는 큰 변화도 지구 곳곳에 기록되어 있습니다.

자연에는 연속적인 시간의 흐름을 보여주지 않는 지질학적 기록이 많이 나타납니다. 그림 2.2.1에서 보는 것과 같은 '부정합(不整合·unconformity)'입니다. 지질학에서는 부정합을 시간적 공백이 있는 퇴적층 혹은 지층으로 정의합니다(지질학사전, 1998). 일반적인 상황에서 모든 변화는 시간에 따라 순차적으로 일어납니다. 부정합은 일반적이지 않은 상황에서 불연속적인 기록으로 바뀐 것이라고 할까요. 사실 연속적 변화가 있었지만 잘 보지 않으면 그 연속성이 드러나지 않고, 형체적으로 불연속처럼 보이는 것입니다. 즉, 지층과 지층 사이에 상당한 시간적 공백이 있는 경우입니다. 이 시간적 공백이 오래된 것은 부정합, 얼마 되지 않은 경우는 퇴적소극(hiatus)으로 부릅니다. 형태에 따라 그 종류는 많습니다. 그림 2.2.1은 경사부정합입니다. 오래된 지층과 새로운 지층이 경사를 보이고 있습니다.

스코틀랜드에 나타나 있는 이 부정합은 시간의 흐름과 그 속에 내재

그림 2.2.1 대표적인 경사 부정합(angular unconformity). 사일루이언(하부층, 438~408Ma)은 새로운 상부층(데보니언, 408~360Ma)으로 덮여 있으며, 부정합의 관계를 보인다. 아래쪽 사진은 층을 구분한 것이다 (신구 지층의 관계)(Keer, A., 2018).

된 기록을 단적으로 보여줍니다. 겉모습만으로는 알 수 없지만 자세히 보면 수십만 년의 차이를 두고 지층이 겹쳐집니다. 수십만 년이라는 시간이 흐른 뒤 남아 있는 건 부정합 관계뿐입니다. 그 사이에 존재하는 것은 아무것도 없습니다. 하지만 이러한 부정합의 관계가 만들어지기까지 우리가 알지 못하는 대격변, 변동이 일어났다는 사실은 충분히 짐작할 수 있습니다. 시간이 지났기 때문입니다. 그림 아래쪽에 표시한 해석을 보면, 상하 지층 간에 불연속면이 보입니다.

한번 상상해 보면 좋을 것 같습니다. 지나간 과거 지구 역사의 어느 시점, 사진에서는 약 4억 800만 년 전까지 3천만 년 동안 연속적으로 쌓이던 퇴적물(층)이 어떤 이유에선지 모르지만 연속적이지 못한 상황이 벌어집니다. 무슨 일이 벌어졌는지는 확실하지 않지만, 이때까지 쌓였던 지층 위로 새롭게 쌓이게 됩니다. 이때까지 쌓이던 환경과는 다른 환경에서 말이죠. 처음에 쌓였던 퇴적환경이 이 시점을 경계로 완전히 바뀌게 된 것입니다. 시간이 흘렀다는 것만 알뿐입니다. 이 부정합은 과학적으로 이런 중요한 궁금증을 자아내고 있습니다. 사실 이 지층은 꽤 오래전에 발견되었습니다. 제임스 허튼(James Hutton)과 그의 동료들이 스코틀랜드 시카에서 1788년 발견된 이 경사부정합은 이후 랜드마크가 될 정도로 가장 전형적인 부정합이 있는 장소로 알려지게 되었죠(Archer et al., 2017). 허튼은 이 부정합을 보고 육상의 모습이나 지질학적 기록들은 퇴적이나 융기, 침식 등의 지질학적 시간을 지나는 동안 겪은 자연적 결과로 만들어졌다고 생각하게 되었습니다. 어떤 과정을 거친 어떤 결과든 자연적 과정이라는 것이죠. 이 부정합은 실루리안기 동안에 심층수에 있던 그레이와케(greywackes) 위로 데본기의 하천에 있던 붉은색 사암층이 얹어진 것입니다. 가장 전형적인 경사부정합으로 여겨지고 있습니다. 오늘날 지질학자들이 꼭 봐야 하는 지질학적 중요 사이트로 여겨집니다.

오래된 지층이라 각 층이 언제 형성되었는지 연대는 다소 불확실합니다. 그렇지만, 상하 지층 사이에는 수천만 년이라는 오랜 시간적 갭(차이)이 존재할 수 있습니다. 실루리언기부터 데본기까지 두 지층이 형성된 시기는 시간적으로 7800만 년의 차이가 납니다. 그 사이 어디에선가 지질학적으로 급격히 짧은 시간에, 아니면 수백만 년의 시간이 경과되면서 이러한 부정합이 만들어진 것이죠. 두 지층을 구분 짓거나 연결하는 시공간적 경계는 이제 3억 년도 더 지난 현대의 지질학자들의 해석에 의해서 우리가 느낄 수 있는 것입니다. 관련 전공자인 필자도 시공간의 흐름과 장엄한 자연의 변화를 느낄 수 있다는 점에서 놀라움을 금치 못하겠습니다. 시간은 이처럼 신비한 것입니다.

실루리안기와 데본기의 지구 표면은 어땠을까요? 어떤 곳에서는 격변적인 변동이, 어떤 곳에서는 안정된 퇴적 활동이 있었을 것입니다. 대기 상태는 어떠했을까요? 1부에서 잠깐 살펴보았지만, 최소한 대기 중 이산화탄소 농도는 현재와 같지 않았습니다. 이산화탄소 농도는 약 4억 년 전의 수천 ppm에서 3억 6,000만 년 전의 1,000ppm 정도로 급격히 낮아지는 시기에 해당합니다(그림 1.4.1 참조). 육상의 식물이나 해양의 플랑크톤에 의해 대기의 이산화탄소 농도가 급속하게 낮아지는 시기인 것이죠. 반대로 대기 중 산소 농도는 급격히 증가하는 시기입니다(그림 1.4.3). 약 6억~5억 년 전에 지구상에 생명체가 탄생했고, 이들은 1억 년 이상의 시간을 거치면서 지구를 바꾸기 시작한 것이죠. 어떤 모습으로 바뀔까요. 독자들의 상상력과 지구과학에 대해 알고 있는 만큼에 따라 상상의 정도가 달라집니다. 좀 더 알고 싶으시면, 지금부터 나오는 다음 절도 잘 읽어보시면 됩니다.

변화에 적응했거나 적응하지 못한 물고기 실러캔스

20세기 초 자연과학계에서는 어류와 관련해서 중요한 발견이 있었습니다. 화석으로만 존재할 것이라고 믿었던 생소하게 생긴 물고기가 잡힌 것이죠. 지금부터 이야기하는 라티메리아 실러캔스(Latimeria Coelacanths)는 지금부터 약 4억 년 전인 고생대 데본기에 출현한 어류입니다. 시간으론 앞에서 이야기한 부정합이 있었던 시기죠. 지구환경이 급격하게 변화하던 시기입니다. 이 물고기 화석은 고생대나 중생대 지층에서 많이 발견되고 있었습니다. 그런데 중생대 말, 즉 8,000만 년 전부터 이 물고기 화석은 더 이상 나오지 않습니다. 그래서 공룡의 대량 전멸이 있었던 약 6,600만 년 전에 일어났던 대규모 지구환경 변화로 이 물고기도 같은 운명이 된 것으로 생각하고 있었습니다.

그러다 1938년 남아프리카 이스도론도 항구에서 저인망 어선 선장이 우연히 잡은 물고기 한 마리를 박물관 큐레이터로 일하던 여성인 라티메리아에게 알립니다. 이 물고기를 보고 뭔가 이상하다 생각한 라티메리아는 백방으로 수소문해 정체를 파고들었습니다. 그 결과 이 물고기가 화석으로만 존재하고 있는 실러캔스라는 것을 알게 되었죠. 그 뒤 이 물고기의 학명은 발견자의 이름을 따서 '라티메리아 찰룸니(Latimeria chalumnae)'라고 명명되었습니다. 일단 알지 못했던 사실을 새로 알게 되거나 이론이 확립되면, 유사한 사례가 줄줄이 이어져 나오는 경우가 많습니다. 그래서 처음이 중요합니다. 처음 확립된 게 잘못된 것일 때는 계속해서 잘못된 사실을 진실인 줄 알고 믿고 가게 됩니다. 바꾸는 데 너무나 많은 에너지가 필요합니다. 남아프리카에서 발견된 실러캔스가 딱 그런 경우입니다. 1938년에 처음 발견된 실러캔스는 그 후 여기저기서 발견됩니다. 1952년에는 인도양 마다카스카르 부근의 코모로 외해에서 두 마리가 잡혔습니다. 그 후 코로모 부근과 약간 북쪽의 아프리카 대륙 탄자니아 외해에서 200마리 이상이 잡혔습니다(그림 2.2.2). 1997년에는 아프리카 대륙에서 멀리 떨어진 인도네시아 스라우지섬의 마나도에서 약간 다른 종의 실러캔스가 발견되었습니다. 이때 발견된 종을 인

그림 2.2.2 실러캔스(Coelacanth)(왼쪽 사진: Daniel Jolivet, http://www.flickr.com)

도네시아 실러캔스로 부르고 있습니다만, 여기서 발견된 종은 뉴기니 연안에서도 발견되었습니다.

뒤에도 실러캔스는 계속 발견되었습니다. 결국 실러캔스는 현재까지 극히 제한된 두 지역에만 살고, 두 종류로만 나눠졌다는 사실을 알게 되었습니다. 외관상 체색이 약간 다를 뿐 둘 사이의 다른 점은 전혀 없습니다. 야행성으로 낮 동안에는 몇 마리씩 모여서 동굴 속에 숨어 있다는 관찰 결과가 있습니다.

수천만 년 동안 심해 어두운 곳에 숨어서 생명을 유지해 온 실러캔스는 일반적으로 우리가 보던 물고기와는 외형이 약간 다릅니다. 좌우 양쪽에 두 개씩 있는 가슴지느러미와 배지느러미는 육상 생물의 앞 다리와 뒷다리로 진화하려던 것이었을까요. 실제로 이들 실러캔스는 육상 생물에 있는 DNA를 조금 가지고 있습니다. 연구 결과에 의하면 육상으로 진출하는 생물이 진출 직전에 계통 진화가 되지 않은 채, 그대로 해양에 머물렀다는 결론에 이릅니다. 어떤 이유로 인해 육상으로 진출하지 못한 것일까요.

실러캔스는 데본기 이후 발견된 화석의 발견 장소 등으로 유추해 볼 때, 얕은 바다나 하천에 살았던 것으로 생각되고 있습니다. 화석이 남아 있기 좋은 여건이었던 거죠. 그런데 현재 실러캔스가 사는 수심은 약 150~700m로 생각됩니다. 과거에 살던 수심과 현재 사는 수심이 다른 것이죠. 그렇다면 고대 실러캔스가 살던 환경과는 다른 현재의 수심에 살 수 있도록 진화한 것일까요. 대단히 흥미를 끄는 문제입니다.

실러캔스가 천해에서 다소 깊은 심해로 서식처를 옮긴 것에 대해서는 당시 상황을 잘 살펴보는 게 좋을 것 같습니다. 중생대 말 지구의 환경과 연관시켜 보아야 한다는 것이죠. 중생대 말기에는 공룡이 전멸하는 등 지구환경에 극적인 변화가 있었습니다. 그림 2.2.3에도 보이지만, 수천만 년에 걸쳐 인도 대륙이 북상하고 있었으며, 그 결과로 티벳고원이 생기고 있었으니까요. 물론 작은 혹성이 충돌하거나, 대규모의 화산분출 같은 지구 표층에 엄청난 변화가 있었던 것이죠. 어찌되었든, 얕은 바다에 살던 실러캔스는 모든 변화를 극복하고 살아남았습니다. 스스로 환경변화에 적응할 능력이 있었는지, 궁금한 점이 한 둘이 아닙니다.

현재까지 연구된 결과를 조금 더 살펴보기로 하죠. 실러캔스의 세포 내 미토콘드리아 유전자를 조사한 결과는 매우 흥미롭습니다. 미토콘드리아 DNA는 핵DNA와는 달리 분자 내 염기의 변화가 신속하게 일어납니다. 따라서 짧은 시간 내에 일어난 진화(즉, DNA 변이)를 효율적으로 검출하는 이점이 있습니다. 일본 동경대학 해양연구소의 과학자는 이러한 염기서열을 검사한 결과, 현재까지 알려진 두 종류의 실러캔스는 지금부터 약 3,000~4,000만 년 전에 공통 선조에서 분리되어 진화했다고 추정합니다(Gamo, 2021). 본래 한 종류였던 실러캔스가 왜 이때에 두 종으로 분리되었을까요. 어떤 환경 변화가 인도양에서 일어났을까요.

중생대에 있었다는 대륙이동설이 힌트입니다. 인도양의 경우를 살펴보기로 하죠. 3,000만~4,000만 년 전에 인도양에는 북상하는 인도 대륙이 있었습니다(그림2.2.3). 인도 대륙은 드디어 유라시아 대륙 부근까지 도달하고, 대륙을 조금씩 뒤쪽으로 밀어붙이게 됩니다. 인도 대륙이 북상하면, **그림2.2.3**과 같이 거대한 충돌이 일어납니다. 이렇게 되면 결국, 대규모 지형변화에 따른 기후나 해양환경에 다양한 영향을 미치게 됩니다. 이 시기에 실러캔스가 동서로 두 종류로 나눠졌다면 인도 대륙의 북상이 어떤 원인이 되었을 것이라는 해석입니다(Gamo, 2021). 그러나 왜 이 시기에 실러캔스가 두 종류로 나누졌는지 확실하게는 모릅니다. 유전자 변형과 같은 어떤 극적인 변이가 있을 수도 있겠죠. 앞으로 풀어야 할 문제입니다.

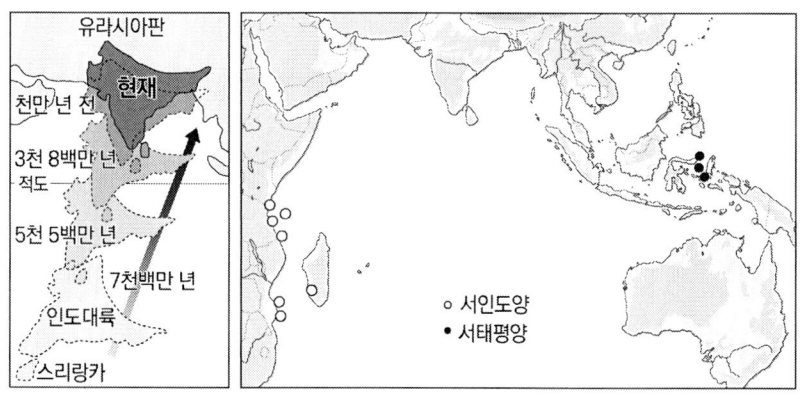

그림 2.2.3 인도대륙 북상과 실러캔스 발견 해역

　현재 실러캔스는 1,000마리 정도가 살아 있다고 추정합니다. 서식 장소도 매우 제한적이라는 점 때문에 세계자연보호연맹(IUCN, International Union for Conservation Nature)에서 절멸위기종으로 등록했습니다. 워싱턴 조약으로 인해 상업용 매매가 금지되어 있습니다. 이러한 중요성으로 인해 실러캔스에 대한 연구가 진행되고 있습니다. 2021년 6월 일본, 요미우리 신문에 의하면, 프랑스와 오스트리아 연구팀은 실러캔스 비늘에 대한 연구결과를 발표했습니다. 이에 따르면 실러캔스는 수명이 약 100년 정도이며, 임신기간은 최소한 5년 정도로 다른 어류에 비해 무척 길다는 결론에 이르렀습니다. 이러한 수명이 수천만 년 동안 살아남을 수 있는 계기가 되었는지도 모르겠습니다. 실러캔스가 잘 보존되어 앞으로도 지구상에 살아남은 다른 생명체를 대하는 우리 인류에게 큰 교훈이 되었으면 하는 마음입니다.

제 3 장

지구 대멸종: 대량 전멸
(mass extinction)

생태계의 모든 생명체가 동등한 가치를 가질 수 있습니다. 한 종이 지닌 가치는 그 자체보다는 생태계의 일원으로 간주될 때 더 중요해집니다. 수만 종의 동물은 각각 그들의 생태적 위치가 정해져 있고, 거기서 제 역할을 할 때 전체 생태계가 건강해지기 때문입니다. 그래서 지구상에 살아 있는 생명을 가진 모든 종은 고유의 가치가 있습니다. 그러나 때로는 그런 고귀한 가치와는 상관없이, 강력한 외부의 물리적 힘에 의해 무차별적으로 생물 종 파괴가 일어났습니다. 지구환경을 완전히 바꾸어 놓을 만큼의 강력한 외부의 충격에 의해 지구상에서 생명이 사라져 간 대사건들입니다. 바로 대량 전멸(mass extinction)을 지칭합니다. 지질학적 타임 스케일로는 매우 짧은 시간 내에서 변화된 환경에 적응하지 못해 대부분의 생물 종이 대량으로 멸종된 사건으로 정의됩니다. 지구 대멸종이라고 명명해도 될 만큼 수많은 생명체가 흔적도 없이 사라졌습니다. 워낙 많은 생물종이 멸종되었기에 전체 생물량이 어느 정도 감소했는지에 대해선 이견이 많습니다. 대량 전멸은 매번 원인과 결과, 생물의 현존량이 다르게 나타납니다.

과거 지구 역사에서 몇 번이고 반복되었던 대량 전멸이라는 사건은 현대를 살아가는 우리 인류에게도 중요한 시사점을 줍니다. 인간도 생명체이며 지구상에서 살아가는 생태계의 일원이기 때문입니다. 또다시 대량 전멸이 일어난다고 가정하고, 우리 인간이 생태계의 일원이라는 점을 받아들여야 합니다. 다른 동식물이 사라진 경우와 같은 환경이 엄습한다면 인간도 생태계 안에서 생태적 지위를 누리지 못하고, 자칫 잘못하면 공멸할 수도 있기 때문입니다. 그래서 동물 종의 대량 전멸은 인간의 입장에서 소중하게 다루어야 하는 문제입니다. 그렇기에 대량 전멸은 그 중요성만큼이나 비교적 자주 다루어지는 과학적 이슈이기도 합니다. 대멸종은 인간을 포함한 지구 전체의 관점에서도, 생태계나 지구 환경의 관점에서도 중요하기 때문입니다. 결국, 우리가 흔히 이야기하는 '살아 있는 지구' 또는 '진화하는 지구'에 대한 어떤 외부의 강제력이나 충격은 지구 전체 생태계에 영향을 미치게 됩니다. 이 같은 환경변화에 대해 인간도 생태계의 일원이므로 영향을 받을 수밖에 없습니다. 대멸종이라는 사실이 인류에게 던지는 의미가 너무 크기 때문에, 어떤 면에서는 흥미롭기까지도 합니다. 그러기에 아주 먼 옛날 인류와는 상관없이 일어났던 일이라고 치부하고 말기엔 뭔가 아쉬움이 남아 자꾸 뒤돌아봐야 하는 심정입니다.

어떤 사항에 초점을 두고 대멸종을 다루느냐 하는 것도 매우 중요합니다. 그것은 대멸종이라는 사건을 과학적 사례로 봤을 때, 과학적 교훈으로서 우리가 배우려고 하는 목적과 연관되어 있기 때문입니다. 예를 들어, 생태계의 중요성을 다룬다면, 대멸종으로 사라진 동물들 간의 상호관계나 생태계의 불안정성, 또는 어떤 동물의 생태적 지위 등에 관한 자료가 필요할 듯합니다. 비슷하게, 대량 전멸이 환경 악화에 근거한 것이라면 어떤 환경이 어떻게 영향을 미쳤는가가 중요하겠지요. 갑자기 대기 온도가 내려가거나 아니면 반대의 경우도 있겠고, 그에 따라 먹이들이 사라졌을 수도 있으니까요. 이렇듯 대멸종 사건은 여러 관점에서 중요합니다.

마크 라이너스(Mark Lynas)가 저술한 『6도의 멸종』(이한중 역, 2008)이라는 책이 있습니다. 이 장의 주제인 대멸종을 다룬 책인데, 대기 온도 상승의 관점에서 대멸종을 다루고 있습니다. 기온이 1℃씩 오를 때마다 세상이 어떻게 변화할지를 다룬 것입니다. 현재보다 대기의 평균 온도가 1℃ 올라갔을 때 전멸하는 동물, 2℃ 올랐을 때의 경우 등 최대 6℃까지 올라갔을 때를 가정하고 그에 따른 대멸종을 다루었습니다. 크게 보면 기후변화에 따른 영향을 다루는 것이죠. '6도의 멸종'이라는 제목으로 기온 상승을 가져온 다양한 원인도 함께 기술하고 있습니다. 기후변화나 다른 요인이 복합적으로 작용하여 대멸종이 발생되었음을 지적하면서 기온 상승의 관점에서 대멸종을 일목요연하게 잘 보여주고 있습니다.

지구 역사상 생물 대멸종은 여러 번에 걸쳐 일어났습니다. 대멸종(mass extinction, biotic crisis)은 생물다양성(biodiversity)이 광범위하고 빠르게 떨어지는 것으로 정의됩니다. 좀 더 정확하게는 다양성이 급속히 떨어지거나 다세포 생물의 현존량(abundance)이 급속히 감소하는 경우를 이야기합니다. 생물 출현 이후 현재까지 대멸종은 다섯 번이나 있었습니다. 각각의 대멸종은 약간씩 정도를 달리합니다. 어떤 때는 90% 이상이 멸종되기도 했고, 어떤 때는 그보다 못한 70% 정도까지 멸종이 일어난 경우도 있었습니다. 그렇다면, 무엇 때문에 멸종이 일어났으며, 각각은 어떤 직접적 요인에 의해 일어났는지 무척 궁금해집니다. 그리고 이 책의 주제인 탄소와는 관계가 있는지, 탄소가 아니면 다른 어떤 환경 변화로 대멸종이 일어났는지 알아볼 필요가 있습니다.

지구 대멸종 사건을 일어난 순서대로 말씀드리겠다고 했지만, 그전에 몇 가지 언급해 두어야 할 것이 있습니다. 그것은 대멸종에 관한 정의가 다소 어렵고, 정말 대멸종으로 규정할 만한 정도의 대멸종이 일어났는지 불확실성이 크기 때문입니다. 다섯 번의 대멸종은 1982년 잭 세프코스키(Jack Sepkoski)와 데이비드 라웁(David M. Raup)이 게재한 논문에서 규정되었습니다(Raup and Sepkoski, 1982). 본래, 그들은 이 대멸종을 일반적인 종 감소율에서 벗어나는 경우로 규정했지만, 통계적인 방법을 사용하는 것과 같은 엄격한 정의와 구분이 이루어지지 않았습니다. 따라서 이 다섯 번의 대멸종(Big Five라고도 합니다)은 어떤 독점적 지위를 갖는 게 아니라 대량 전멸의 상대적 연속성으로 규정한 것입니다. 물론 이 다섯 번의 대멸종 외에도 지구 역사상 크고 작은 멸종 사건이 많이 있었다는 것은 일반적으로 알려진 사실이기도 합니다(그림 2.3.1).

또 한 가지는 이 대멸종은 지구의 모든 생물을 대상으로 하지 않았습니다. 화석으로 존재하는 동물에 근거한 것이라는 것이죠. 잘 알겠지만, 지구상에는 화석으로 남아 있기 어려운 동물이 너무 많습니다. 땅속에 사는 미생물을 포함해서, 골격을 갖지 않는 대부분 동물은 화석으로 남기 어렵습니다. 그렇다면, 각 대멸종이 일어났던 시기에 전체 생물 종에서 얼마나 많은 종이 전멸했는지는 정확하게 알 수가 없습니다. 또한 대멸종이 일어났던 시기에 어떤 종이 얼마나 많은 생물량이었는지 알 수 없기 때문에 어디까지나 현재 남아 있는 화석에 근거한 대멸종이라는 것을 다시 말씀드립니다. 그렇다면, 이 대멸종이라는 것도 심하게 왜곡

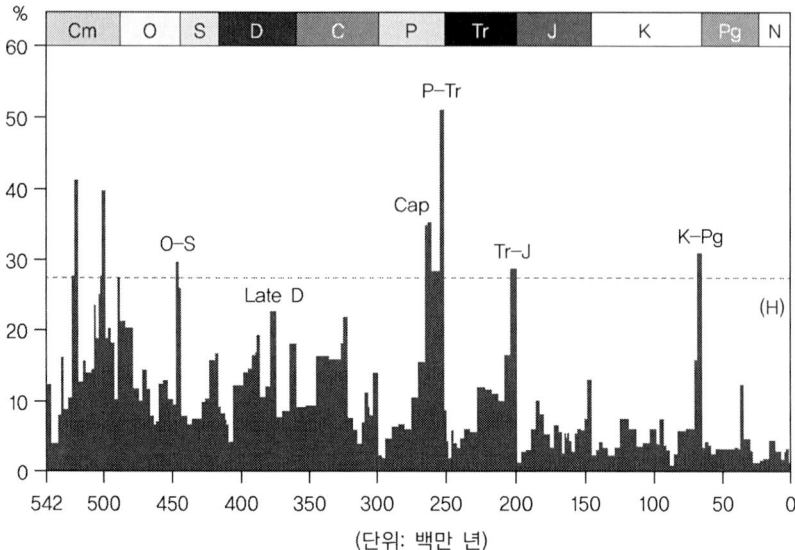

현생누대 동안 해양동물 전멸 강도

그림 2.3.1 과거 5억 4,000만 년 이후의 주요 대멸종 사건. 멸종률(%)은 모든 해양 종을 지시하지 않으며, 화석으로 남아 있는 종만을 대상으로 한 것이다. 그렇기 때문에, 가장 왼쪽 캄브리아기의 두 번의 멸종 사건은 당시 화석으로 남기 어려웠던 점을 고려하면 실질적으로 더 큰 규모의 멸종이었을 수 있다.

될 수도 있다고 생각합니다. 척추동물이 생기기까지 많은 시간이 소요되었고, 동물 진화가 진행되면서 더 기능이 좋고 고등한 동물로 진화했기 때문입니다. 이렇듯 대멸종을 규정할 때 고려하지 않았던 요인을 생각하면서 대멸종을 읽으면 좋겠습니다.

본격직으로 대멸종을 다루기 이전에, 예전에 배우고 암기했던 것을 좀 상기시켜 드리고 싶습니다. 앞선 제1부에서도 언급하고 싶었지만 이젠 더 이상 이 부분을 미룰 수가 없어서 여기서 이야기하는 것입니다. 지질학자들이 정해 놓은 지질연대에 관한 사항입니다. 전공자에겐 익숙하지만, 비전공자인 일반인들은 이름 정도만 들은 기억이 있다고 하실 것입니다(그림 2.3.2). 그렇지만 지층의 경계, 지질연대 구분은 알아둘 필요가 있습니다. 앞으로 이야기할 많은 부분에서 사용하는 용어라 상식선에서 알아도 좋고요.

지질시대는 크게 생물이 있었던 시기와 없었던 시기(정확하지는 않지만)로 양분합니다. 지구상에 생물이 존재하지 않았을 것으로 간주되는 시기는 선캄브리언(pre-Cambrian), 그리고 생물이 존재했던 시기를 캄브리언으로 명명했습니다. 캄브리언 이후 기간은 다시 생물의 성쇠나 기타 다른 요인에 의해 지질시대를 세분하고 있습니다. 현재는 생물이 존

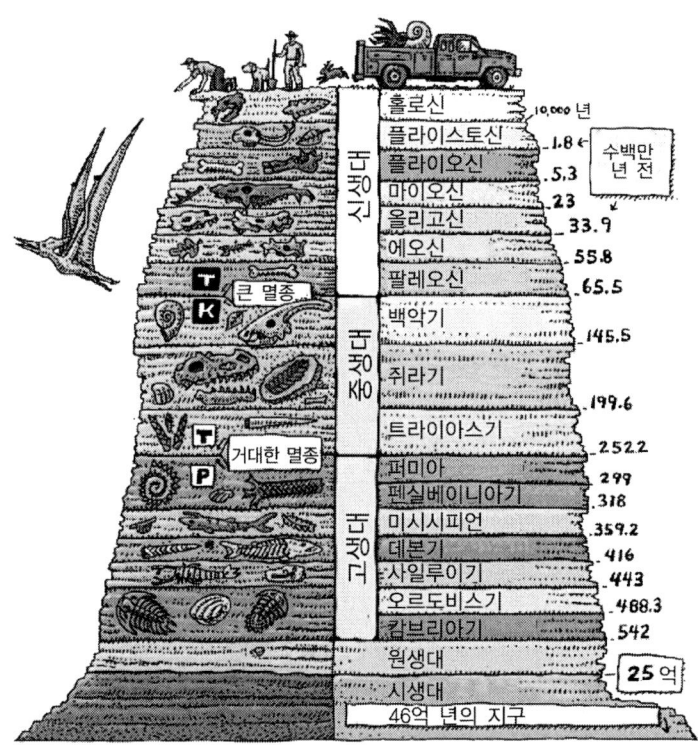

그림 2.3.2 지질시대. 지질연대는(GTS) 층서나 고생물 및 다른 지구과학과 관련된 연대측정 결과로 정립된 것이다. 각 사건이 일어난 경계를 기준으로 구분한다(https://www.vicsocotra.com).

재하고 있는 현세 또는 홀로세(Holocene)로 불리지만, 이렇게 생물 존재 여부를 기준으로 나눈 후 대규모 환경변화와 같은 요인들을 고려해서 지층을 나누고 지사(地史)를 구분하고 있다는 것입니다. 생층서나 화석 층서 등 지사를 구분하는 데 생물이 유력하게 쓰이고 있다는 점도 중요합니다. 생물이 존재하기 시작한 캄브리언 시기는 약 5억 4200만 년 이 전입니다(그림 2.3.2 기준, 정확하게는 32억 년 전에 광합성을 하는 생물이 있었던 것으로 믿어집니다, 그렇지만 이 부분은 지구상에 원시 생물이 나타나기 이전으로 간주합니다). 그런 다음 생물이 있었던 시기를 이 장에서 언급하는 대멸종이나 다른 지구사적 큰 사건들을 중심으로 구분하는 것이죠. 다시 잠깐 이야기할 것은, 지질시대를 구분하는 표나 이름에는 잘 나타나 있지 않지만, 지질시대를 구분하는 와중에 대륙 이동이 있었습니다. 판게아(Pangaea)라는 초대륙에서 현재와 같이 대륙이 분리되고, 바다가 생기는 등 지구 전체가 꾸준하게 변해왔다는 사실도 기억하면 좋겠습니다. 대륙이 이동하는 대사건은 현재 우리가 접하는 지진 등과 같이 땅이 움직이는 것이기 때문에 지진, 화산활동과 같은 무수히 많은 지각변동을 동반하게 된다는 것도 기억하시면 좋겠습니다.

그럼, 본격적으로 지구 대멸종에 대해 알아보겠습니다. 1차 대멸종은 지금으로부터 약 4억 5,000만 년(여기서부터는 450M 형식으로 표기합니다, M은 Million의 백만 년) 전부터 440M까지의 시기인 약 1,000만 년 동안에 일어난 사건입니다. 1,000만 년이면 엄청난 시간이지만, 지구 탄생을 45억 년으로 치면, 지구의 나이에서 1/450 정도이니 지질학에서는 짧은 시간입니다. 쉽게 이야기해서 4억 5,000만 년은 생물이 출현하고 약 1억 년 정도 지난 시점입니다. 생물 출현 후 번성 일로에 있던 생물 종에게 어떤 가공할 만한 환경변화가 있었던 것이죠. 무언가 큰 변화가 있었고, 그 결과 그들이 전멸했으며 지층에 잘 기록되어 있다는 것입니다.

이 시기는 고생대(Paleozoic, **그림 2.3.2** 참조)의 오르도비스기(Ordovician)에서 실루리아기(Silurian)로 넘어가는 전환기(O-S transition)에 해당합니다. 연구 결과에 의하면 모든 종(species)의 85%, 모든 속(genera)의 57%, 모든 과(families)의 27%가 전멸했습니다. 이 O-S전멸은 다섯 번의 전멸 중에서 두 번째로 큰 규모로 여겨집니다. 최근 연구 결과는 이 대멸종의 원인을 화산활동과 무산소 사건(anoxia)와 관련된 지구온난화로 보고 있습니다(Bond et al., 2020). 그러나 O-S전멸이 지구 한랭이나 빙하화(glaciation) 때문이라는 연구 결과도 있습니다(Harper et al., 2014).

또한 화산 분출로 인해 화산재가 침적하면 대기 중 이산화탄소를 감소시키는 역할을 합니다. 이 효과가 지구 한랭화와 무산소 환경을 야기하고 그 결과 대멸종으로 이어졌다는 연구 결과도 있습니다(Longman et al., 2021). 자, 어떻게 생각하십니까? 지구온난화, 또는 한랭화, 화산 활동, 이런 요인이 동시에 원인이라고 이야기하니 좀 의아할 수도 있겠습니다. 저는 위 연구 결과들이 모두 맞다고 생각합니다. 우리는 1,000만 년이라는 긴 시간에 걸쳐 대멸종이 일어났다는 것을 간과하고 있습니다. 1,000만 년이라는 오랜 기간 중 어떤 시기는 냉각하고, 또 어떤 시기는 온난화가 이뤄지는 등 많은 환경 제한요소에 의해 대멸종이 일어났다는 것이죠. 이 시기가 지구 환경에서 매우 불안정했다는 것은 확실합니다. 그게 갑작스러운 온난화가 되었든 한랭화가 되었든 말입니다. 그리고 여러 번 반복해서 발생했던 것이죠. 지구에 터를 잡고 있던 생물은 환경변화를 피해 갈 수 없는 운명입니다.

지구가 한랭화하여 대부분 생물 종이 전멸했다면 지구 한랭화의 원인도 분명히 있을 것입니다. 화산활동이 활발해지고, 대기 중으로 분출된 화산재가 대기의 이산화탄소를 낮추는 역할을 합니다. 화산활동으로 분출한 황산화물은 직접적으로 대기 한랭화로 이어집니다. 혼탁한 대기로 인해 태양 방사(태양에서 방출되는 전자기파)를 흡수하여 한랭화로 이어 지기도 하고요. 이산화탄소 농도가 낮아지면 결국 지구가 추워지고 빙 기가 도래하며 해양에는 무산소(anoxia) 사건이 일어나게 됩니다. 해양 에 산소가 없다는 것은 산소 호흡을 하는 동물이 서식할 수 없음을 의미 합니다. 비슷한 경우도 발생합니다. 해양에 유기물이 많으면 이 유기물 을 분해하기 위해 산소가 필요하게 되는데, 필요한 산소를 다 사용하게 되면 무산소(anoxic condition) 상태가 되기도 합니다. 현재, 한반도 주변 에도 해수 유동이 적은 내만이나 심해에는 산소가 고갈되는 경우가 많 습니다. 산소 농도가 매우 낮아서, 생물들이 살아가기 힘든 경우는 빈산 소(dysoxic) 상태라고도 합니다. 대멸종과는 다소 거리감이 있지만, 현재 전 세계적으로도 빈산소 혹은 무산소인 해양분지나 특정 지역이 많이 존재하고 있습니다(e.g., Mats et al., 2008). 발틱해(Baltic Sea), 흑해(Black Sea) 등 반폐쇄적인 곳은 대부분 빈산소나 무산소 상태가 많이 진행된 곳이 있습니다. 아마도 이런 지역이 지속적으로 무산소 상태로 유지되 거나 더 심해지고, 또 다른 큰 지구환경변화가 중복되어 일어난다면 대 멸종으로 이어지는 시발점이 될 수도 있다고 생각됩니다.

아무튼 대멸종의 첫 번째인 O-S 대멸종은 지구 역사상 처음으로 있 는 일이었습니다. 생물의 대번영을 이끌었던 지구환경의 어딘가에 균 열, 또는 어디에선가 변화가 시작되었다는 것이죠. 예를 들어, 지구 내 부에 있는 맨틀(mantle)의 움직임이 과거 40억 년 전과는 달라졌을 수도 있습니다. 그리고 지각 내부에서 뿜어져 나오는 마그마 분출 빈도의 변 화 등등 여러 가지 이유를 들 수 있습니다. 그 원인들에 대해서는 이 장의 말미에 자세히 말씀드리기로 하고, 일단 1차 대멸종에 대해서는 이쯤에서 마무리하겠습니다. 번영 일로에 있던 지구 생태계에도 영원 한 것은 없었습니다. 인간이 관여되지 않고 순수 자연현상으로 그렇다는 것입니다.

2차 대멸종은 1차 멸종이 있고 다시 약 1억 년 정도가 지난 375~360M
의 1,500만 년간에 걸쳐 일어납니다. 지질학적으로는 데보니언(Devonian)
말기(Late-D)에서 석탄기(Carboniferous period)로 전환되는 시기입니다. 이
2차 대멸종 시기에는 모든 종의 70%, 속의 50%, 과(families)의 19% 정도가
멸종되었습니다. 1차 대멸종을 다룰 때 이야기하지 않았지만, 여기서는
생물 절멸을 언급할 때 이야기한 생물계통을 잠깐 언급하고자 합니다.
중학교에서 배운 계(Kingdom)-문(Phylum)-강(Class)-목(Order)-과(Family)-속(Genus)-
종(Species)이 바로 그것입니다. 생물(명)계는 크게 5가지 정도로 나눕니다.
동물계, 식물계, 균계, 원생생물계, 원핵생물계입니다. 동물과 식물은 간
단히 분류가 됩니다. 우리 인간을 위 분류체계로 분류하면, 해파리와 같
은 동물계(Animalia), 척추를 가진 척삭동물아문(Vertebrate), 포유동물이므
로 포유강(Mammalia), 영장목(Primate), 사람과(Homimied), 사람속(Homo),
사피엔스종(Sapiens)으로 구분이 가능합니다. 우리가 생각하는 동물은 계
통분류상 모두 동물계에 속합니다. 그러나 과학이 발달하면서, 전에는
볼 수 없었던 생물들이 현미경으로 발견되곤 해서 핵이 있거나 없는 것
으로부터 원생생물, 원핵생물 등으로 나누어서 크게 5가지로 분류합니
다. 더욱이 최근에는 유전학 분야가 발달하면서 생명계를 6가지로 분류
하기도 합니다. 아무튼, 이렇게 모든 동물을 나누었는데, 그중 속(Genus)
에 해당하는 동물 50%가 전멸했다는 것은 모든 동물이 지구상에서 거의
사라졌을 수도 있다는 것입니다. 물론 개개의 속이 가진 절대량도 있기
때문에, 전체로 따지는 것은 다소 어려울 수도 있습니다. 현재 상태로
비유해 본다면, 인간(인류)도 사람속에 속하기 때문에, 앞으로 대멸종이
있다면 인간 전체가 전멸할 수도 있다는 이야기입니다. 좀 더 확장하면
영장목이 전부 사라질 수도 있다는 것이죠. 이렇게 하면 실감이 나겠죠?

3차 대멸종은 퍼미안(Permian) 말기의 고생대에서 중생대로 넘어가는 252Ma경에 일어납니다. 물론 다른 시기의 대멸종과 마찬가지로 90~96%의 종이 사라졌고, 83%의 속, 57%의 과가 멸종되었다고 알려지는데, 지구 역사상 가장 강력한 큰 규모의 대멸종이었습니다. 특히 이때는 여러분이 잘 아는 삼엽충을 비롯해 해양생물 종이 많이 멸종했습니다. 삼엽충은 대표적인 해양 동물이었지만, 이 3차 대멸종을 견디지 못하고 전멸했습니다. 새롭게 나타난 식물에 대한 정보는 극히 제한적입니다만, 아마도 이 시기가 끝나면서 새로운 식물 종이 등장했을 것으로 생각됩니다. 동물도 마찬가지입니다. 흔히 척박한 환경에서 그 환경에 적응하기 위한 기발한 방법이 나오는 것처럼 이때의 대멸종('Great Dying'이라고도 표현)은 정말 중요한 진화론적 함의를 던져주고 있습니다. 육지에서는 지금까지 우세한 종들이 거의 대부분 사라졌고, 척추동물이 회복하기까

그림 2.3.3 고생대 3차 대량 전멸에 사라진 삼엽충 화석(https://www.science photo.com)

지는 약 3,000만 년이라는 긴 시간이 걸렸으며, 그동안 그들이 누렸던 생태적 지위는 조룡류(archosaur)가 차지하게 되었습니다. 또한 바다에서는 고착성 동물이 67~50%까지 감소합니다. 이때 사라진 삼엽충은 이제 교과서나 화석으로만 볼 수 있을 뿐입니다. 지금 생각하면 다소 아쉽습니다. 어찌 되었든 환경의 영향으로 종이 사라지는 경우도 많다는 것은 진실입니다. 3차 대멸종 때 지구환경의 변화 또한 대단히 많았을 것입니다. 최대의 대멸종이라는 것은 그만큼 동물이 서식하기에 환경이 좋지 않았다는 것이죠. 생물, 동물 다양성이 높았던 상황에서 환경 악화가 대멸종을 가져왔습니다.

3차 대멸종이 있던 시기는 구조지질학적 관점 또는 지구사적으로는 판게아(Pangaea)라는 초대륙 형태에서 대륙의 분리가 시작하는 시기입니다. 맨틀이 붕괴하면서 중국 쓰촨성 어메이산(峨眉山, 아미산) 폭발과 시베리아 폭발 등이 연쇄적으로 일어나고 수만 년 동안 용암이 분출했습니다. 이렇게 비슷한 시기에 일어났던 화산 활동에 의해 대량의 용암이 분출한 것을 LIPs(large igneous provinces)라고 부릅니다. 5번의 대멸종이 일어난 시기와 대규모 화성암 기원에 대한 연대 일치성이 상당히 높습니다. 인과관계가 높다는 것은 대규모로 화성암 대지가 만들어진 원인이 대멸종에도 영향을 주었다는 의미입니다. 현재 세계적으로 용암대지(lava plateau)라 불리는 형태가 해저에 고스란히 남아 있는 곳이 있습니다. 용암대지의 두께는 약 600m에 달합니다. 쉽게 이야기해서 마그마가 흘러 내려왔고, 그게 굳어져서 600m의 암석층을 만들었다는 얘기입니다. 현재 남서태평양 지역에는 '온통 자바 대지(Ontong Java Plateau)'라는 곳이 있습니다(Ingle and Coffin, 2004). 이때 용암 분출로 만들어진 대지인 것이죠. 해양에서 용암은 현무암질 마그마이기 때문에 이 대지는 '해양의 현무암 홍수(ocean flood basalt)'로도 명명합니다. 대륙에서 용암은 현무암이 아닌 화강암질이기 때문에 앞서 얘기한 화성암(igneous)의 근원이 됩니다. 이런 정도로 용암이 쌓이려면 최소한 200만 년 이상 용암이 계속해서 나왔을 것으로 생각됩니다. 용암 분출은 엄청난 양의 탄소를 대기로 배출했다는 것을 의미합니다. 오존층이 파괴되고, 지금의 열대지역 해수 온도는 30℃ 이상이었을 것으로 판단됩니다. 지구 사우나 현상이죠. 그리고 1,000만 년 동안 지속되었기 때문에 식물 광합성이 불가능했을 것이고(30℃ 이상이면), 결과적으로 곤충 등이 먼저, 뒤이어 동물이 전멸하는 결과가 나타납니다. 바다에서도 산소 공급이 되지 않으면(anoxia, 무산소 상태), 해양생물이 질식사하는 것은 당연한 결과죠. 해양 산성화도 계속 진행되고 있었습니다.

3차 대멸종 시기는 퇴적물 중의 탄소동위원소 비율에서도 알 수 있습니다. 메탄가스 분출로 유추되는데, 메탄은 이산화탄소보다 20배 이상의 강력한 온실효과를 가져온다고 언급한 바 있습니다. 지상에서는 말 그대로 비닐하우스보다도 더 더운 환경이 지속되었던 것이죠. 그 원인 중 하나가 극지방에서 분출한 메탄의 역할입니다. 물웅덩이 근처에서 발견되는 화석은 간접적인 증거이기도 합니다. 대멸종에 견디기 위해 살기 좋은 물웅덩이 근처까지 갔지만 결국 재앙을 피할 수는 없었던 것이죠. 결국 삼엽충이나 곤충 등은 어디 피할 곳이 없는 상태가 되었고, 적응도 할 수 없었기 때문에 전멸한 것입니다.

거대한 태풍이나 허리케인이 엄습하면, 남자보다 여자가 치명적인 피해를 입는다고 합니다. 신체적으로 약하고 갑작스러운 환경에 적응하는 데 어려움이 있기 때문이죠. 1991년 초대형 사이클론과 해일이 방글라데시를 강타했을 때 여성 사망자가 남성보다 42%가 많았다고 합니다(조효제, 2020). 극히 최근의 사례를 먼 과거에 연결시키는 것은 좀 무리일 수도 있겠지만, 자연의 법칙이라고 생각하면 어떤 환경에서 나타날 수 있는 결과는 얼마든지 예측이 가능하지 않을까 생각합니다. 방글라데시 허리케인에선 단지 생물학적 차이로 인해 여성의 사망률이 높았던 게 아닙니다. 허리케인이 도착했을 때 여성은 전통 복장인 '사리'를 입고 있어서 자유롭게 움직일 수가 없었습니다. 남성보다 부실한 식단으로 빠르게 반응하고 달리기가 불편하다는 점 등 불평등한 경제, 사회적 여건으로 인해 남성보다 높은 사망률을 보였다는 것입니다.

유감스럽게도 공통점이 있습니다. 메탄이 분출되거나 대기 중 이산화탄소가 증가하는 최악의 상황에서 피할 곳이 없는 곤충은 어찌할 방도가 없는 것이죠. 반면 파충류는 일부 살아남을 수 있었다고 합니다. 육상동물의 일부 및 파충류는 땅을 파고 그 속에서 살아남았을 가능성이 있는 것이죠. 피할 곳이 있다는 것은 그만큼 대응 능력이 높아졌다는 것을 의미합니다. 대멸종 사건은 우리에게 많은 것을 생각하게 합니다. 영화를 보면 인간이 해저도시를 건설한다거나 화성으로 이주하는 장면이 나옵니다. 최후의 그날을 대비하려는 일종의 예비 조치를 시험하고 있을지도 모른다는 생각입니다.

지구의 대멸종 사건은 계속됩니다. 3차 멸종이 끝나고 한참 뒤인 201Ma 경에는 4차 대멸종이 다시 찾아옵니다. 4차 대멸종은 화산 분출이 계기가 되었고, 그 결과 대기 중 이산화탄소 농도가 급증한 것이 중요한 원인으로 간주됩니다. 800만 년 동안 지속되었다고 하니 3차 대멸종보다는 짧은 기간입니다. 삼엽기에서 쥐라기로 넘어가는 시기인 약 2억 년 전에 일어난 4차 대멸종은 약 23%의 과, 48%의 속, 70~75%의 모든 종이 전멸했을 것으로 추정됩니다. 대기 중에는 산소 농도가 감소했고, 이 4차 멸종 후에는 공룡이 지구의 주인이 됩니다. 대부분의 조룡류나 대형 양서류가 전멸해 살아 남은 공룡의 경쟁자가 육상에 남아 있지 않았기 때문입니다. 이때 공룡은 지구의 주인이 됩니다.

이제 마지막인 5차 대멸종입니다. 이 사건은 백악기가 끝나는 시기인 66Ma 전입니다. 주로 백악기와 제3기의 영어 단어를 따와서 K-T전멸 (K-T extinction, 공식적으로는 K-Pg 전멸)이라고 부릅니다. 약 17%의 과, 50%의 속 그리고 75%의 모든 종이 전멸한 사건입니다. 이 5차 멸종 사건은 다른 멸종 사건과 비교했을 때 꽤 친숙하게 다가옵니다. 한때 지구의 주인이었던 공룡이라는 거대 동물에 익숙하기 때문일 것입니다. 아이들이 초등학교도 들어가기 전에 공룡 이름을 줄줄 외우는 것을 들으면서 저도 덩달아 이름을 외우던 시절이 생각납니다. 그만큼 우리에게 친밀한 공룡이지만, 사실은 이들이 5차 대멸종의 비극적 주인공이기도 합니다. 흥미롭게 보았던 영화 〈쥬라기 공원(Jurassic Park)〉을 생각해 봅니다. 그 영화는 5번째 대멸종 사건의 한복판에 있었습니다.

지구 역사상 생물이 출현하기 시작한 캄브리아기(약 6억 년 전) 이후에 있었던 운석 충돌 중 가장 큰 충돌은 약 6,500만 년 전에 일어났습니다. 이때는 지질학적으로는 백악기에 해당하는데, 이 충돌로 생물의 대량 전멸(mass extinction)을 수반하게 됩니다. 유카탄반도에 운석이 떨어졌고, 그 결과 공룡 등 많은 종류의 동물이 멸종된 것이죠. 이때 떨어진 거대한 운석의 영향으로 지구가 일시적으로 냉각되고, 식생 변화로 인해 공룡이 먹을 식물도 많이 없어졌을 것으로 판단합니다. 운석 충돌, 급격한 추위, 식생변화 등 복합적인 원인으로 생물 종이 사라지게 되었다는 것이죠. 직접적 원인은 운석 충돌 후 일어난 기후변화 등으로 인해 당시 살고 있던 동물들이 연쇄적으로 영향을 받았음이 분명합니다. 포유류의 97%가 멸종했다고 합니다. 대멸종 사건은 크게 보면 지구환경 변화이면서 어떤 면에서는 기후변화의 결과라는 것을 기억해 두시면 좋을 것 같습니다.

이제 다섯 번에 걸친 대멸종은 확실해졌습니다. 지금까지의 연구 결과가 명확하게 그 사실을 증거하고 있습니다. 이 다섯 번의 대멸종에 관해, 현재까지 알려진 원인에 대해 종합적으로 검토해야 할 것 같습니다. 사실은 대멸종 그 자체보다는, 대멸종을 야기한 원인이 이 책의 집필 의도와 더 관계가 깊기 때문이기도 합니다. 그리고 앞으로 일어날 수 있는 멸종이나 그와 비슷한 환경변화를 야기한 원인을 사전에 차단하는 게 지속가능한 인류 문명의 발전을 위한 핵심이 되기 때문입니다.

지금까지 밝혀진 대량 전멸의 증거들을 나열하면 다음의 몇 가지로 요약됩니다. 하지만 어느 한 원인이 아니라 여러 원인이 중복되어 전멸의 원인으로 간주되는 경우가 많습니다. 앞서 얘기했지만, 이런 전멸의 원인은 매우 중요하기 때문에 많은 사람들에 의해 연구되었고, 대표적으로 매클라우드(MacLeod, 2001)는 대량 전멸과 대량 전멸을 일으킨 원인에 대해 아래와 같이 기술했습니다.

대량 전멸의 원인으로 가장 먼저 거론되는 것은 대규모 화산활동입니다. 화산활동은 곧 용암의 대량 분출을 의미하는데, 앞서 설명한 용암 홍수(flood basalt events)나 LIPs로 대량의 화산활동이 있었다고 해석할 수 있습니다. 그림 2.3.4에서 보이는 것처럼, 정말로 거대한 화산활동의 결과로 대량의 용암이 흘러나와 용암대지를 만드는 것이죠(Wignall, 2001). 그림은 대륙에서 일어난 화산활동과 그에 따른 화성암 대지를 표시한 것이지만, 같은 시기에 해양에서도 대규모 화산활동이 있었습니다(Coffin and Eldholm, 1992). 세계 지도를 펼치고 바다와 육지 여기저기서 격렬한 화산 분화가 수십만 년 동안 계속되었다고 가정한다면, 그에 따른 환경이 어떻게 변했을지 짐작하고도 남습니다. 지구 내부의 맨틀이나 마그마의 상태가 불안정해져서 전 지구적으로 그리고 동시다발적으로 화산활동이 일어났다고 생각됩니다. 그렇게 되면 환경 악화는 불을 보는 것과 같이 뻔합니다. 대기질 성분이 변하고, 식생변화, 온난화 등

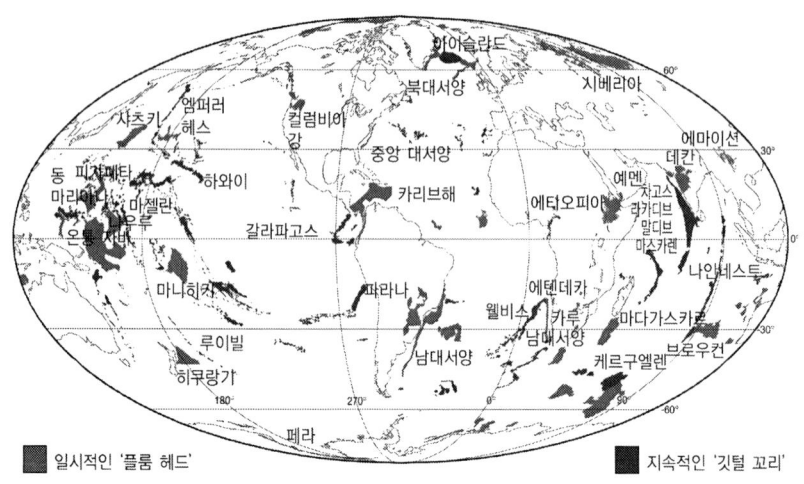

 부분의 주요 라벨: 아이슬란드, 지베리아, 60°, 샤츠키, 엠퍼러 헤스, 컬럼비아 강, 북대서양, 에마이션, 30°, 동 마리아나, 피젯메타, 하와이, 중앙 대서양, 예멘, 데칸, 온통 자바, 마젤란, 카리브해, 에티오피아, 라카디브, 말디브, 마스카렌, 갈라파고스, 마니히치, 파라나, 에텐데카, 카루, 나인네스투, 루이빌, 웰비스, 남대서양, 마다가스카르, 브로우컨, 히무랑가, 남대서양, 케르구엘렌, 페라, 180°, 270°, 60°

■ 일시적인 '플룸 헤드'   ■ 지속적인 '깃털 꼬리'

그림 2.3.4 주요 LIP(출처: Svensen et al. (2019))

이루 말할 수 없는 다양한 후속 원인이 연이어 나타나는 것이죠. 아무튼 이 사건은 주요 대량 전멸과 관련이 매우 높다고 합니다. 그러나 약간 다른 견해도 있습니다. 즉, 5번의 대량 전멸만이 이 현무암 분출과 관련 되며, 실제로 분출 이전에 주요한 전멸이 일어났다는 것입니다(Wignall, 2001). 전후 관계가 어떻게 되는지 살펴볼 필요가 있지만, 어찌 되었든 화산 폭발을 동반한 대규모 화성암(용암) 분출은 대량 전멸의 원인으로 가장 먼저 거론된다는 사실은 기억할 필요가 있습니다.

두 번째 주요 원인으로는 해수면 변화입니다. 즉, 육지 쪽까지 올라와 있던 바닷물이 빠져나가는 것이죠. 전문용어로는 해퇴(Sea-level falls)라 고 합니다. 연구 결과에 의하면 오랜 지구환경의 변화 중에서 해수면 변 화는 수백 m에 이릅니다. 가장 최근인 지난 최종빙기(약 1만 8,000년 전) 는 현재보다 해수면이 130m 정도 낮았습니다(Hallam and Wignall, 1999). 쉽게 이야기해서 지금 한반도 주변에서 서해(황해)는 현재 수심이 최고 80m 정도이니까 당시에는 전부 육지였다는 것이죠. 따라서 최종빙기 동안에는 중국대륙과 한반도가 육지로 연결되어 있었습니다. 육지이기에 당연히 온갖 육상 동물이 활동하던 공간이었습니다. 한반도에 살던 사람도 마찬가지였습니다. 반대로 생각해 보겠습니다. 현재와 같은 상태에서 해퇴가 되어 해수면이 수백 m 내려가면, 갯벌이나 그곳 바다에 살던 동물들은 해퇴하는 해안선을 따라 살기 알맞은 수심으로 이동해 변화하는 환경에 적응해야 합니다. 고착생물은 환경에 적응하지 못하니 종족이 이어질 수 없겠죠. 이와 같이 대량 전멸의 한 원인인 해수면 변화는 전 지구생태계에 많은 영향을 미칩니다. 물론 해수면 변화 그 자체도 식생변화나 기후변화 등 많은 변화를 동반합니다. 화성암(용암) 대지가 덮쳐 나타나는 간접적 영향처럼, 해수면 변화도 많은 간접적 영향을 수반하기 때문에 대량 전멸의 원인으로 생각되고 있습니다. 해수면이 내려가면 당연히 지형변화가 뒤따릅니다. 지금의 서해는 전부 대륙이었으며, 일본과는 얕은 바다로 연결되었습니다. 마찬가지로, 최종빙기에는 북아시아에 살던 민족이 북극 척치해(Chukchi Sea)의 얕은 바다를 건너 아메리카 대륙으로 이동했다고 합니다. 대륙과 대륙 간의 이동은 사람과 동물을 가리지 않았습니다. 모두 해수면 변화, 기후변화에 따라 일어날 수 있는 문제입니다.

　대량 전멸은 소행성(asteroid) 충돌이 원인이라는 연구 결과도 많습니다(e.g., Kaiho and Oshima, 2017). 쾌청하게 맑은 어느 날, 직경이 수 km 이상 되는 운석이 갑자기 충돌해서 세상을 초토화해버리는 것이죠. SF 영화에서 외계인이 침범해 쑥대밭을 만드는 것과 비슷한 모습이라 생각하면 되겠습니다. 크고 작은 운석 충돌이 많았다고 알려집니다. 이런 운석 충돌이 생태계에 얼마나 영향을 미쳤는지 잘 모르지만, 백악기 말에 있었던 운석 충돌은 너무 규모가 컸기 때문에 다섯 번째 대량 전멸의 원인으로 충분했을 거라고 판단됩니다. 덧붙이자면 모든 운석 충돌이 대량 전멸로 이어진 것은 아니며, 또한 이들이 정확하게 규명되지도 않았습니다. 우리가 알고 있듯이 수십 cm의 운석에서부터 약 377Ma 전에 유럽에 떨어져서 실진 링(Siljin Ring)을 만들 정도로 (직경이 약 52km) 거대한 운석 충돌도 있었으니까요(Glasby, 2006). 운석 충돌의 영향이 대멸종을 유발했다는 것은 비교적 잘 알려졌습니다. 영화 〈쥐라기 공원〉에서 당시 지구의 지배자였던 대형 공룡과 운석이 떨어지는 모습을 동시에 보여주는 장면이 생생하게 떠오릅니다. 영화적 허구가 아닙니다. 당시 운석이 떨어졌던 근처에는 운석 충돌을 증명하는 특별한 화학원소가 발견되곤 합니다. 지구상에는 극히 존재량이 적은 우주 물질인 이리듐(Ir)이 운석 충돌 지역에서 대량으로 발견되고 있기 때문에, 운석 충돌은 확실하게 인정되고 있습니다. 그에 따라 5차 대멸종은 운석 충돌이 원인으로 간주되고 있는 것입니다.

노파심에서 다시 언급합니다. 운석 충돌로 바로 공룡이 전멸한 것이 아니라 관련된 환경 악화의 영향으로 생각해야 합니다. 1~4차 대멸종도 마찬가지입니다. 특히, 이렇게 대형 운석이 충돌하거나 대규모 지진 활동이 일어났을 때는 장기간에 걸친 지구온난화(Global warming)나 지구한랭화(Global cooling)가 일어나게 됩니다. 기온 변화에 민감한 것은 동물뿐만 아니라 식물도 마찬가지입니다. 그래서 한 가지 요인만으로 대량 전멸과 직접 연관되지 않고 한 가지 요인에 의해 야기된 다양한 원인이 있을 수 있다는 것을 항상 생각해 두어야 합니다.

지금까지 말씀드린 세 가지 외에도 대량 전멸을 초래한 많은 원인이 있습니다. 그중 하나가 지층에 매장된 메탄 하이드레이트의 대량 방출입니다. 일명 '클라스레이트 총 가설(Clathrate Gun Hypothesis)'이라 불리는 이 사건은 대륙붕에 매장되어 있던 메탄 하이드레이트(CH_4)가 메탄가스가 되어 지층으로, 그리고 대기로 분출하는 것입니다. 이산화탄소보다도 더 영향력이 큰 메탄가스가 지구온난화에 직접 관여하자, 생물이 지상에 살 수 없을 정도로 기온이 올라갔을 것으로 예상되고 있습니다. 메탄 하이드레이트는 대륙붕 해저면에 저장되어 있습니다. 고압, 저온상태에서 생성된 메탄 하이드레이트는 해수면이 내려가거나 해수 온도가 올라가면 압력이 낮아져 방출됩니다. 해수면이 내려가면 하이드레이트 위에 있던 물(압력)이 빠져 안정 영역에 있던 메탄 하이드레이트가 해리되어 메탄가스로 전환되면서 최종적으로는 대기로 방출하게 됩니다. 실제 당시 퇴적층에 대해 탄소동위원소를 분석하면, 메탄하이드레이트에서 유래된 낮은 탄소(C^{13}) 값이 관측됩니다. 이렇게 낮은 탄소동위원소 값을 보이는 시기는 '대죽음(Great Dying)'이라 불리는 페름기(Permian)의 말기와 팔레오세-에오세 최대 온난기(Pliocene-Eocene Thermal Maximum, PETM 약 5,600만 년 전)가 있습니다(그림 2.3.5). 이 두 시점에서도 대량 전멸이 있었으며, 탄소동위원소가 낮아지는 과학적 증거로 보아, 메탄 하이드레이트의 방출에 영향을 받은 것으로 판단되고 있습니다.

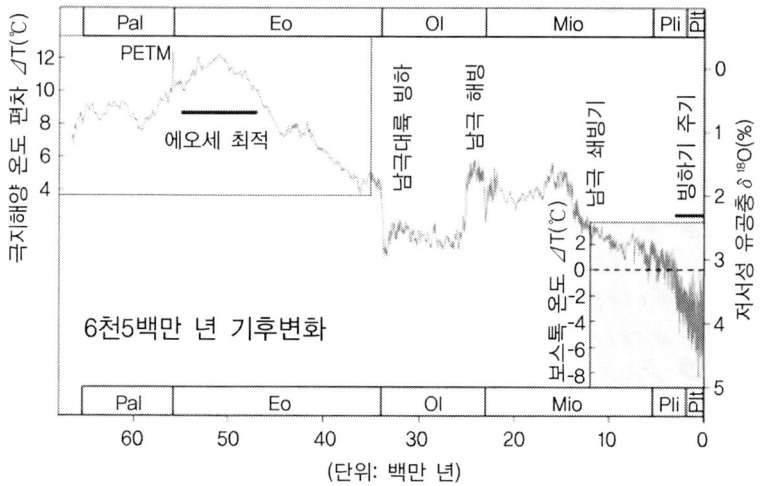

그림 2.3.5 PETM 시기의 급격한 온도변화(왼쪽 위)

해양 무산소 사건(Ocean Anoxic events, OAE)도 대량 절멸의 원인으로 판단됩니다. 말 그대로 해양 무산소는 해양의 중층 또는 상부층까지 용존산소가 결핍되는 현상입니다. 논쟁이 있기는 하지만, 지구온난화나 대규모 화산 활동의 결과로 OAE가 형성되었다고 해석됩니다(Jenkyns, 2010). OAE도 지구사를 통해서 여러 번 있었는데, 크고 작은 대멸종의 원인으로 여겨지고 있습니다. 물론 OAE가 일어나면, 분해되지 않은 유기물이 많이 포함된 블랙셰일(black shale)이라 불리는 퇴적층이 광범위하게 나타나는데, 이 퇴적층은 OAE의 증거로 제시됩니다. 생각해 보면, OAE는 바다에 사는 동물에게는 극한의 환경이라고 할 수 있습니다. 지상에서 살아가는 우리가 잠시나마 미세먼지 영향으로 마스크를 착용하고서도 생활에 불편을 느끼는데, 그 정도가 아닙니다. 호흡을 할 수 없으면 결과는 자명한 이치입니다. 몇몇 이유로 전 대양이 광범위하게 무산소나 빈산소 환경에 놓인다는 것은 그 자체로 대멸종으로 귀결되는 결과입니다.

지금까지 언급한 주요한 원인 이외도 대멸종과 관련된 다양한 원인이 제기되었습니다. 지구온난화나 지구 한랭화를 포함하여 해양에서 황화수소의 분출(Pavlov and Arthur, 2005), 해양순환의 역전(oceanic overturn) 등도 주요한 원인으로 생각되고 있습니다(Wilde and Berry, 1984). 그 외에도 지자기 역전(geomagnetic reversals), 판구조론(Plate tectonic), 생물 종에 미친 전염병까지 매우 다양합니다. 간단히 설명드리면, 황화수소 분출은 페름기-트라이아스기(Permian-Triassic) 절멸기에 일어난 것으로 추측됩니다. 광합성을 하던 플랑크톤과 심층에서 유산환원 박테리아 간의 균형이 무너지고 대량의 황화수소가 해수 중으로 유입되면서 대량 절멸을 초래했다는 것입니다(Pavlov and Arthur, 2005). 생물 생산이 일어나면 유기물을 분해하는 데 산소가 필요하며, 산소가 부족할 때는 황화물 중의 산소를 환원시켜 이용합니다. 해양 순환 형태의 붕괴(Ocean overturn) 또한 해양생태계에 치명적인 영향을 줍니다. 정상적으로 흐르던 해류 순환이 붕괴하면, 염분을 함유한 표층수가 직접적으로 심층수로 가라앉고 무산소의 심층수가 형성됩니다. 역시, 중층이나 심층에서 산소를 필요로 하는 생물들에게 치명적 영향을 줍니다. 이와 같은 해양 순환의 교란은 빙기가 끝나갈 무렵에는 매우 위협적인 요인으로 작용합니다. 그러나 해양 순환의 붕괴는 해수면 하강이나 무산소 사건과 같이 뚜렷한 증거를 남기지 않은 경우가 많습니다.

초등학교에서 배웠던 자석을 생각해볼 수 있습니다. 자석에는 남극과 북극을 가리키는 자침이 있습니다. 언제나 남북 방향을 가리키죠. 그런데 이 나침판이 어느 날 아침에 갑자기 정반대로 바뀐 현상이 지구자기장 역전(magnetic reversal)입니다. 이 지자기 역전 역시 대량 전멸의 한 원인으로 생각되고 있습니다(Cooper et al., 2021). 또한 판구조론(plate tectonics)도 대량 전멸의 원인으로 생각되고 있습니다. 대륙이 움직이고, 지형을 바꾼다면 대량 전멸로 이어질 수 있습니다. 지형을 변화시키면 해양 순환과 해류를 바꾸게 되는데, 이는 결국 기후변화와 관련될 것이며, 해협이나 육교가 생겨서 고립되었던 종이 경쟁을 하는 처지에 놓일 수도 있습니다. 어찌 되었든, 판구조론이나 대륙이동설은 광대한 내외부적 변화를 야기할 수 있으며 대량 전멸의 한 원인으로 생각할 수 있다는 것입니다.

많은 학자들은 현재도 6차 대멸종이 진행 중이며, 현재 일어나고 있는 대멸종은 '홀로신 멸종(Holocene extinction)'으로 규정하고 있습니다(Ceballos et al., 2017). 현재의 멸종률은 백악기 동안에 있었던 대멸종과 비교해도 결코 뒤지지 않는다고 하네요(Neubauer et al., 2021). 그렇지만 현재를 사는 인류는 그 속도나 위험성을 전혀 느끼지 못하는 것 같습니다. 지질학적으로는 순식간에 일어났다고 할 수 있는데도 말입니다. 홀로신(Holocene)이라는 용어도 지질학에서 나오는 과거 약 만 년부터 현재까지의 시간을 지칭합니다. 그러니까 과거 만 년부터 현재까지 멸종이 진행되고 있다는 것이죠. 하지만 여기엔 함정이 있는데, 중요한 것은 인류의 활동이 본격화되면서 그로 인한 생물 종 소멸이 대부분을 점하고 있는 것입니다. 더욱 중요한 것은 1900년 이후에 일어난 전멸의 속도가 과거보다 100배는 더 빠르다는 데 있습니다. 결론적으로 이러한 대량 전멸의 원인이 인간의 활동에 있다는 것입니다. 즉, 지구상에 있는 자연자원을 과도하게 사용하고 있거나 인구 증가에 의한 것입니다. 2019년 현재, 생물다양성과학기구(The Intergovernmental Science-Policy platform on Biodivdsity and Ecosystem Services, IPBES)에 의해 추정되는 지구상 생물다양성(biodiversity)은 800만 종에 이르지만, 이 중 약 100만 종의 식물과 동물 종이 전멸될 위기에 처한 실정입니다. 2021년 세계자연기금(WWF)은 100만 종 이상의 동식물이 10년 이내에 소멸할 것이라고 추정하고 있으며, 6,500만 년 전 공룡이 멸종한 5번째의 대멸종 이래 가장 큰 멸종이 될 것이라고 언급하고 있습니다.

현재 인류가 살고 있는 시점이 6차 대멸종의 한복판이라는 증거는 차고 넘칩니다. 1988년 발족된 기후변화에 관한 정부 간 협의체(Intergovernmental Panel on Climate Change, IPCC)에서는 2021년 제6차 보고서를 발간했습니다. 그 내용에 따르면, 인류가 배출하는 온실가스로 대기와 해양에 계속 탄소가 축적되고 있다고 합니다. 2050년까지 탄소배출을 순 제로(Net Zero)로 줄이지 않으면, 2100년까지 산업혁명 이전 수준과 비교해서 기온이 $4°C$ 이상 증가한다는 모델연구 결과입니다. 기온이 $4°C$ 이상 오르면 생물 종 5종 중 1종이 전멸 위협에 빠질 수 있다고 경고하고 있습니다.

방출되는 탄소량으로 고려하면 더 확실해집니다. 인류가 온실가스를 계속 방출하고 이것이 해양에 계속적으로 추가되어 탄소량이 310기가

t(gigaton은 10억 톤)을 넘어서면 지구의 6번째 대멸종이 본격적으로 시작된다고 합니다. IPCC보고서가 제시한 것과 같이 2100년까지 해양으로 추가될 탄소량은 온실가스 감축에 성공하면 300Gt, 인류가 지금과 같은 속도로 온실가스를 배출하면 500Gt에 이른다고 합니다. 이 경계점은 인류가 지금까지 경험하지 못한 암흑의 세계로 들어가는 시작점이 될 수 있다는 것입니다.

현재 우리 인류가 자연에 대해 무슨 일을 하고 있는지 모두가 잘 아실 겁니다. 일찍이 '인류는 지구를 대상으로 거대 지구과학적인 실험을 하고 있다'고도 했습니다. 다양한 영향을 주고 지구가 어떻게 반응하는지를 보려는 심산인지, 주체할 수 없는 궁금증이 있어서인지, 조금만 생각해 봐도 인류는 지구에서 실로 많은 것들을 무리하게 하고 있다는 것을 느낄수 있습니다. 인간에 의한 서식지 파괴, 남획, 기후변화, 육지의 사막화, 해양 산성화 등 인간이 자연에게 영향을 주는 것은 이루 말할 수 없을 정도로 많습니다. 쉬운 예로 플라스틱 쓰레기 문제만 해도 그렇습니다. 자동차로 인한 이산화탄소 배출, 대기오염도 마찬가지입니다. 산업혁명 이후로 줄곧 증가하기 시작한 대기 중 이산화탄소 농도는 생태계 및 인간 활동과 해양생물에게 너무나도 큰 영향을 주고 있는 실정입니다. 이러고도 자연생태계가 아무 일 없을 것이라고 생각한다면 얼마나 무모한 도박과도 같은 것인지 이제 깨달아야 할 시점입니다. 그리고 예방 조치를 실천에 옮겨야 할 시점입니다. 우리는 아직 그 대가를 지불해야 할 준비조차 되어 있지 않다는 게 문제입니다. 현재 진행되는 멸종은 과거 어떤 대멸종보다 빠르게 진행되고 있다는 게 과학자들의 일치된 의견입니다.

유럽 지역의 민물에서 살았던 복족류 화석과 살아 있는 복족류 3,387종에 대한 자료를 구축해 종의 분화와 멸종 속도, 회복 기간 등을 연구

한 사례가 있습니다. 그 결과, 5차 대멸종 때 민물 생물군의 멸종률이 이전에 연구했던 것보다 상당히 높았습니다. 6차 대멸종의 멸종률은 5차 대멸종 때의 1,000배에 달하는 것으로 나왔습니다. 100년 뒤인 2120년경에는 민물 생물종의 3분의 1이 사라질 수도 있다고 전망했습니다 (Neubauer et al., 2021). 앞서 이야기한 1~5차 대멸종에서 언급한 멸종 기간을 고려한다면, 어느 대멸종보다 급격히 진행될 가능성이 있다는 데 주목하지 않을 수 없습니다.

　IPCC는 2100년까지 지구 기온이 산업화 이전보다 4℃ 정도 올라가면 생물종 5종 중 1종은 회복될 수 없는 피해를 입을 것이며, 최소한 15% 이상의 생물 종이 전멸한다고 예상했습니다. 정도의 차이는 있을지라도 이미 인간이 배출한 온실가스에 의해 어떠한 경우라도 생물 종의 대량 전멸은 예상되고 있습니다. 인간이 배출했던 열기를 바다가 받아주고 있었지만, 한계점을 넘어가는 순간 전례 없는 기온 상승이 바다에서부터 일어나고, 바다 환경의 변화와 동시에 바다 생물이 전멸할 것으로 예상됩니다. 현재, 호주의 대보초에서 발생하는 대규모 백화현상은 이미 그런 변화의 시작을 암시하고 있습니다. 호주뿐만이 아닙니다. 우리 주변에서 일어나는 변화만 보더라도 이런 위험을 직감할 수 있습니다. 제주도 연안의 백화현상, 동해의 수온 상승, 아열대화, 어족 자원의 감소, 플라스틱의 희생자 바다거북과 고래의 죽음 등등, 인류의 미래에 드리워진 검은 그림자를 보는 듯해 착잡한 마음입니다. 배출가스를 줄이거나 탄소중립을 위해 벽에다 소리라도 쳐봐야 한다는 문구가 생각납니다.

제4장

진화하는 지구:
중앙해령(Mid-Ocean Ridge)과 지중해의
염분 위기(Messinian Salinity Crisis, MSC)

'변하지 않는 유일한 진리는 모든 것은 변화한다는 사실이다.' 박노해 시인의 『걷는 독서』에 실린 표제어입니다. 그 밑에는 '제행무상(諸行無常)'이라는 불교의 가르침이 적혀 있습니다. 불교 삼법(제행무상, 일체개고, 제법무아)의 하나인 '제행무상'은 변하지 않는 것은 하나도 없다는 뜻입니다. 저는 이 글을 읽으면서, 인간의 감성을 넘어 자연을 노래한 철학이 숨겨져 있다는 생각이 들었습니다. 지구환경이나 해양과학은 박노해 시인이 말한 것처럼, 나아가 불교 삼법의 교훈처럼 언제나 변화하고 있기 때문입니다. 그래서 지구는 살아 있는 생물처럼 진화하는 것이라고 몇 번이나 이야기 한 것입니다. 지금까지 인류가 겪어 왔던 경험이나 학문적 기록을 잠깐만이라도 찾아 보면, 이와 같은 자연의 변화는 무궁무진하다는 사실을 알 수 있습니다. 다만 우리가 알지 못하고 있을 뿐입니다.

지구가 만들어진 45억 년 전부터 지금까지를 1년으로 환산한다면, 인류 문명이 시작한 1만 년은 12월 31일 오후 11시 58분 50초에 해당한다고 합니다. 이렇게 치면 인간이 사는 100년은 '하루살이'보다도 훨씬 짧은 '1초살이'에 지나지 않습니다. 인간은 '하루살이'를 하찮게 생각합니다. 너무나 짧은 생이기에 그렇습니다. 어쩌면 하루살이보다 더 짧은 생을 사는지도 모르는 인간의 눈으로는 거대한 변화를 느낄 수 없을지도 모릅니다. 그러나 인간은 시간과 공간을 넘어 변화를 인지할 수 있습니다. 시간을 활용할 수 있기 때문입니다. 남겨진 기록과 사고 능력으로 변화를 인식할 수 있는 것입니다. 땅에 기록된 모습, 땅이 되기 전에 쌓인 퇴적물에서 그걸 찾아내는 능력이 있습니다. 해양학자나 지구환경을 연구하는 지질학자는 해양 퇴적물을 이용하여 그 변화된 기록을 찾아내려고 합니다. 다음 3부 2장에서도 퇴적물과 이 책의 주제인 탄소가 어떤 관계가 있는지 자세히 다루겠지만, 이번 장에서는 퇴적물 연구에 대한 과거의 경험을 회상하면서 이야기를 전개해 볼까 합니다.

약 30년 전 미국이 주도하는 연구용 시추선 '조이더스 레졸루션(JOIDES Resolution)호'에서 승선 연구를 경험한 바 있습니다(그림 2.4.1). ODP(Ocean Drilling Program: 국제 해저 지각 시추 사업)라고 명명되는 프로그램으로, 북대서양에서 심해 퇴적물을 시추하는 임무였습니다. 물론, 퇴적물 시추는 연구선에 동승한 전문 기술자들의 주된 업무이고, 연구자들은 시추된 퇴적물에 대해 간략한 조사(퇴적물의 성분이나 조성, 특성 파악 등)를 수행합니다. 항해가 끝난 뒤 다른 연구자들이 선상에서 이루어진 기초자료를 활용하여 심도 있는 연구를 할 수 있게 기초 정보를 제공하기 위한

그림 2.4.1 초기 시추선 글로마 챌린저(Glomar Challenger)호와 조이더스 레졸루션 (JOIDES Resolution)호. 글로마 챌린저는 1968~1983년까지 운항된 초기 굴삭선. 조이더스 레졸루션은 1983년부터 사용했다. 길이 143m이며 수심 포함 8,235m까지 굴삭이 가능하다.

것이죠. 당시 저는 승선을 위해 영국으로 이동해 리스(Liss)의 포트머스 (Portsmouth)에 기항해 있던 시추선에 승선합니다. 출항 후 북대서양으로 향하는데, 생애 처음으로 그렇게 고위도까지 수만 t의 연구선을 타고 가니 여간 흥분되는 게 아니었습니다. 선상에서 할 일은 잠시 망각한 채 갑판이나 함교(艦橋)에 올라가 북대서양으로 향하는 뱃머리에서 여러 가지를 생각했던 기억이 떠오릅니다. 대서양 난류가 지나가는 길목인 영국 왼쪽 해역에서 시추한 것을 필두로, 북쪽으로는 위도 75° 위쪽에 위치한 스발바드(Svalbard) 근처까지 이동해서 심해 퇴적물을 시추하는 등 승선하는 동안 북대서양 아홉 곳에서 수 킬로미터에 달하는 퇴적물을 시추하는 값진 경험이었습니다.

　사실 이 시추선은 DSDP(Deep-Sea Drilling Project: 심해 굴삭 프로젝트, 1968년부터 1983년까지 수행)라는 이름으로 세계 각지에서 퇴적물을 시추하고, 시추한 퇴적물을 이용하여 지구 과정(Earth Processes)을 연구하는 연구선입니다. 초기의 목적을 달성한 DSDP는 ODP로 개칭되어 2003년까지 비슷한 임무를 이어 갔습니다. 그 후 다시 ODP에서 IODP(Integrated Ocean Drilling Program)라는 이름으로 개칭되었으며, 지구 과정에 대한 4

개의 큰 주제(기후변화, 지질 재해, 심해 생명, 지구 심부 이해)에 대해 연구를 지속하고 있습니다. 현재는 세계 26개국이 가맹국이 되어, 매년 분담금을 내면서 IODP에 참여하고 있습니다. 예전처럼 40일 이상 승선한 후 특정 지역에서 퇴적물을 시추하고 연구에 참여하는 형태입니다. 최근 가맹국들의 전체 회의에서는 2050년까지 이 프로그램을 지속하기로 했습니다(https://www.iodp.org). 이 프로그램이 현재까지 진행되는 이유는, 지구과학 또는 지구환경에 대해 새로운 사실을 속속 밝혀내는 과학적 성과를 거두었기 때문입니다. 또한 앞으로도 그럴 가능성이 높다고 생각됩니다. 20세기 초에 이룩한 많은 과학적 성과도 DSDP나 ODP, 또는 IODP를 통해 증명되었습니다. 최근에 주목받는 기후변화나 지구온난화 등 지구적 규모 변화의 중심에는 해양이 있다고 생각되기 때문에, 해양에서 퇴적물을 시추하는 것입니다. 지구 진화에 대한 원인과 결과를 찾아내기 위해 현재도 IODP는 가장 대표적인 국제 프로그램으로 가동되고 있습니다. 바다 한 가운데서 배를 세워 놓고 일 년에 몇 차례의 항차를 하면서 수개월 동안 수십 킬로미터에 달하는 퇴적물을 시추하는 일에는 정말 막대한 경비가 필요함에도 말입니다.

아무튼 당시 45일간의 승선 연구에 참여한 저로서는 북대서양이라는 낯선 곳에 적응하면서 주어진 임무를 충실히 수행할 수 있을까 하는 걱정이 있었습니다. 그렇지만 젊은 패기로 어려움을 참아 내고 뭔가 큰 배움의 기회로 삼아 보려고 함교나 갑판에 올라 망망대해 북대서양을 바라보면서 이런저런 궁리를 하곤 했습니다. 한 달이 넘는 기간 동안 선상 연구는 아이슬란드를 중심에 두고 북대서양 여러 곳에서 수 킬로미터에 달하는 시추 퇴적물을 각 분야의 전문가들이 세부 분야별로 계속해서 조사하는 과정의 반복이었습니다. 퇴적물은 퇴적될 당시의 환경에 따라 특성이 달라지기 때문에 항상 새로운 것이라고 간주해도 무방합니다.

단순한 작업이라고 만약 방심해서 퇴적물 속에 들어 있는 중요한 정보를 놓쳐서는 큰일이 납니다. 나중에 그 기록을 참고로 연구해야 하는 연구자에게 잘못된 정보를 제공하기 때문입니다.

1.5m 길이로 절단되어 차곡차곡 쌓여오는 퇴적물은 cm 단위로 세밀하게 살펴야 합니다. 시간에 따라 순서대로 차곡차곡 쌓이는 퇴적물은 그 자체에 엄청난 정보가 들어있습니다. 그래서 불편함이 따르고 시간이 걸리지만, 퇴적물의 색깔을 숫자로 표기하기 위해 cm 단위로 스캔하거나 X-레이 사진을 찍습니다. 중간에 미심쩍은 부분은 이쑤시개로 수 mg의 부시료를 뜨고 일상적으로 현미경 관찰을 합니다. 이 모든 과정이 제대로 진행되어야 정확한 기초 정보를 제공할 수 있고, 그래야 후속 심층 연구도 할 수 있습니다. 모든 의문점을 해결하는 단서가 퇴적물에 있기 때문입니다.

선상이라는 특수한 환경으로 인해 승선 연구는 고된 나날의 연속입니다. 다른 전문가들과 팀을 짠 후, 24시간 3교대로 현미경 관찰 등 퇴적학에서 다루어야 하는 기초적인 업무에 매달렸습니다. 끝없이 올라오는 퇴적물을 보고 이걸 언제 다 하나 걱정했던 기억도 납니다. 군대에 두 번 다시 가고 싶지 않다고 말하듯, 흔히 이 연구선을 다시 타고 싶지 않다고 말하는 걸 보면 승선 연구의 어려움을 모두가 이심전심으로 느끼지 않았나 하는 생각이 듭니다. 그렇지만 연구자들은 하고자 하는 연구가 있는 경우는 어려웠던 시간은 다 잊어버리고 몇 번이고 승선 연구를 이어가는 경우가 많습니다. 고생 끝에 낙이 온다는 말처럼, 승선 연구는 과중한 업무로 피곤한 생활이기도 하지만, 한편으로는 전문가들이 함께 지식을 습득하는 기회가 되기도 합니다. 공동으로 연구 결과를 발표할 기회가 생기거나 다시 만날 수 있어서 인적 네트워크가 형성되고 연구 생활을 이어가는 데 간접적인 자원이 되는 것이죠. 일종의 유사 전문 분야의 전문가 커뮤니티가 형성되는 것입니다. 저도 그 당시 같이 퇴적물을 관찰했던 미국인 친구를 학회에서 우연히 만나기도 했습니다. 종종 그가 하는 학술 활동이나 사회에서 하는 활동을 페이스북에 올리면 항상 '좋아요'를 누르고 있습니다.

다소 본론에서 벗어난 듯도 하지만, 퇴적물에 대한 정확한 기재가 얼마나 중요한지를 잠깐 언급해 볼까요. 영화 〈타이타닉〉과 관련된 사례를 들어 보겠습니다. 타이타닉호는 항해 중 빙상과 충돌해서 침몰합니다. 이 영화는 그 과정에서 나타난 휴머니즘을 다루고 있습니다. 북대서양과 같은 고위도 지역에서 빙산의 일부가 떨어져 나온 빙상은 저위도 쪽으로 떠내려옵니다. '빙산의 일각'이라는 말도 있지만, 기후변화가 진행되면 거대 빙산에서 붕괴된 후 유빙이 되어 이동하면서 최종적으로는 바다에서 다 녹아 없어지겠죠. 그런데 이 빙상이 녹을 때는 그 속에 들어 있는 여러 가지 불순물도 바다로 방출하게 됩니다. 육지에서 형성된 빙산은 깨끗할 것 같지만 그렇지 않습니다. 그 속에는 형성 당시에 육지에 있었던 암석이나 다른 물질들을 많이 포함하고 있습니다. 고인돌과 같이 수십 톤에 달하는 암석에서부터 자갈이나 모래 크기의 육상에 기원을 둔 퇴적물이 고스란히 바다속으로 퇴적되는 것이죠. 북대서양에서 퇴적물을 조사할 때는 빙상에서 떨어져 나와 퇴적된 낙하석까지도 잘 살펴야 합니다. 북극에 있던 거대한 빙산이 붕괴되어 바다로 흘러 내려온다는 것은 기후변화를 의미합니다. 때문에 퇴적물 중에 낙하석이 있다는 것은 기후변화의 결과로 해석되며, 그렇기 때문에 수 밀리미터 크기의 낙하석이 있는지 없는지를 잘 조사해야 하는 것이죠.

낙하석은 기후변화를 알리는 한 예에 불과합니다. 퇴적물에는 과거에 일어났던 지구환경 변화에 대한 모든 기록이 들어있기 때문에 그 자체를 가급적 자세하게 조사해야 하는 당위성이 있는 것이죠. 다른 예도 잠

그림 2.4.2 낙하석(drop-stone)의 예. 필자가 폴란드 한 대학을 방문했을 때 교정에 전시되어 있던 낙하석. 두 사진에 있는 암석은 모두 낙하석이며 해양 퇴적물에서 볼 수 있는 낙하석은 크기가 훨씬 작습니다(저자 제공).

깐 언급하겠습니다. 북대서양에서는 제가 승선한 후 얼마 되지 않은 2000년에 다시 ODP 항해가 있었습니다. 지난 '지구대멸종'에서 다루었던 백악기-3기 경계층을 퇴적물 속에서 찾으려는 목적에서 이루어진 것이죠. 이 항차에서는 운석 충돌로 인해 야기되었던 다섯 번째의 지구 대멸종이 있었던 6,500만 년 전의 지층을 시추하게 됩니다. 물론 이 항차에서도 퇴적물 중에서 낙하석이나 퇴적물에 대한 화학분석의 결과로 K/T경계층을 확인하게 됩니다. 당시 승선했던 퇴적학자들의 기초적 조사 결과로 그 사실을 증명하게 되는 것이죠(그림 2.4.3). 물론 K/T경계층은 육상에서 더 쉽고 뚜렷하게 발견할 수 있습니다. 하지만 육상이나 해양이나 처음에는 미고결(아직 굳어지지 않은) 퇴적물이었다는 점을 생각하면 좋을 듯합니다. 해양 퇴적물은 이렇게 중요한 정보를 제공합니다. 지구환경에 대한 거의 모든 정보인 것이죠.

　해양 퇴적물은 아무리 오래되어도 연령으로 따지면 2억 년 이상은 되지 않습니다. 조금 후 설명드리겠지만, 중앙해령(mid-ocean ridge)에서 새로운 지각이 만들어지기도 하고, 이 지각은 대륙의 끝 쪽으로 이동되어 결국 해구(trench)에서 침강합니다(전문용어로는 subduction(침강-소멸)한

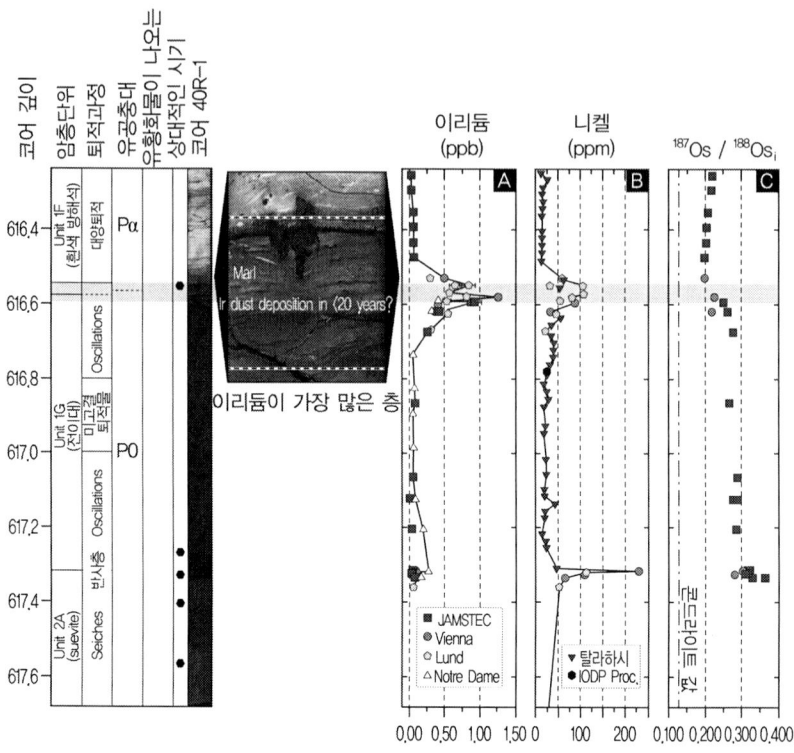

그림 2.4.3 K/T경계층과 이리듐 등 금속의 농도 증가(Goderis et al., 2021)

다고 합니다). 새로운 지각이 만들어지고, 그 위에 퇴적물이 쌓여도, 2억 년 정도가 지나면 대륙 쪽으로 이동되어 모두 소멸되는 것이죠. 그러므로 해양지각에 대한 연령을 조사해 보면, 중앙해령이 가장 젊고 해구 쪽에서 가장 늙은 지각이 나타나게 됩니다. 이런 현상은 해저 확장설 (sea-floor spreading)로 설명되고 있습니다. 해저가 확장되는 중심은 중앙 해령입니다. 이 중앙해령은 태평양이나 대서양에 모두 있는데, 대서양에 있는 대서양 중앙해령은 아이슬란드를 관통하고 있습니다(그림 2.4.4).

제가 승선했던 162항차에서는 북대서양 전 지역에 거쳐 수 킬로미터에 달하는 퇴적물을 시추했습니다. 그리고 북대서양에서 시추와 승선 연구를 마친 후에는 아이슬란드의 레이캬비크(Reykjavik)에 상륙하여 2박 3일간 야외조사(field trip)로 이어졌습니다. 야외조사에서는 앞으로 연구해야 할 지역에 대한 지질학적 배경 등에 대해 동승한 연구자들과 토론을 이어갑니다. 당시 박사 과정에 재학 중이던 저로서는 북대서양에 간 것도 처음이었지만, 한 달 이상의 승선 연구도 귀중한 경험이었습니다. 퇴적물을 기재하고 관찰하는 과정에서 바로 옆에 있는 전문가에게 모르는 것은 물어보는 등 상의도 할 수 있었기 때문이죠. 그러나 정작 더 인상 깊었던 경험은, 승선 연구가 끝난 후 아이슬란드에 상륙한 후 있었던 야외조사였습니다. 말 그대로 현재 진행형으로 살아 움직인다고 할 수 있는 다양한 지질학적 현상들을 아이슬란드에서 직접 눈으로 목격했던 것이죠. 책에서만 배웠던 자연현상의 원인과 결과를 눈으로 보고 느낄 수 있었습니다. 정말 '백문이 불여일견'의 순간으로 깊은 깨달음의 시간이기도 했습니다. 깊은 배움의 진리와 사실에 대한 무서움을 동시에 느끼기도 했습니다. 당시의 생생한 느낌이 지금까지 뇌리에 깊이 박혀 있습니다.

한없이 이어졌던 용암대지와 그 위를 얇게 덮고 있는 무명초들, 화산이 분화해서 만들어진 지 얼마 되지 않은(엄밀하게 말하면 현재 진행 중인) 풀 한 포기 없는 검정빛의 민둥산, 만년 빙하가 녹아내리면서 만든 거대한 폭포들, 대서양 중앙해령(mid-ocean ridge)이 아이슬란드를 관통하면서 만들어 낸 태초의 모습이었습니다(그림 2.4.4). 중앙해령(mid-ocean ridge)은 고등학교와 대학교에서 배웠던, 과학 발전과 인간이 지구를 탐구하면서 결론 내린 중요한 과학적 업적 중의 하나입니다. 20세기 초에 알게 된 이 과학적 사실을 현장에서 느끼고 경험할 수 있다는 데 큰 감동을 받은 것이죠.

대서양 중앙해령을 경계로 한쪽은 유라시아 판, 다른 한쪽은 북아메

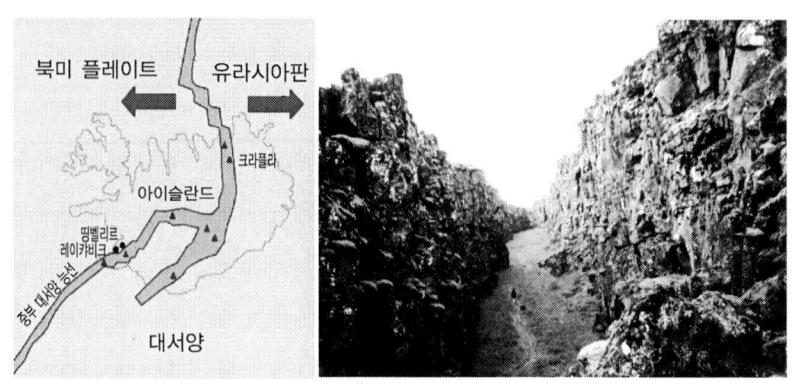

그림 2.4.4 아이슬란드와 대서양 중앙해령(https://pubs.usgs.gov). 오른쪽은 1995년 당시 같이 방문했던 기록 사진(Minoru Ikehara 교수 제공)

리카 판이 서로 반대 방향으로 갈라지고 확장되어 가는 가운데 아이슬란드가 있습니다. 수천만 년 이상 계속된 판의 경계가 바로 아이슬란드의 중심을 가로지르고 있죠(그림 2.4.4). 아이슬란드에는 온천이나 간헐천도 너무 많았습니다. 해저가 확장되고 판이 움직이며, 조산운동이 일어나는 아이슬란드 입장에서 생각해 보면 당연한 결과인 것이죠. 앞선 장에서 지구상에 일어난 대멸종을 언급할 때 중요한 사실 하나를 소개한 바가 있습니다. 대멸종이 일어났던 시기에는 대륙이 활발하게 움직이고 있었습니다. 대륙이동설이나 해저확장설 등은 지구 구조론의 일부로 학창 시절에 배웠던 지구과학적 사실입니다. 교과서에서 배웠던 과학적 지식을 눈앞에서 본다는 것은 정말 천금을 주고도 아깝지 않은 가치가 있다고 지금도 생각합니다. 평소에 관심을 가진 부분이어서 더 그랬는지도 모르겠습니다. 지금도 학회에 참석하게 되면 책에서 배운 것을 현장에서 눈으로 확인할 기회로 생각하고 야외조사만큼은 꼭 참석합니다. 발표를 듣고 몰랐던 부분에 대해 반성도 하고 스트레스도 풀어야 하니까요.

　아이슬란드는 현존하는 최고의 야외 지질 학습장입니다. 밖에 나가면

판의 경계에서 현재 진행되고 있는 화산 활동의 모습, 그리고 이와 관련된 다양한 지열(geothermal)적 특징을 볼 수 있습니다. 수십 초 간격으로 뜨거운 물을 뿜어 내는 간헐천은 그 밑이 얼마나 뜨거운 열기로 차 있는지를 알 수 있게 해줍니다. 물론 아이슬란드는 고위도에 위치하고 있기 때문에, 뜨거운 간헐천과는 대비되게 만년 빙상에서 흘러내리는 장대한 폭포도 많이 보입니다. 그뿐만이 아닙니다. 화산 분출로 흘러내린 용암이 만들어 놓은 육상 경관을 뚜렷이 볼 수 있습니다. 수년 전에도 분출한 마그마가 흘러내렸고 그게 평평한 용암대지를 만들었다고 생각하면, 그리고 과거에도 이런 일이 수도 없이 많았다고 생각하면 정말 아이슬란드는 살아있는 지질학적 야외 학습장임이 틀림없습니다(그림 2.4.5).

그림 2.4.5 아이슬란드 지옥의 샘이라고 불리는 화산 폭발과 용암 분출 후 용암대지를 만든 파그라달스파들(Fagradalsfjall)산의 모습(왼쪽: Science Photo Library, 오른쪽: 단국대 이승호 교수 제공)

당시 필자가 방문했던 폭포 중 고다포스(Godafoss)는 또 다른 깨달음을 주었습니다. 일견 거대한 폭포였지만, 폭포수는 그때까지 제가 알고 있던 깨끗한 물이 아니었던 것이죠. 순간 혼자서 당황했지만, 아무도 그에 대한 설명은 없었습니다. 유럽 사람들에게는 당연한 것이었죠. 예전에, 탄광촌 인근에 살고 있는 초등학교 학생이 주변을 흐르는 강물을 그린 적이 있습니다. 그리고 그것을 어느 미술대회에 출품해 우수상을 받았다고 합니다. 그 초등학생은 작품에서 강물의 색깔을 검정색으로 그렸던 것이죠. 보고 느낀 대로 사실적으로 그렸으며, 순수하게 가식 없이 그려낸 것을 높이 평가하여 상을 주었다는 평이었습니다. 그때까지 필자는 폭포수가 모두 깨끗한 줄 알았습니다. 고다포스 폭포는 만년 빙하가 녹으면서 흘러내린 물이 모여서 폭포를 이룬 것입니다. 당연히 주변에서 혼탁물이 섞여 들어갔을 것이며, 그 결과가 혼탁한 폭포수를 만든 것이죠. 고다포스의 거무튀튀한 색깔의 폭포수를 보면서, 지금까지 봐 왔던 사실만을 바탕으로 굳어진 자신의 선입관에 매우 당혹해한 적이 있었습니다. 당시 야외조사에서 폭포수를 관찰하면서 제가 느꼈던 생각입니다. 그 후에도 다른 비슷한 곳을 방문했을 때도 폭포를 봤는데, 거기서도 폭포수 색깔은 제가 가지고 있었던 색깔과는 완전히 달랐습니다. 아이슬란드에 살고 있는 초등학생에게 고다포스 폭포를 그리게 한다면 그들은 폭포수 색깔을 어떻게 표현할까요. 매우 궁금해집니다.

한곳에 뭉쳐 있던 대륙 일부가 떨어져 나가, 새로운 형태의 모습으로 탈바꿈되거나 완전히 독립적인 대륙의 모습으로 변모하는 대륙의 재배치는 지구상에 일어난 가장 큰 변화 중 하나일 것입니다. 교과서에서 봤던, 2억 년 전의 지구 표층 모습과 5번째의 대멸종이 있었던 백악기 말의 모습은 완전히 다릅니다. 마찬가지로 백악기 말의 모습과 현재의 모습도 완전히 다릅니다. 이렇게 현재와 과거의 지형, 지구 표층의 달라진 모습을 대륙이 서서히 이동되어 만들어진 결과라고 생각한다면, 현재 아이슬란드에서 일어나고 있는 화산 활동, 용암 분출은 수억 년의 변화 중에 일어난 작은 변화에 지나지 않습니다. 언제나 변화하고 있는 지각의 움직임과 그에 따라 변화된 지형은 시간을 확장시켜서 생각해 본다면 쉽게 일어났던 일입니다. 지구는 진화하는 생명체 그 자체이니까요.

지구의 여러 변화 중에서 대륙의 이동은 가장 뚜렷한 변화입니다. 그 옛날 적도 지방에 있던 한반도가 지금의 중위도 지역에 있는 것도 그 증거입니다. 3,000~4,000만 년 전에 한반도와 붙어 있던 일본 열도가 떨어져 나간 것도 그렇고요. 동해는 일본 열도가 떨어져 나가면서 생겨난 것입니다. 이렇게 대륙이 이동하게 되면 이동하는 과정에서 조산운동이 일어나기도 하고, 새로운 바다가 생기는 등 정말 상상을 불허할 정도의 큰 변화가 뒤따르게 됩니다. 적도지방 아래쪽에 있던 인도 대륙이 점점 북쪽으로 이동하면서 아시아대륙과 충돌해 티베트고원을 만들었다는 것은 잘 알려진 사실입니다. 지구에서 가장 높다는 히말라야도 대륙 이동의 결과이며, 그 옛날 바다에 있던 한 점 보초(산호초)가 크게 성장해서 섬이 되는 것도 당연한 변화의 결과입니다. 대륙이 이동하면서 바다가 점점 넓어져 대양이 되었다고 생각하니 정말 큰 변화라고 얘기할 수밖에 없는 것입니다.

지각의 움직임으로 대변화를 일으킨 사례는 수도 없이 많습니다. 그 중 하나가 약 596만 년 전부터 533만 년 전까지(약 63만 년) 일어났던 '메시니언 염분 위기(Messinian salinity crisis, MSC)'라고 불리는 사건입니다. 현재 우리가 알고 있는 지중해(Mediterranean Sea)에서 일어났던 대변화이죠. 지중해(地中海)는 한자로 표기하면 '땅 가운데 있는 바다'라는 뜻입니다. 이름이 의미하는 것처럼 땅으로 둘러싸여 있는 바다로 반 폐쇄 해양입니다. 쉽게 이야기하면 한반도와 일본 열도 사이에 있는 동해와 유사한 반 폐쇄된 해양인 것이죠. 그러나 지중해는 동해보다는 면적이 크며, 주변에 여러 나라가 접하고 있어 인류 문명의 발전과 더불어 중요하고 흥미 있는 역사적 기록을 간직한 지역이기도 합니다. 유럽 문명의 어머니로 불리기도 하니 유럽 여러 나라의 입장에서는 얼마나 중요한지 짐작이 가고도 남습니다. 면적으로도 한반도의 약 10배 이상입니다. 인접한 고대나 중세 국가들이 이 지중해를 사이에 두고 경쟁한 것은 어쩌면 당연했을지도 모르겠습니다. 아무튼 지중해는 인류사적으로도 중요하지만, 지구환경과 관련해서도 중요한 기록을 간직하고 있습니다. 지금까지 언급한 지각변동이나 환경변화, 그리고 탄소 순환과 관련해서 말입니다. 지중해에는 암염이나 석호 등으로 이루어진 증발암(蒸發岩)이 대량으로 만들어진 시기가 있었는데 이것을 '메시니언 지중해 염분 위기'라고 부르고 있습니다.

지중해는 형성 과정도 특별합니다. 동해가 약 3,000만 년 전에 만들어졌다고 언급했지만, 지중해는 그보다 훨씬 이전인 약 6,500만 년 전에 개략적인 틀이 짜였습니다. 기억하고 계시겠죠? 6,500만 년 전은 대멸종이 있었던 시기이기도 하며, 대륙이 활발하게 이동하고 충돌하는 시기였습니다. 지구는 현재의 모습으로 진화하는 데 다양한 과정을 겪었습니다. 그 중에서도 특히 '판구조론(Plate tectonic)'에 따르면, 지구가 여러 개의 판으로 구성되어 있으며, 이 판이 움직이며 충돌하는 등 다양한 과정을 거치면서 현재에 이르렀다는 것입니다. 이 판구조론은 다소 복잡하지만, 약 2~3억 년 전부터 발전하기 시작한 대륙이 재배치 혹은 변화과정, 즉 판이 움직이는 와중에 아프리카 대륙과 유럽대륙 사이에 테티스해(Tethys Sea)가 있었습니다. 초기의 테티스해는 점점 분리되기 시작하여, 약 5,000만 년 전에는 유럽 대륙 중앙부와 동부는 테티스해의 지류로 완전히 덮이게 되었습니다(당시 Paratethys라 불림). 완전하지는 않지만 현재의 지중해가 만들어진 것이죠. 이 테티스해는 현재의 지중해가 있는 원시 모습이었습니다. 그 후에 현재의 아프리카, 아시아, 유럽의 세 개의 대륙으로 둘러싸인 반 폐쇄해로 변화된 것입니다.

그 후에도 지중해는 다양한 구조적 변화를 겪으며 현재에 이르고 있지만, 두드러진 특징은 약 600만 년 전에 대륙과 판이 이동하는 등 다양한 구조적 변화를 겪어서 완전히 고립된 바다가 되었던 것입니다. 현재

대서양과 연결된 지브롤터(Gibraltar) 해협이 지각운동으로 융기하면서 일어난 엄청난 지구사적 환경변화입니다. 물론 당시에는 지구 규모의 한랭화가 진척되었고, 남북극에 빙상이 발달하며 해수면도 더욱 낮아졌습니다. 해수면이 현재보다 100m 이상 낮았던 때도 있었고, 수백 m 이상 높았던 시기도 있었습니다(Haq et al., 1987). 이러한 외부 요인으로 인해 지중해는 50만 년 이상 완전히 외부와 차단된 바다였고, 그 결과 외부로부터 해수가 유입되지 않는 대신에 증발만 계속되는 해양이었습니다(하천으로부터 담수가 유입되기는 하였습니다). 바닷물이 증발만 계속되면 어떻게 될까요? 염전처럼 됩니다. 지중해가 한반도의 10배 이상이라 하더라도 오랜 세월 동안 증발만 계속된다면 소금만 남게 되는 것이죠. 그래서 한때 지중해는 '소금 들판'이나 다름없었습니다.

지중해가 과거에 '소금 들판'이었다는 사실은 1970년에 알려지기 시작했습니다. 지질학자들이 '글로마 챌린저(Glomar Challenger)호'를 타고 지중해의 깊은 곳을 시추한 퇴적물 속에는 석고(gypsum), 경석고(anhydrite), 암염(rock salt) 및 그 외 다양한 증발암 광물이 들어 있다는 것을 알게 되었습니다. 또한 어떤 퇴적물층 중에는 심해에 서식하는 유공충이 발견되기도 하였는데, 이 유공충이 포함된 사층리(지층의 층리가 주된 층리면과 비스듬하게 만나는 상태)는 한때 바람에 의해 건조된 먼지나 모래폭풍(sand storms)에 의해 운반된 석영 등이 포함되어 있었습니다. 즉, 이 퇴적층은 인근 대륙에서 운반된 물질과 해양환경에서 퇴적된 해양기원 물질이 교대로 퇴적된 특징을 보였습니다. 수심이 깊은 곳에서 시추된 해양 퇴적층이었지만, 과거 어느 시기엔 그곳이 바로 건조한 대륙이었을 가능성이 제기된 것이죠. 잘 알려진 바와 같이 집섬은 증발로 인해 해저 바닥에서 형성됩니다. 암염 역시 증발의 결과로 소금이 남아 딱딱하게 굳어진 돌입니다. 약 1m의 해수가 증발해서 침전되면 1mm의 집섬층을 만든다고 합니다. 퇴적물 중에 포함된 집섬으로 판단했을 때 지중해 해수가 전부 증발했을 가능성이 있었던 것이죠. 현재 지중해의 최고 수심이 4,000m를 넘는다는 사실을 고려하면, 조그만 두께의 암염층은 거대한 변화의 결과를 상징하는 것이라 할 수 있습니다. 지중해 시추를 통해서 지각변동과 해수면 하강의 원인이 되어 전 지구적 염분 위기를 초래했다는 중요한 과학적 결론에 이르게 됩니다.

지질학적 또는 지구환경의 관점에서 지중해는 많은 시사점을 주고 있습니다. 지역적인 위치의 중요성도 있었지만, 이런저런 중요성 때문에 지중해에서는 여러 번에 걸쳐 굴삭이 이루어졌습니다. 그 결과는 얼마나 극적인 환경변화가 이루어졌는지를 극명하게 보여주고 있습니다(그림

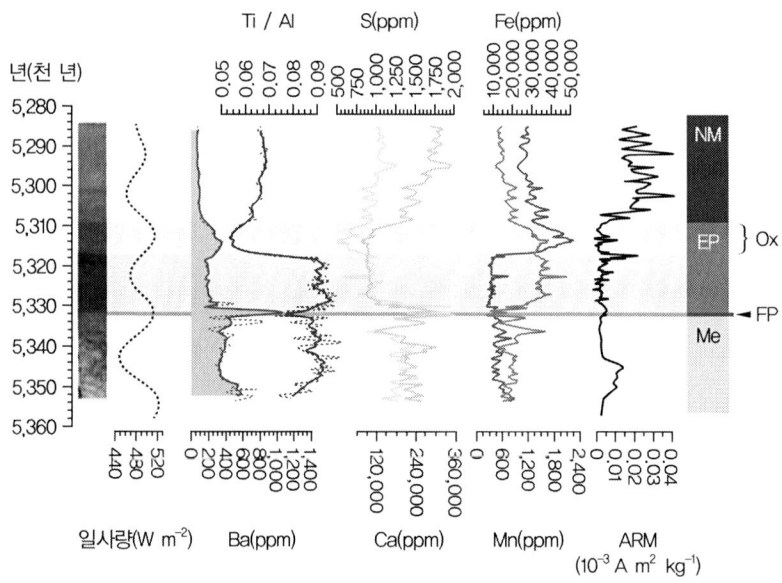

그림 2.4.6 ODP 굴삭지점 Site 697 퇴적물에 대한 X-Ray 스캔과 M/P boundary(Miocene/Pliocene 경계) 지점에서 화학원소의 변화 (Amarathunga et al., 2022). 정상적인 해양환경(NM)으로 돌아오는 경계에서 화학원소의 큰 변화가 보인다.

2.4.6). 이 연구에 의하면, 지브롤터 해협이 침강하면서 일시에(약 2년) 대서양 해수가 지중해로 유입되게 됩니다. 그 결과 서부 지중해에서 먼저 정상적인 해양환경이 이루어지고, 뒤이어 동부 지중해 쪽으로 밀려들면서 높은 염분층(밀도층)을 만들고 심층수 순환을 방해하게 됩니다. 당연히 심층수 순환이 일어나지 않은 해수는 유기물을 많이 함유한 사프로펠(sapropel)이 퇴적되는 결과로 이어집니다. 모델 결과에 의하면 염분층이 완전히 정상으로 돌아오는 데는 2,600년이 걸린다고 합니다. 지중해를 중심으로 한 드라마틱한 환경변화의 일면이라 할 수 있습니다.

지중해는 유럽인들의 입장에서도 매우 중요한 장소입니다. 고대-중세를 거치면서 생활의 중심지였으며, 문명의 발전을 이루는 계기를 제공했다고도 할 수 있으니까요. 그래서 그런지 1970년에 퇴적물을 시추했지만, 그 후 다시 DSDP 프로그램을 통해 본격적인 연구가 시작되었습니다. 제가 참여했던 Leg 162의 직전인 Leg 161, 그리고 ODP Leg 171에도 다시 지중해 퇴적물을 시추하게 됩니다. 지중해 내에서 총 세 번에 걸친 시추입니다(참고로 동해에서는 일본 학자들에 의해 두 번에 걸쳐 시추가 이루어졌습니다. 한국 영토에서는 울릉분지 북쪽 한국 대지가 있는 쪽에서 한 지점만 시추되었습니다). 이 국제 시추 프로그램은 유럽학자들이 중심이 된 항해입니다. 세 차례의 시추 항해를 통해 지중해에 관한 과거의 역사나 환경변화가 명확하게 드러납니다. 어떤 결과들이 있으며, 이런 염분 위기는 어떤 환경변화를 야기했을까요?

평균 염분농도를 35psu, 해염의 밀도를 $1.35 gcm^{-3}$, 지중해의 평균수심을 2,700m로 가정하면, 지중해가 완전히 증발했을 때는 약 70m에 달하는 암염층이 형성된다고 합니다. 메시니언 시기에는 여러 번에 걸쳐 암염층이 형성되어 두께가 약 3,000m에 달한 경우도 있었다고 하네요 (Kawahata, 2011). 이 두께는 계산상으로 약 40회에 걸쳐 증발이 반복되었음을 의미합니다. 다소 불확실한 점도 있지만, ODP 846지점을 토대로 내린 결론은 실제 두 단계에 거쳐서 암염층이 형성되었을 것으로 판단하고 있습니다(Shackleton 등, 1995). 1단계는 5.75~5.6Ma에 있었으며 해수면이 약간 내려가서 대륙 주변부에서 증발암이 형성되었고, 2단계는 5.60~5.21Ma에 지중해가 완전히 고립되어 해저 협곡이 노출되고 침식이 일어나 심층부에 암염이 형성, 퇴적되었다는 것입니다(Clauzon 등, 1996).

해양환경이나 전 지구 표층환경에서 해수면과 염분 변화는 매우 중요합니다. 메시니언 염분 위기 때 지중해에서 증발된 물은 지구 전체 해수면을 10m 정도 낮추는 것으로 계산됩니다(Kawahata, 2011). 메시니언기에 지중해에 암염이 형성되면 대서양, 태평양 등과 같이 외양 해수에서 이 암염에 해당하는 염분이 제거된 결과가 됩니다. 단순 계산하면, 염분이 약 3.8psu 정도 내려갈 가능성이 있는데, 이 경우 응고점을 약 0.16°C 정도 상승시킨 효과가 있습니다. 그러면 어떻게 되나요? 결과적으로 고위도 지역에서는 해빙 형성이 촉진되는 결과가 되고, 해빙이 형성되면 자연적으로 지구의 알베도(반사율) 값이 높아집니다. 이렇게 되면, 피드백 효과로 지구 규모의 한랭화가 더욱 촉진됩니다. 어떤 변화가 다른 변화로 이어지는 것이죠. 그렇지만, 메시니안 지중해 염분 위기가 어떻게 지구의 기후에 영향을 미쳤는지는 구체적으로 알려지지 않았습니다. 과거에 3회에 걸친 지중해 시추가 지중해 염분 위기에 대한 사실관계를 확인하기 위한 목적이었다면, 그 염분 위기가 불러온 지구 규모의 환경 변화에 대해서는 앞으로의 과제로 남겨졌다고 해도 좋겠습니다. 과학의 발전은 지구환경이 계속 변화하고 진화하는 것처럼, 계속 발전할 것으로 믿어지기 때문입니다.

메시니언 염분 위기가 끝나고, 현재와 같은 지중해는 다시 지각변동과 해수면 변화를 경험하면서 갑작스럽게 일어났습니다. 이 역시 하나의 변화가 또 다른 변화를 이끌었다고 생각됩니다. 약 533만 년 전에 있었던 지각변동에 의해 대서양과 차단되었던 지브롤터 해협이 갑자기 뚫리는 것이죠. 폭우가 쏟아져 도심지 지하 주차장으로 물이 쏟아져 들어오듯 대서양 해수가 순식간에 지중해로 유입됩니다. 마치 홍수가 난 것처럼요. 이 사건은 잔클린 홍수(Zanclean flood)로 명명됩니다(Blanc et al., 2001). 그 후 지중해는 다시 대서양과 차단된 적이 없으며 현재까지 이어지고 있습니다. 약 60만 년에 걸친 염분 위기는 이렇게 대홍수로 막을 내립니다. 그렇지만 염분 위기나 대홍수 전후의 변화에 대해선 알아내야 할 과학적 사실들이 여전히 숙제로 남아 있습니다. 그중 하나는 이런 변화가 지구의 탄소 순환과 어떻게 결부되느냐는 것입니다(이 책의 주제가 탄소이니, 제가 한번 연결시키고 싶은 마음이 간절합니다).

탄소의 거동 또는 탄소 순환은 이 책의 중심 키워드이기도 하며, 기후변화 관점에서도 매우 중요하다는 데 동의하시겠죠? 최근 지구온난화로 해수면 상승을 자주 거론합니다. 수십 cm의 해수면 상승이 가져올 영향이 너무나 크기 때문입니다. 10년 이내에 해수면이 1m 상승한다면, 세계는 대혼란에 빠질 것입니다. 인류문명 자체가 물을 이용하기 좋은 친수공간을 만들었고, 현재의 세계는 그 바탕 위에 세워졌다고 해도 과언이 아니기 때문입니다. 메시니언 염분 위기는 10m의 해수면 변화로 계산되고 있습니다. 상상할 수 없겠죠? 해양 생태계는 해수나 기수역 중심으로 구성됩니다. 연안은 어쩌면 기수역이기도 하며 자연과 인간이 공존하는 지역이기도 합니다. 광합성을 하는 해양생물은 면적으로는 약 10%에 지나지 않는 하구역이나 용승지역, 대륙붕에서 50% 이상의 생산력을 보입니다. 외양이 중요하지 않다는 것이 아니라, 연안이 그만큼 중요한 역할을 하고 있다는 것입니다. 해수면이 10m 내려가거나 올라가게 된다면, 육지 면적과 해양 면적이 달라질 것이며, 광합성에 의해 탄소를 흡수하는 양이나 능력에서도 차이를 보이게 될 것입니다. 이런 문제는 지구의 탄소순환과 깊게 관련될 것이며, 곧 지구 기후변화의 문제로 이어질 것이기 때문입니다.

제 **5** 장

태초에 해양부터 있었다: 해양대순환 1

　세월유수(歲月流水). 세월은 흐르는 물과 같다는 말입니다. 세월이 빠르게 간다고 하는 데 방점이 있으며 시간의 흐름을 이야기합니다. 모든 것은 변화한다는 '제행무상(諸行無常)'이라는 말과도 일맥상통합니다. '세월유수'는 네 글자에 불과하지만 이 말속의 의미를 두 단어로 추려낸다면 '시간'과 '흐름'이겠죠. 한 단어로 요약하면 '변화'라고 생각합니다. '시간', '흐름', '변화'를 한꺼번에 포용하는 과학적 현상을 기술한 용어를 찾는다면 그건 '해양대순환'일 것입니다. '해양대순환' 속에는 시간과 흐름, 그리고 변화를 모두 담고 있기 때문입니다. 해양대순환은 그동안에 축적된 과학적 사실에 근거하고 있습니다. 이 책의 주제인 탄소와도 관계가 깊습니다. 해양이라는 큰 곳간에 탄소라는 내용물을 잘 보관하고 있습니다. 창고에 보관된 탄소가 상하지 않도록 스스로 자정작용도 합니다. 한편으로는 해양대순환을 통해 탄소가 한 장소에만 머물러 있지 않도록 해줍니다. 해양대순환은 결국 지구의 탄소순환을 조정하며 기후도 조절하고 있는 셈입니다. 해양대순환은 어쩌면 인간의 심장과도 같습니다. 에너지의 근원으로 인간이 살아가는 데 필요한 혈액을 머리에서 손가락 끝까지 전달해주는 힘의 원동력이니까요. 본격적으로 해양대순환에 대해 이야기하기 전에 해양이 어떻게 만들어졌으며 일반적인 해양의 특성은 어떤지 잠깐 살펴보겠습니다. 해양대순환을 이해하기 위한 기본 정보가 필요합니다. 궁극적으로는 탄소의 거동을 이해하기 위한 기초체력이 필요하고요.

　모든 생명체는 태어나는 그 순간부터 죽음을 기다리는 존재입니다. 인간도 마찬가지로 태어나는 순간 죽음을 기다립니다. 종착역을 향해 가는 것이죠. 또한 모든 생명체는 태어나서 성체가 될 때까지는 약간의 시차는 있지만 자신을 방어할 수 없습니다. 그래서 초기에는 진정한 의미에서 그들의 삶을 살아간다고 할 수는 없겠지요. 지구를 생명체라고 간주한다면 지구도 마찬가지입니다. 지구는 언제부터 진정한 지구의 삶을 시작했을까요? 지구도 언젠가 소멸할 것으로 생각되지만, 지금은 완전히 다 자란 성체가 되어 있는 것일까요? 지금보다 과학이 더 발전하면 알 수도 있을지도 모르겠습니다. 그렇지만 분명한 것은 탄생 초기의 지구는 현재와는 현저하게 달랐다는 사실입니다. 가장 두드러진 차이는 지구가 탄생한 초기에는 바다가 없었다는 것입니다. 과학자들은 지구가 태어난 후 약 5~6억 년쯤 지났을 때 해양이 만들어졌다고 추정합니다. 지구가 탄생하고 한창 성장할 때는 외부로부터의 운석 충돌이나 지구 내부의 마그마 분출 등으로 불덩어리 상태였습니다. 온갖 가스가 가득한 용암이 넘쳐나고, 먼저 분출한 용암은 굳어지는 등 지구의 형태가 갖추어지는 시기라 할 수 있을 것입니다. 지금도 가끔 화산이 폭발한다거나 지하 깊은 곳에 도사리고 있던 마그마가 분출하며 용암이 되어 지표로 흘러나오면 큰 혼란이 일어납니다. 1,000℃ 이상 뜨거웠던 용암이 냉각되면 결국 암석이 되지만, 용암이 냉각되는 과정에서 냉각 온도에 따라 용암 속에 들어있던 광물질이 밖으로 나와 귀중한 자원(광상)을 만들어 내기도 합니다. 전문용어로는 이런 과정을 '정출 작용(crystalization)'이라고 합니다. 액체 상태의 용암은 냉각되면서 광물뿐만 아니라 온갖 가스도 밖으로 내보냅니다. 이 과정을 '디가싱(degassing)'이라고 합니다. 대부분의 과학자들은 지구가 탄생한 초기에는 지구 내부로부터 수백만 년 이상, 아니 몇 억 년 이상 수증기나 온갖 가스가 대기 중으로 계속해서 분출되었다는 데 동의하고 있습니다.

　액체 상태인 마그마에서는 온갖 가스가 대기로 빠져나옵니다. 대기 중 가스는 강력한 수증기압 상태가 되고 폭발 직전 상태까지 가는 것이죠. 이윽고 오랜 시간이 지나면 지구 표면이 서서히 냉각되기 시작됩니다. 대기 중으로 빠져나온 수소와 산소는 온도가 융점(boiling point)보다 낮아지면 결합해서 물이 되고, 미지근한 상태로 남아있는 지표면으로 줄기차게 쏟아지게 되는 것이죠. 아마도 수백 년 이상 계속해서 비가 내렸을 것으로 생각됩니다. 수증기가 되어 대기를 꽉꽉 채운 상태에서 대기가 냉각되면서 지표로 쏟아내야 할 물이 충분히 만들어졌기 때문입니다. 마그마 분출이 계속되고, 새롭게 가스가 분출되며 냉각되는 과정도 계속되고 있었겠죠. '노아의 홍수'라는 영화에서 묘사된 것처럼, 수백 년 아니 수만 년 동안 계속해서 비가 내렸을지도 모릅니다. 이렇게 지구 탄생 후 수억 년 후에 드디어 초기의 원시 해양이 만들어지게 됩니다. 어린아이가 어느 날 아침에 깨어나서 어른이 되는 것이 아닌 것처럼요(그림 2.5.1).

그림 2.5.1 35억 년 전 지구와 해양의 상상도. 화산활동과 침식이 지구 표면을 만들었고, 생명은 핵막이 없는 원핵생물(prokaryotes) 위주였다 (Geology 2013.News).

　원시 해양이 만들어졌다고 하더라도 해양은 오랜 진화의 과정을 겪어야만 합니다. 생명이 없었던 해양은 생명 탄생의 기반을 만들기 위해 다시 오랜 시간 동안 기다리고 인내하며 온갖 환경변화를 겪어야만 하는 것이죠. 조금 빈도가 떨어졌다고는 하나 여전히 운석 충돌이 있었으며, 화산 폭발 또한 그대로 진행되고 있었음이 틀림없습니다. 그러나 시간에 장사가 없다는 말이 있듯이, 시간 경과에 따라 뜨거워졌던 대지나 해수의 온도가 서서히 냉각되기 시작합니다. 생명이 탄생하기에 필요한 기본적 환경이 서서히 조성되기 시작하는 것이죠. 우리가 개념적으로 인식하고 있는 생명 활동이 가능한 물리적 요건이 만들어지기 위해서는 무한한 세월이 필요한 것입니다. 어쩌면 자연의 이치가 그런지도 모르겠습니다.

　대기 중에서 물이 만들어질 때는 순수한 물뿐만 아니라 온갖 가스 성분이 들어 있을 수 있습니다. 또한 계속해서 내리는 빗물에 의해 암석이나 지표면에 있던 각종 화학성분이 빗물과 혼합되어 바다로 흘러가게 됩니다. 현재도 이 같은 과정이 일어나고 있습니다. 흔히 풍화(風化, weathering)라고 하는 과정을 통해서 대륙에 있는 온갖 암석 물질, 토양 중에 있는 영양물질, 오염물질이 바다로 흘러 들어가고 있는 것이죠. 풍화의 과정은 다양합니다. 기계적 풍화, 화학적 풍화, 생물학적 풍화 등 육지에서 일어나는 기후변화(온도변화)에 의해서도 암석질 속의 성분이 풍화되어 바다로 유입됩니다. 그렇다면, 현재 해수 중에 녹아 있는 온갖 화학물질은 기본적으로 해양이 만들어질 때부터 축적되었다고 생각하면 틀림없을 것입니다. 물론 그동안에도 계속해서 다양한 과정을 거치면서 해양에 유입되었겠죠. 바람에 의해서 육지 물질이 바다로 이동되어 침적되고, 해저 열수광상(熱水鑛床, hydrothermal vent)에 의해서 바닷속 지각 물질이 바다로 용출되기도 합니다. 이런 과정이 결국 해수의 성질을 바꾸게 됩니다.

또 한 가지 중요한 사항을 말씀드려야 될 것 같군요. 오랜 시간 동안 육지에 있던 물질이 바다로 유입되었지만, 이들은 결국 해수에서 제거됩니다. 바다로 운반된 거의 모든 화학원소나 기타 물질들은 바닷속에서 일정한 체류시간(residence time)을 가진 후 퇴적(제거)되기 때문이죠. 체류시간은 해수 중(water column: 수계)에서 제거되기 전에 잔류하는 시간을 의미합니다. 육지에서 바다로 유입된 퇴적물이 2억 년 후에 해구로 소멸하는 것처럼, 원소들도 퇴적물 중으로 소멸(퇴적)하게 되는 것이죠. 그렇다면, 현재 바닷속에 용존된 또는 입자 형태의 부유하는 거의 모든 원소는 지구 탄생과 함께 바다로 유입된 것은 아니라는 결론에 이릅니다. 처음에 유입된 물질은 그동안에 제거되었고 현재 있는 물질은 새롭게 유입된 물질인 것이죠. 해양에 있는 용존 물질은 항상 새로운 물질로 교체되는 것입니다. 종류가 같은 원소일지라도 말입니다. 현재 바닷물 속에는 우리가 알고 있는 거의 모든 원소가 녹아 있습니다. 그리고 이들은 일정한 체류시간을 가지면서 퇴적물 속으로 제거되고, 다시 새로운 물질이 유입되는 것이죠. 해수의 특성을 잘 반영하는 소듐(Sodium, Na)의 해양 체류 시간은 6,800만 년입니다. 마그네슘(Marnesium, Mg)은 1300만 년이고요. 이산화탄소(CO_2)는 어떨까요. 해양에서 약 500년이지만 대기 중에서는 4년입니다(Harde, 2017). 이렇게 해양은 끊임없이 변화하고 변화해 왔습니다. 해수의 특성도 바뀌고 있습니다. 해양을 담고 있는 지각도 화산활동, 단층 등 다양한 활동을 겪으면서 변화하고 있습니다.

지표면이나 해양에서 가장 큰 변화는 생명체의 탄생과 함께 시작되었습니다. 단순한 유기물(화합물)이 아닌 자기 복제가 가능하고 유전적 계승이 가능한 생명체 말입니다. 해양이 만들어지고 한참 후인 캄브리아기가 시작되는 약 5억 6,000만 년 정도 전이겠죠. 비축해 두었던 여분의 힘을 전부 쏟아붓듯, 미미하게 진행되던 해양의 진화는 드디어 캄브리아 생명 대폭발(Cambrian explosion, 542~488Ma)을 계기로 전환기를 맞습니다. 해양 자체의 진화와 변화, 대륙으로부터의 온갖 유·무기 영양염의 유입, 그리고 해양 변화를 일으키는 수온, 염분 등과 같은 물리적 요인이 작용합니다. 해양 변화는 점차 더 가속화됩니다. 고속도로에서 달리는 자동차가 가속도가 붙듯, 그리고 언덕을 내려오는 차가 가속 페달을 밟지 않고도 속도가 올라가는 것처럼 일단 진화하며 변화하는 속도에 가속이 붙은 것이죠. 물론 진화의 중간에 극적인 외부 환경으로 인해 급반전을 겪기도 합니다. 하지만 급반전 역시 더 빠르거나 더 복잡한 변화의 모멘텀으로 작용했을 가능성이 높습니다. 이러한 변화 사실 자체를 알아내는 것은 정말 어려운 문제입니다. 그렇지만 현대 과학의 발전과 인간의 노력에 의해 변화의 실체가 하나둘 밝혀지기 시작했습니다. 과학 발전의 성과로 알게 된 해양대순환의 실체입니다. 해양대순환은 그 자체로도 중요하지만 지구환경변화나 기후변화에도 중심 역할을 하고 있습니다.

수십억 년 동안 진행된 풍화는 육상 기원 물질을 바다로 이동시키고 해양에는 두꺼운 퇴적층을 만듭니다. 그러나 캄브리아기 이후에는 바다에 살던 생물의 유해도 육상 기원 퇴적물과 함께 퇴적됩니다. 경우에 따라선 육상 기원 퇴적물보다 단일 생물종 화석이 압도적으로 많은 경우도 나타납니다. 이런 퇴적물은 '연니(軟泥, Ooze)'라는 이름으로 불립니다. 예를 들어 탄산칼슘($CaCO_3$) 골격을 갖는 유공충 연니(foraminiferal ooze)는 퇴적물 내 80% 이상이 유공충으로 구성되어 있을 때를 이르는 말입니다. ODP 선상 연구에서도 자주 접하는 퇴적물 특성입니다. 광학 현미경에 올려놓은 퇴적물의 80% 이상이 단일 생물종인 미화석(微化石, micro fossils)으로만 구성되었다면 어떤 느낌이 들겠습니까? 수만 년에 걸쳐 그러한 단일 미화석 생물종이 나타나는 퇴적층이 갑자기 전혀 다른 퇴적물 특성으로 바뀐다면 도대체 바다에서는 어떤 일이 일어난 것일까요. 퇴적물은 바로 해양 내부에서 일어난 환경변화를 반영한다고 했습니다. 따라서 단일종 미화석으로 구성되었던 퇴적물이 갑자기 바뀌는 현상은 무슨 이유에선지 해양환경이 완전히 달라졌다는 것을 의미합니다. 그 이유와 원인을 찾아내는 것은 과학자들의 몫이겠지만요. 다음 3부에서 퇴적물에 숨겨진 다양한 대리지표를 이용하여 과거 해양 내부의 환경이 어떻게 바뀌었는지 자세하게 설명하겠습니다. 여기서는 퇴적물 특성에 대한 개념 정리가 필요할 것 같아 잠깐 언급했습니다.

모든 사물이나 생명체가 그러하듯 해양도 세월이 가면서 변화를 거듭해 왔습니다. 변화의 중심이 어떤 원인으로 시작되었는지와는 별개로 변화의 결과가 오늘의 모습입니다. 해양대순환은 현재 해양의 여러 특징 중 하나입니다. 해양대순환 역시 어떤 변화의 계기를 만들어 주는 메커니즘이라 한다면, 과거에 어떤 변화가 있었는지 살펴볼 필요가 있습니다. 미래의 변화를 예측하기 위해 과거의 변화 활용은 필수적입니다. 미래 해양 변화에 대한 수치모델을 실행하면 예측이 가능해집니다. 과거의 변화된 모습에 대한 다양한 데이터뿐만 아니라 특정 환경에 대한 데이터를 입력자료로 활용하는 방식입니다. 지구환경을 연구하는 방법으로 극단의 조건을 대표적으로 간주해서 연구할 수 있습니다. 단성분(端成分, end-member)을 활용하는 것이죠. 과거에 변화했던 여러 경우(조건) 중에서 극명하게 다른 환경을 표본으로 연구하는 것입니다. 지구환경변화의 관점에서 예를 들어 본다면, 지구가 온난해지거나 아니면 다시 빙하기가 도래했을 때 어떤 변화가 일어날지, 그리고 인간은 어떻게 대응해야 할지를 연구하려면, 지구가 가장 뜨거웠을 때인 백악기와 지구가 가장 추웠을 때인 최종빙기에 대한 연구를 하는 것이죠. 여기서 백악기와 최종빙기는 극단의 환경을 대표한다고 여기는 단성분에 해당합니다. 이런 접근법은 앞으로 변화할 지구환경이 백악기 상태나 최종빙기 사이의 어딘가에 있을 것이라고 추측되기 때문입니다. 그리고 실제 그 이상으로 변화했던 사례를 찾기 어렵기 때문에 두 단성분에 대해 연구해 보자는 것이죠. 그렇다면, 해양대순환을 이해하기 위해서도 마찬가지입니다. 지구가 가장 뜨거웠던 백악기나, 가장 추웠던 최종빙기 동안에 해양대순환은 어떻게 되었는지를 살펴보면 되는 것이죠. 물론 현재의 해양대순환을 이해하는 데 가장 쉬운 방법이기도 합니다.

지구가 지금보다 한참 뜨거웠을 때 해양은 어떤 모습이 되었을까요? 백악기는 여러분들이 잘 아는 과거 145~65Ma 사이의 지질학적 시간 내에 있습니다. 그리고 백악기는 몇 가지 특징이 있습니다. 대륙의 배치가 현재와는 완전히 달랐고, 대기 기온이 현재보다 훨씬 따뜻했습니다. 기온은 대기 중 이산화탄소와도 관련됩니다. 대기의 이산화탄소 농도도 현재보다 매우 높았던 것이죠. 그 결과로 해수 온도가 현재보다 현저히

그림 2.5.2 백악기의 해양으로 많은 공룡류 및 다른 익룡류 등이 보인다(Climate Policy Watcher, http://www.climate-policy-watcher.org).

높았고, 해류 순환은 현재와는 달랐다는 것을 짐작할 수 있습니다.

인간의 관점에서는 그렇게 좋은 조건이 아니지만, 당시 기온은 온갖 동식물이 번영을 이루기에 적합했습니다. 어쩌면 오히려 그 환경에 적합하도록 동식물이 진화했다고 해도 될 듯합니다. 결국 모든 생명체는 주변 환경에 적응하지 않고서는 생존이 불가능하기 때문에 환경에 순응해야만 하니까요.

또 한 가지 특징은 백악기 동안에 대륙 이동이 활발하게 진행되었다는 사실입니다. 해저 확장도 급격하게 빨라졌고 해수면 상승에 의한 해수의 재배치도 일어납니다. 백악기 동안에는 높아진 해수면으로 인해 전 세계의 얕은 바다에서 생물 활동의 결과로 석회암(limestone)이 퇴적됩니다. 대륙도 극적으로 이동합니다. 초대륙 판게아(Pangaea)가 분열되면서 대서양(북대서양)이 열립니다. 대서양이 열리는 과정에서 과거의 테티스해(Tethys Sea)는 닫히게 됩니다. 아프리카 대륙이 반시계 방향으로 남아프리카와 멀어지면서 테티스해가 닫히고, 대서양이 열리는 것이죠. 이런 분명한 사실들을 고려하면 백악기 동안에 기후가 더 따뜻했고, 중생대보다 해양 변화가 더 심했다고 추정할 수 있습니다. 백악기라는 이름은 백악(chalks)에서 유래되었다는 것을 알고 계시죠. 백악의 성분은 코코리스(coccoliths)로 불리는 석회질 조류(algae)가 퇴적된 퇴적물입니다. 당시 해저에 퇴적되었던 퇴적층이 융기해서 육상에 노출되었고, 현재 하얀 퇴적층으로 남아 있어 유럽대륙에서는 흔히 볼 수 있습니다 (그림 2.5.3). 보통 백악기층은 연안에서 많이 퇴적되었기 때문에 완족류나 산호 파편 등의 석회암으로 나타나기도 합니다.

백악기는 약 8,000만 년 동안 지속되었기에 척추동물, 무척추동물 등 수많은 생물종들이 극적인 변화를 보이다 백악기 말기에 전멸했습니다. 특히 기후변화나 대량 화산 폭발로부터 야기된 용암의 홍수(LIPs), 그리고 멕시코의 유카탄반도에 떨어진 직경 10km에 달하는 운석 충돌 등의 결과로 해양생물이나 육상생물의 전멸이 진행되었습니다(1부 1~5장 참조). 1998년 〈딥 임펙트(Deep Imfact)〉라는 영화에도 나왔지만 100m 이상의 쓰나미가 있었을 것입니다. 대기로는 1,600km 이상 불꽃이 튀어서 그 여파가 운석 충돌이 있었던 유카탄반도 인근인 북아메리카나 카리브해 그리고 대서양까지 미쳤을 것으로 보입니다. 거대한 지진도 동반되었을 것으로 생각됩니다. 특히, 충돌 후 대기로 상승한 먼지는 태양을 가려 어둡고 추운 겨울을 만들었을 것입니다. 이 먼지는 수개월이나 수

그림 2.5.3 영국에 있는 Dover cliff로 불리는 백악 절벽(chalk cliffs)의 모습(사진: Archangel12, http://www.flicker.com).

년 동안 화산재가 되어 대지로 떨어졌고, 대기 중으로 상승한 이산화탄소는 수년 동안 지구온난화를 가능하게 했을 것입니다. 이런 극심하고 갑작스런 지구표층 환경의 변화는 백악기 대량 전멸로 이어집니다. 백악기 대량 전멸은 가장 큰 규모의 전멸 중 하나로 간주되고 있습니다.

백악기의 또 한 가지 특징은 해양의 많은 부분에서 무산소(anoxic) 환경이 진행되었다는 것입니다. 해양의 깊은 곳인 심해나 대륙붕 그리고 대륙사면 등등에서 광범위하게 무산소가 진행되었습니다. 이런 현상이 범지구적으로 일어났기에 과학자들은 이 사건을 해양무산소사건(Ocean Anoxic Events, OAE)으로 명명하고 있습니다(Jenkyns, 2010). 해양의 무산소 환경은 여러 가지 요인에 의해 일어납니다. 우선, 현재 세계 여러 곳에서 보이는 것처럼 해류 순환이 정체되어 있는 곳입니다. 특히 만 입구와 같이 오목하게 들어간 해안 지형이 있을 때는 해수 순환이 좋지 못해 해저에 무산소 혹은 빈산소가 발생합니다. 여기에 더해, 표층에서 플랑크톤에 의해 생산된 유기물이 과도하게 많아 분해하기에 산소가 부족할 때 빈산소/무산소 상태가 나타날 수 있습니다. 연안의 높은 생산력에 비해 해류의 흐름이 적합하지 않고 표층으로부터 산소가 공급되지 않으면 무산소 환경이 쉽게 일어납니다. 백악기 동안 많은 곳에서 무산소임을 알려주는 퇴적층이 발견됩니다. 지중해에서 발견되는 블랙셰일(black shale)은 해저에 무산소가 발생해서 만들어진 특별한 퇴적층입니다. 백악기에는 이 블랙셰일이 동시다발적으로 해양 여기저기서 발견됩니다. 이미 언급한 대로 생물 생산 혹은 해양에 활발한 1, 2차 생산이 과도하게 일어났거나 거기에 더해서 해류의 흐름이 좋지 않았음을 암시하는 것입니다(Meyer and Kump, 2008). 해양 무산소 사건이 단순히 해양대순환 한 요인에 의해 일어난 것이 아니라 화산 활동, 기후변화 등 많은 요인과 결부되어 일어났다는 사실 또한 중요합니다.

백악기의 지구환경은 이렇게 동식물을 번성하게 했습니다. 당연히 백악기의 해류 순환이 현재와는 확실히 달랐다는 것을 짐작할 수 있습니다. 몇 번이고 언급하지만, 지구적으로 일어났던 해양 무산소 사건이 이러한 사실을 지시하는 것입니다. 지금 우리가 다루는 백악기는 약 8,000만 년에 걸친 변화이므로 언제 어떻게 해류의 순환이 있었는지 그 경과를 정확하게 알기는 매우 어렵습니다. 그렇지만 해류 순환에 관한 환경은 서서히 변했습니다. 기존 연구에 의하면, 백악기 해양 순환은 적도 태평양 통로가 열리고, 리오 그란데(Rio Grande) 해저가 침강하는 79~75Ma까지는 매우 제한적이었던 것으로 알려집니다(Murphy et al., 2013). 백악기의 해류 순환은 대륙의 배치나 육지-해양 간 상호작용의 영향을 받았던 것으로 추측됩니다. 그것은 8,000만 년이라는 긴 시간 지형변화 등 해양에 영향을 미치는 다양한 요인이 오랜 시간 동안 서서히 작용했기 때문입니다.

강물이 잘 흘러가는 것은 최종 종착지 바다가 있기 때문이며, 통로가 잘 뚫려 있기 때문입니다. 해류 순환도 잘 이루어지기 위해서는 통로가 있어야 합니다. 그렇다면, 백악기 이후 몇 곳의 통로가 현재와 같은 해류의 흐름을 만들었다고 해도 과언이 아닙니다. 현재 전 대양에서 해류의 흐름과 관계되는 몇몇 통로(gateway)는 어디일까요? 지리를 잘 아시는 분은 금방 알 수 있을 것입니다. 장기적인 관점에서 보면 이런 통로가 열리는 것은 해류 순환에 결정적 영향을 주기 때문에 몇몇 주요한 통로에 대해 간단하게 살펴보기로 하겠습니다.

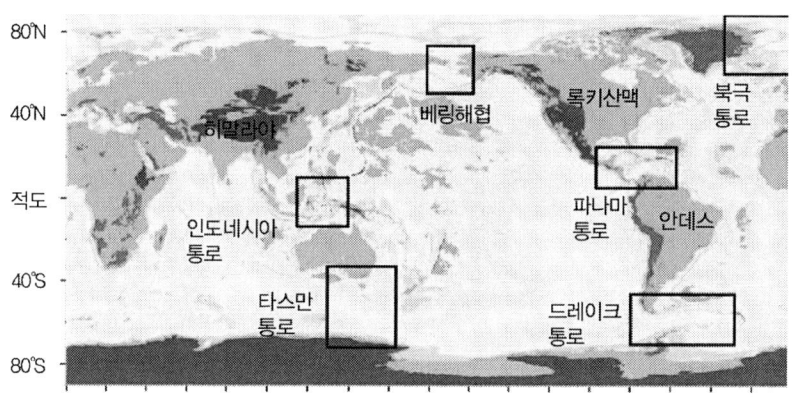

그림 2.5.4 해류가 흐르는 주요 통로(gateway)(Lyle et al., 2008).

그림 2.5.4에 나타난 바와 같이 현재의 대륙과 해양을 동시에 놓고 본다면, 가장 두드러진 통로는 타스만 통로(Tasman Gateway)일 것입니다. 지금의 호주와 남극대륙을 연결하는 통로이니까요. 사실 예전에 이 두 대륙이 붙어 있었다면, 현재 남극 순환수(Antartic circumpolar current)는 없을 것입니다. 연구 결과에 의하면 두 대륙판의 분리는 약 30~40Ma에 이루어졌고, 해수 순환은 약 33.5Ma경에 시작되었다고 보고됩니다(Hassold et al., 2009). 타스만 통로는 인도양과 태평양을 연결하기도 합니다. 거의 비슷한 시기인 49~17Ma에 또 한 곳의 중요한 드레이크 통로(Drake passage)가 열리게 됩니다(그림 2.5.4). 결국 이 두 주요 통로가 열리게 되면서 남극 순환 뿐만 아니라 거의 전 지구적 해류 순환의 계기가 된 것입니다. 남극 순환이 완성되면 적도 지방의 온난 해수가 감소해 결국 남극 대륙과의 열교환이 어느 정도 차단되는 효과를 가져옵니다. 결과적으로, 남극 대륙의 빙상(ice sheets)이 형성되며, 지구는 드디어 신생대 전기의 빙기로 진입하게 됩니다. 현재의 빙기와 유사한 형태입니다. 종합하면, 대륙 이동, 지형변화로 인해 현재의 해류 형태가 완성되었고, 이것은 다시 현재의 기후체계 기틀을 만들었다고 할 수 있습니다.

다음으로 중요한 통로는 ITF(인도네시아 통과류, Indonesian Through Flow)와 파나마 통로(Panama Gateway)입니다. ITF는 아시아 대륙과 호주 그리고 태평양과 인도양을 연결하는 통로입니다. 특히, ITF는 저위도 서태평양 온난수괴가 위치하는 지역에 있어 서태평양의 온난수괴가 인도양으로 전달되는 데 중요한 역할을 합니다. 기후변화와 관련해서는 서태평양 온난수괴가 매우 중요합니다. 이 수괴의 영향으로 엘니뇨나 라니냐 등 다양한 해양-기후변화 현상이 일어나고 있으니까요(Linsely et al., 2010). 서태평양 온난수괴에 대해서는 3부 3장에서 자세히 언급하겠지만, ITF의 상태가 바뀌면 인도양이나 태평양 모두에게 영향을 줍니다. 그 영향으로 엘니뇨에 의한 남방진동(ENSO)에도 영향을 주지만 ITF가 과거에 어떻게 변화했는지는 잘 알려지지 않았습니다. 그렇지만, 장기간에 걸친 기후변화 특징을 살펴본 결과, 약 300~400만 년 전에는 ITF가 닫혔기 때문에 아프리카의 건조화가 진행되었다고 생각되고 있습니다. 물론, 약 5Ma 전에 뉴기니아(New Guinea)가 상대적으로 북쪽에 있었기에 남태평양과 인도양의 수온이 떨어지는 효과가 있었다고 해석됩니다

(Cane and Molnar, 2001). 약간 다른 역설적인 이야기일지 모르지만, 4~5Ma 경에 아프리카 대륙이 건조화된 것은 인류진화에 영향을 주었다는 의견도 있습니다(Kawahata, 2011).

한편, 해양대순환과 관련해서 파나마 통로 또한 중요한 역할을 했다고 판단됩니다. 현재는 통로(gateway)라기보다는 운하(canal)로 사용되어 이곳을 왕래하는 선박이 수만 척에 달합니다. 파나마 운하 운행은 바로 경제문제와 직결됩니다. 그러나 통로로서는 이곳이 약 13~2.5Ma 전에 구조적(tectonic)으로 매우 얕아지면서 (통로가 막히게 되면서) 현재와 같은 해양 순환이 형성되는 직접적 계기가 되었다고 할 수 있습니다. 바꾸어 말하면, 2.5Ma까지 이곳이 닫히고 나서, 현재의 해양대순환이 완성된 것이죠. 이곳이 닫히면, 결과론적으로 대서양-태평양 통로가 없어져 걸프해류(Gulf stream)가 강해지고 북유럽 기후에 영향을 줍니다. 또한 대서양과 태평양 간에 염분 등에서 많은 차이가 나게 만듭니다.

2부의 제목은 '시간은 신비한 것: 기후변화가 있기까지'입니다. 지금까지 다뤄 왔던 주제들을 떠올려 보면, 시간의 흐름 속에 변화가 있다는 것을 알 수 있습니다. 수천만 년, 아니 수백만 년의 변동은 무엇을 남기고 지나갔을까요? 과거의 기록입니다. 공간적으로 지구의 모습이 바뀌면서, 지구의 해류도 바꾸어 놓았고, 그 해류 때문에 지구 기후도 변해 왔습니다. 구체적으로는 바다의 생물 생산력이 달라졌고, 대기-해양 간 이산화탄소 수지(收支)도 달라졌습니다. 물론 대기의 이산화탄소 농도도 극적으로 달라졌습니다. 수천만 년에 걸친 주요 변화와 퇴적물 속에 숨겨진 기록을 요약하면 작용과 반작용과 같이 변화와 증거가 한눈에 들어옵니다. 긴 역사책을 펴보는 것과 같이 명료하게요. **그림 2.5.5**에는 백악기 이후 현재까지 산소동위원소 변화를 잘 보여주고 있습니다. 그 변화의 과정에서 기후 이벤트가 일어나기도 합니다. 시기적으로 분명하

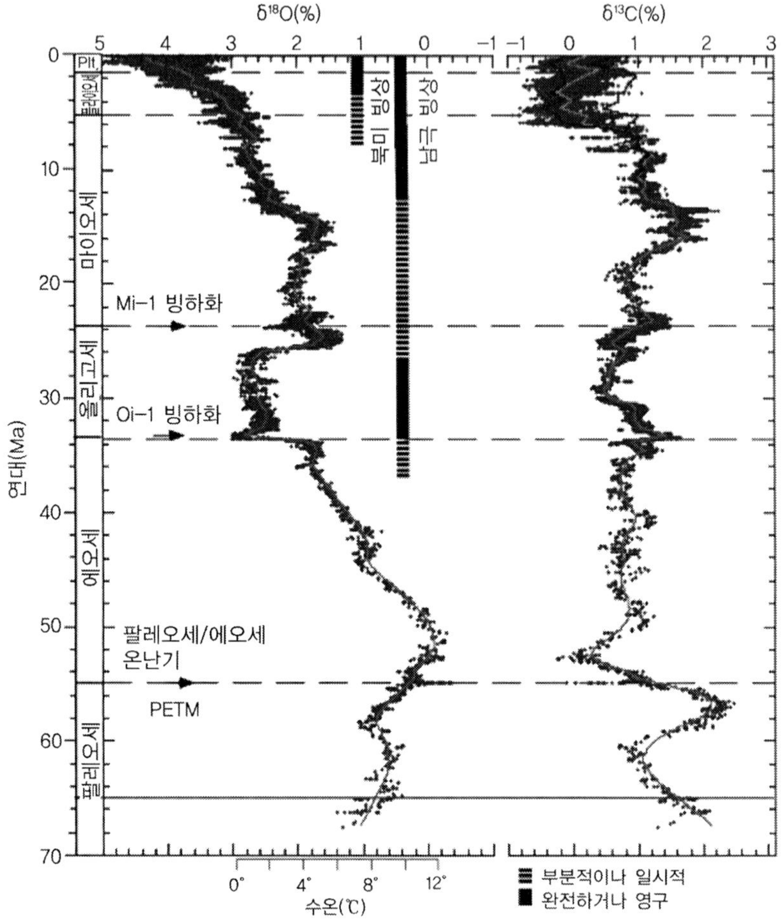

δ18O(%)
δ13C(%)
Plt.
플라이오세
마이오세
올리고세
에오세
팔레오세
북미 빙상
남극 빙상
Mi-1 빙하화
Oi-1 빙하화
팔레오세/에오세
온난기
PETM
연대(Ma)
수온(℃)
부분적이나 일시적
완전하거나 영구

그림 2.5.5 과거 65Ma 간의 산소, 탄소 동위원소기록(Zachos et al., 2001).

지는 않지만, 약 35Ma 전에 남극 빙상이 나타나기 시작했고, 북반구 빙상은 약 10Ma를 전후로 나타나기 시작합니다. 물론 이러한 변화에 대응해서 생물권 반응도 바뀌게 됩니다. 어느 하나가 독립적이지 않고, 모두가 한 틀 속에서 생명체와 같이 움직이는 것을 잘 느낄 수 있습니다. 지금까지 2장에서 다룬 주제들은 현대적 개념의 기후변화라고는 할 수 없을지도 모릅니다. 인간의 수명을 100년으로 간주했을 때는 감히 비교할 수 없을 정도의 큰 스케일이니까요. 그렇지만 이런 큰 틀 속에 작은 변화가 있고, 그 변화의 축적이 중첩되어 나타나는 게 현재의 모습이라고 생각한다면, 거대한 스케일의 변화도 충분히 이해해야 한다는 판단입니다.

앞서 해양대순환에 대해 두 종류의 상태에서(백악기와 최종빙기) 다룬다고 이야기하였습니다. 이 장은 그 첫 번째로 백악기 상황을 중심으로 간략하게 이야기했을 뿐입니다. 백악기 동안에는 지구의 지형이나 대륙 배치, 지리적 조건 등이 현재와는 분명하게 달랐기 때문에, 해양순환도 현재와는 분명하게 달랐다는 점을 이야기했습니다. 물론, 기후변화를 포함한 생물권, 지권(地圈)의 환경도 현재와는 분명히 달랐습니다. 그림 2.5.5에서 보듯, 지구 전체가 역동적으로 변화하는 시기이기도 합니다. 과거의 기록들이라 다소 명확하지 않은 부분이 많지만, 현재까지 과학자들이 밝혀낸 내용을 중심으로 살펴본 것입니다. 두 번째 단성분인 최종빙기(Last Glacial Maximun, LGM)는 인류와 조금은 가까운 과거의 기록입니다. 다음 장에서 최종빙기를 중심에 두고 해양대순환과 그와 관련된 해양 변화에 대해 살펴보기로 하겠습니다.

제 **6** 장

변화는 계속된다: 해양대순환 2

　'세월유수(歲月流水)'. 앞의 5장에서 언급한 말입니다. 이번 장은 해양대순환 2편인 만큼 시간에 관한 한자 숙어 하나를 덧붙이고 싶습니다. '억천만겁(億千萬劫)'입니다. 만과 천 그리고 억이라는 큰 숫자를 의미하는 단어가 들어 있으니 짐작이 가시겠죠. 장구한 세월입니다. 겁은 '천지가 한 번 개벽하고 난 후 다음 개벽할 때까지의 시간'이라고 합니다. 결국 영원함이죠. 저는 이 단어를 변화가 계속된다는 의미로 해석하고 싶습니다. 해양대순환이 지금과 같이 정착하기까지 오랜 시간이 걸렸지만, 앞으로도 계속 유지될 것으로 예측하고 싶은 겁니다. 그렇지만 해양대순환도 변화를 겪게 될 것이라는 데 무게를 두고 싶습니다. 정말 해양대순환은 계속 유지될까요? 아니면 앞 장에서 다루었던 백악기 때처럼 부분적으로만 유지될까요? 해양대순환은 현재의 지구환경, 기후변화, 탄소 거동 등과 깊숙이 관련되기 때문에 그 향배가 궁금해지는 부분입니다. 해양대순환은 한 조각 한 조각 퍼즐을 맞추어 가는 과정을 겪으면서 정리되었고, 다시 퍼즐을 해체했다가 맞추기를 반복하는 검증과정을 거쳐 완성된 것입니다. 어떠한 과학발전과 수수께끼가 있었는지 꼼꼼히 살펴봐야 할 것 같습니다.

'해양대순환 2, 변화는 계속된다'는 위에 언급한 배경으로 선택한 장입니다. 따라서 월리스 스미스 브로커가 밝힌 해양대순환에 얽힌 이야기를 설명하면서 해양대순환의 실체에 대해 이야기하겠습니다. 브로커뿐만이 아니라 이 분야에 헌신적인 노력을 했던 선배 과학자들의 업적을 충분히 활용하고자 합니다. 그러나 정말로 방대한 자료를 짧은 지면 관계로 충분히 다루지 못해 다소 아쉬운 부분이 있습니다. 그러기에 가급적 중요한 부분만을 발췌해서 해양대순환과 기후변화에 관계된 연구사례를 이야기하도록 하겠습니다. 5장에는 백악기와 같이 지구가 온난화했던 시기나 수백만 년 전의 해양순환과 관련된 이야기입니다. 두 번째 이야기인 6장에서는 지구가 온난했던 시기인 약 12만 5천 년 전(최종 간빙기) 이후를 중심으로 언급하고 있음을 기억하시면 좋을 듯합니다.

해양대순환은 우리 몸을 흐르는 혈관과 같습니다. 심장으로부터 힘과 에너지를 전달해 주는 것이죠. 혈관에 문제가 생기거나 정상적인 흐름에 이상이 생기면 어딘가 반드시 문제가 발생합니다. 해양대순환도 비슷합니다. 해양대순환은 지구상에 불균질하게 퍼져 있는 열을 전 세계로 재분배해서 지구의 기후를 조절합니다. 혈관처럼 해양대순환이 멈추거나 약해졌을 때는 혹독한 추위가 찾아왔다는 것을 과거의 기록에서 읽을 수 있습니다. 단연코 '기후위기'나 '지구온난화'라는 단어는 모든 화제의 중심에 있습니다. 그러나 이 기후위기나 지구온난화 모두 해양대순환과 깊게 관련된다는 사실을 알아 둘 필요가 있습니다. 해양대순환과 관련된 과거의 기록이 진실을 말해 주기 때문입니다. 그리고 기후위기에 대처하기 위해 온갖 노력이 행해지고 있습니다. 이 책을 집필하는 것도 큰 의미에서는 그러한 의도입니다. 개인으로서 할 수 있는 일은 해보자는 것이죠.

해양은 끊임없이 움직이고 있습니다. '해양대순환'으로 불리는 이런 꾸준한 움직임은 열염(熱鹽: 온도와 염분)의 조합으로 야기된 것입니다. 즉, 위도와 수심에 따라 달라지는 온도, 해빙이나 담수 유입으로 변하는 염분에 의해 해수의 밀도가 달라집니다. 열염의 본질은 밀도(密度, density)입니다. 그리고 해양 표층에서 발생하는 바람으로 인해 야기된 해류나, 달의 인력으로 생기는 조류의 조합입니다. 차고 염분이 높으면 무거운 물이 되어(밀도가 높아지게 되어) 해저 밑으로 가라앉으며, 따뜻한 물은 밀도가 낮아 표층에 머물게 됩니다. 주위의 물과 수온과 염분에서 완전히 특성이 다른 물이 집합되어 있을 때는 '수괴(水塊, water mass)', 표층에서 심층까지 물 전체는 '수계(水系, water column)'라고 합니다. 수괴는 일종의 비슷한 물리적 특성을 가진 물 덩어리로 정의할 수 있습니다. 해양물리학에서는 온도(temperature)의 T, 염분(salinity)의 S를 따서 'T-S 다이어그램'으로 물리적 특성을 표기합니다. T-S 다이어그램은 수괴가 어디에서 어디로 흘러가는지, 그리고 어떻게 확산하는지를 파악합니다. 물은 4°C일 때 가장 밀도가 높습니다. 또 염분이 높을수록 밀도가 높아집니다. 폭우가 내려서 빗물이 해양으로 유입되면, 유입된 물은 표층으로 확산됩니다. 그만큼 담수가 가볍기 때문입니다. 그래서 해양대순환을 열염순환(thermohaline circulation)이라고도 합니다.

여기서 꼭 하나 강조하고 싶은 게 있습니다. 열염순환은 이렇게 온도와 염분의 요인에 의해 발생한다는 것입니다. 그렇다면 온도와 염분에 이상이 생겼을 때 열염순환이 일어나지 않는 것은 자명한 사실이죠. 동전의 앞뒷면이 있는 것처럼 아주 명백한 진리입니다. 지구의 기후가 열염순환의 영향을 받았다는 지금까지의 결과를 받아들인다면, 기후변화의 원인은 수온과 염분에 이상이 있어서 야기된 것이라는 결론에 이릅니다. 결국 밀도 변화라는 물리 법칙이 적용되는 이치와 같습니다.

석유가 든 병에 물 한 방울을 떨어뜨리면 어떻게 될까요? 한 방울의 물은 병 바닥에 뭉쳐져 동그란 구슬처럼 됩니다. 물은 석유보다 밀도가 높기 때문에 석유와 혼합되지 않고 바닥에 구슬 모양으로 뭉쳐지게 되는 것이죠. 석유가 든 병에 들어간 물방울엔 밀도의 법칙이 정확하게 적용됩니다. 큰비가 내린 후에 바다로 흘러 들어간 물이 표층을 떠도는 모습도 마찬가지입니다. 세계 각지에서 간혹 발생하는 기름 유출 사고에도 밀도의 법칙이 적용됩니다. 골탕처럼 끈적끈적한 오일이 해류나 조류에 밀려 결국 해안가로 몰려드는 것이죠. 기름 유출 사고는 연안 환경을 완전히 황폐하게 만들어 버립니다. 물리법칙인 밀도, 비중이 여지없이 작용하기 때문입니다.

고위도인 그린란드나 노르웨이 근처의 해수는 매우 차갑습니다. 어떤 때는 해양 표층에서 동결되는데, 이때는 염분이 높아집니다(바다에서 해빙이 만들어져도 얼음 속에는 염분이 포함되지 않습니다. 따라서 주변 바다는 고염분이 됩니다). 결과적으로 차갑고, 고염분인 해수는 밀도가 커져(무거워지고) 해저 바닥으로 침강하게 됩니다. 북대서양에서 이렇게 만들어진 수괴가 침강해 북대서양 심층수(North Atlantic Deep Water, NADW)를 형성합니다. NADW가 바로 해양대순환을 일으키는 원동력이 됩니다. 대기-해양 상호작용으로 인해 표층에서 만들어지는 해수는 젊고, 용존산소를 많이 포함하는 특징이 있습니다. 침강하기 직전의 NADW는 용존산소가 풍부한 젊은 해수인 셈이죠. 사실 따지고 보면, NADW는 가장 많이 연구된 분야 중의 하나입니다. NADW의 강도나 어떤 변화가 지구 전체의 순환에 큰 영향을 줄 뿐만 아니라 전 지구 기후변동과 밀접히 관련되기 때문입니다. 이런 등등의 이유로 인해 특히, 저서성 유공충이나 기타 다른 방법을 활용해서 해류의 흐름 등은 4기(Quaternary)의 해양을 대상으로 활발하게 연구되었습니다(Corliss et al., 1986).

밀도가 커져 침강하는 해수는 북대서양 심층수가 되고 천천히 남쪽으로 이동하게 됩니다(밀도가 큰 심층수는 가벼운 물을 밀어냅니다). 이 심층수가 남극 가까이 도달하면 남극순환수(Antarctic Circumpolar Current, ACC)와 만난 뒤 동쪽으로 흘러 남극대륙을 휘감는 강력한 해류가 됩니다. 북대서양 심층수는 남극순환수에 새로 가입되는 해수인 것이죠. 다시, 남극순환수의 일부는 북쪽으로 흘러 인도양, 태평양으로 진입합니다. 냉각된 심층수는 이렇게 전 해양으로 퍼져 나갑니다. 저위도 쪽으로 흘러가면서 나중에는 온난한 해수와 혼합됩니다. 최종적으로는 온난한 해수와 혼합되고 밀도가 낮아져 상승하고, 용승(湧昇)하면서 심해에 있던 영양염을 표층으로 운반합니다.

태평양에서 표층으로 올라온 해수는 인도네시아의 여러 섬을 경유해서 인도양 쪽으로 들어갑니다. 태평양에서 인도양으로 진입하는 통로를 인도네시안 통과류(Indonesian Through Flow, ITF)라고 부릅니다. 그리고 남아프리카를 경유해서 최종적으로는 북대서양으로 올라갑니다. 결국, 태평양의 온난한 표층수는 북대서양에서 다시 북대서양 심층수가 되어 지구 한 바퀴를 도는 과정을 마칩니다. 또한 남대서양의 온난한 걸프해류가 북반구 고위도 쪽으로 흘러 들어가기도 합니다. 이렇게 북대서양에서 심층수가 형성되고 인도양, 남극, 태평양, 다시 인도양과 북대서양으로 일순하는 시간은 약 1,500년으로 생각됩니다(그림 2.6.1).

과학자들은 밀도에서 유래된 남북 방향의 해양순환 역전(overturning)을 열염순환 이상으로 부르고 있습니다. 즉, 열과 염분에 의한 흐름이 어떤 원인에 의해 바뀌는 것이죠. 물론 밀도에 의한 물리적 과정이 작용

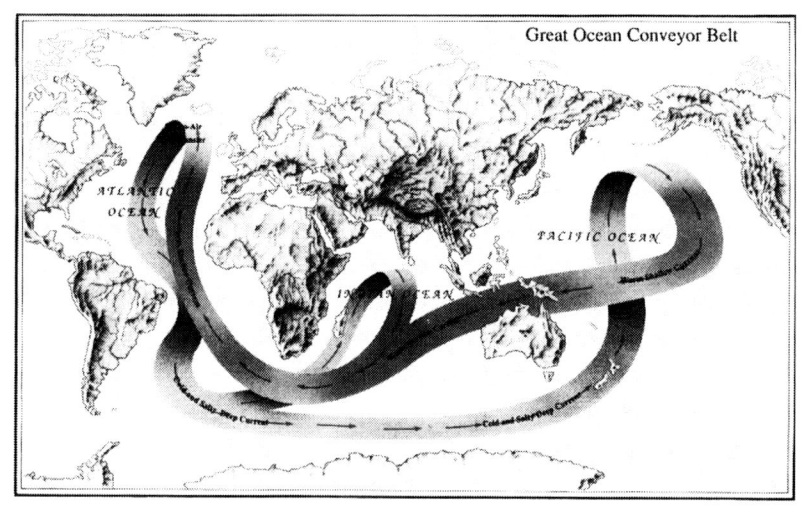

그림 2.6.1 해양대순환 모형도. 1987년 브로커의 논문(Broecker et al., 1987)에서 제안되었다. 북대서양에서 생성된 심층수는 태평양에서 표층수로 나오며, 인도양을 거쳐 북대서양으로 올라간다.

하지 않는다면, 심층수는 생성되지 않으며 범지구적인 해양대순환 또한 발생하지 않을 것입니다. 열염순환을 일으키는 데는 두 가지 힘이 작용합니다. 우선, 바람입니다. 지구의 자전과 결부된 바람은 해류가 주요 해양분지를 선회하거나 흐를 힘을 제공합니다. 둘째는 앞서 강조한 밀도입니다. 수온과 염분은 독립적으로 밀도에 관여하고 있습니다. 차갑고 염분이 높은 해수는 밀도가 커지고 결국 침강하게 됩니다. 이러한 밀도와 바람 등에 의해 1987년 브로커(Broecker, 1987)가 제안한 해양대순환의 모습은 불의 고리와 같이 세계를 휘감고 있습니다(그림 2.6.1).

해양대순환에 관한 정보는 과학적 증거가 차곡차곡 쌓이고 몇몇 성과가 이루어진 후에 비약적으로 증가합니다. 단순한 과학적 사실을 알아내는 것과 그 원인과 결과를 논리적으로 사실에 맞게 설명하는 것과는 많은 차이가 있습니다. 조사를 통해 연구된 사실이라도 전부 맞는 게 아니기 때문입니다. 세계 유수의 과학 저널에 실린 논문도 그렇습니다. 비록 게재가 되었지만 절차적 문제나 또 다른 문제로 인해 철회되기도 하고, 나중에 사실이 아닌 것으로 밝혀지는 경우도 있습니다. 또한, 과학적 증거로 어떤 사실을 입증하지 못하더라도 어떻게 진행될 것이라든가, 특정 물질의 존재 여부를 예측하는 경우도 있습니다. 특정 분야에서는 예측된다는 논문으로 노벨상을 받기도 했습니다. 그렇지만 최종적으로는 진실이 드러나게 되고, 합리적인 방법으로 과학적 현상을 설명하게 되죠. 변화의 시간, 합리적 검증의 시간을 할애하고 나서 한참 후의 일이죠!

해양대순환도 그렇습니다. 정확한 원인은 모른 채, 무수한 과학적 사실들이 축적됩니다. 그리고 이유를 알 수 없었던 사실들 하나하나가 실마리가 되어 진실의 문으로 다가가고, 뚜렷한 증거로 그 과정의 합리성과 이유를 밝혀내는 것이죠. 어쩌면 궁금증 –사실-증거 수집-확인 등등 이런 일련의 과정을 밟아가는 게 과학적 조사일 수도 있다고 생각합니다. 해양대순환은 기초과학 데이터가 한 겹 한 겹 쌓여 종착지에 이른 것이라고 할 수 있습니다. 물론, 앞으로 설명할 동위원소 기법이나 알케논 등 눈부신 기초과학 접근법을 등에 업고서 말입니다. 이렇게 무수히 쌓이는 연구 결과를 바탕으로 1987년에 드디어 브로커에 의해 해양대순환(Great Ocean Conveyor Belt)이 제안됩니다. 지구의 기후시스템을 일목요연하게 설명하고, 그동안 쌓였던 궁금증이 한꺼번에 풀리는 놀라운 발견이었습니다. 브로커는 2010년에 그의 연구와 업적을 집대성하여『해양대순환(The Great Ocean Conveyor)』이란 책을 출간합니다. 그는 지구과학이 어떻게 실행되고 움직이고 있는지를 쉽게 볼 수 있는 창을 제공했다는 평가를 받습니다. 기후변화, 해양, 지구과학에 대한 또 하나의 업적이 이루어진 것입니다.

3부 2장에서 자세히 다루겠지만, 산소동위원소(oxygen isotope)나 알케논(alkenones)에 의해 기후변화나 해양대순환의 근거가 되는 과거의 기록들이 자세하게 밝혀졌습니다. 그것도 분석기술의 발전으로 수년 단위(고분해)로 변화과정을 추적할 수 있게 된 것이죠. 그렇지만, 과학자들조차도 때로는 그 사실을 믿고자 하지 않거나 의심의 눈초리를 보내는 경우가 있습니다. 갑자기 예전에 없던 수준으로 기후가 급격히 변했다면 그 변화된 기후에 대한 설왕설래가 있을 것입니다. 원인을 찾지 못하는 한 의심의 눈초리를 갖는 것은 당연한 일인지도 모릅니다. 과학자들은 일단 데이터에 대해 의심해야 생각을 확장하고 문제를 해결할 실마리를 찾게 되니까요. 첫 번째 사례인 '영거 드라이아스(Younger Dryas)'라는 급격한 추위가 도래했다는 사실을 몇몇 과학자가 제기했을 때도 사람들은 잘 믿지 않았습니다(그림 2.6.2). 그 원인이 어디에 있는지 설명될 수 없었기 때문입니다. 그렇지만 뚜렷한 추위가 있었다는 것은 인정되었습니다. 그리고 단스가드 외슈거(Dansgaard-Oeschger) 이벤트라 불리는 급격한 추위의 반복(수백 년에 10℃ 이상의 온도 변화)을 보고했을 때도 그랬습니다.

　영거 드라이아스(Younger Dryas)! 꽃 이름입니다. 기후변화, 급격한 추위에서 살아남은 알프스산맥에 자생하던 꽃입니다. 추위 때문에 고도가 낮은 따뜻한 곳(해수면 부근)까지 내려가서 생존했던 꽃인 거죠. 이렇게 꽃조차도 해안가로 내려가게 만들었던 추위의 원인을 의외의 장소에서 찾았습니다. 심층수 순환을 멈추게 하거나 약화시켜 지구 기후를 극적으로 바꿀 만큼 큰 사건이었습니다. 그 당시 북극권에는 로렌타이즈 빙상(Laurentide Ice Sheet)이 있었습니다. 빙기에 형성되었던 빙하는 보일링-알레드도(Boilling-Allerod) 온난기부터 서서히 녹기 시작합니다('빙하 후퇴'라고 언급합니다). 캐나다 중앙부에는 이때 융해된 물을 가두어 놓는 아가시(Agassiz)라 불리는 빙하기 호수가 있었습니다. 이때 아가시 호수는 다

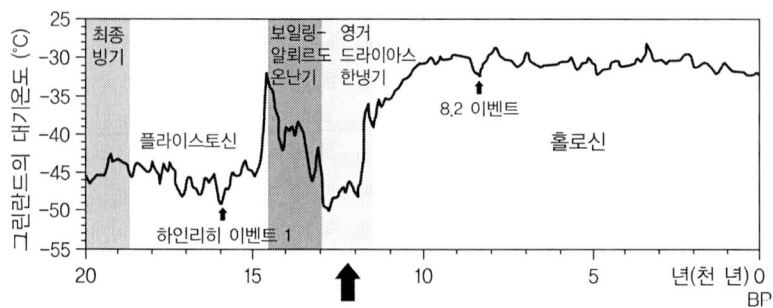

그림 2.6.2 보일링–알레드도 온난기와 영거 드라이아스의 한랭기. 만년 이후의 비교적 안정된 기후와 대비되는 급격한 기후변화가 보인다.

른 큰 호수를 전부 합한 것보다도 규모가 컸습니다. 그런데 역시 융빙수의 증가로 어느 날 갑자기 호수를 감싸고 있던 벽이 무너지고, 아가시 호수의 물은 로렌스 강(St. Lawrence River)을 통해서 유출되고 북대서양으로 유입됩니다. 거대한 양의 담수가 일시에 북대서양으로 유입된 것이죠(그림 2.6.3).

대서양으로 유입된 담수는 북대서양의 표층수를 희석시키고, 혼합된 해수는 더 이상 침강할 정도로 밀도가 높아지지 않습니다. 심층수가 아주 미약하게 만들어졌거나 아예 만들어지지 않았던 것이죠. 그런 결과로 그때까지 가동되던 해양대순환은 드디어 멈추게 됩니다. 해양대순환의 발원이 되는 심층수가 형성되지 못해 전체 순환이 멈추게 된 것입니다. 순환이 멈춘다는 것은 북대서양으로 유입되는 온난한 해류 또한 유입되지 않는다는 의미입니다. 이게 바로 1만 3,000년 전에 갑자기 찾아온 영거 드라이아스 불리는 이벤트입니다. 유럽은 혹독한 추위가 시작되었고, 전 세계는 크든 작든 그 영향을 받았습니다. 영거 드라이아스라는 꽃이 히말라야에서 해안가로 내려가야 될 만큼 말입니다. 연구 결과 유럽 대륙은 이때 기온이 10~15℃ 정도 내려갔다고 추측되고 있습니다.

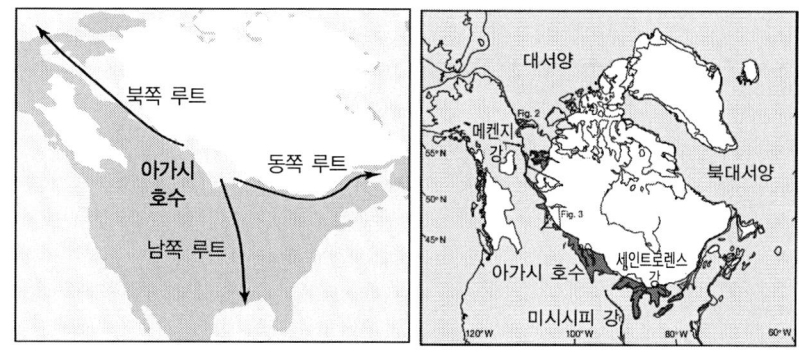

그림 2.6.3 아가시 호수에서 유출된 융빙수는 동쪽 루트를 통해 북대서양으로 유입된다(Murton et al., 2010.)

과학의 발달로 연대측정의 정확성이 높아졌기 때문에 높은 정확성을 가지고 고기후 변화를 비교할 수 있게 되었는데, 이 영거드라이아스 시기엔 동아시아 기록에도 약간의 수온 저하나 담수 유입 등의 기록이 관찰되고 있습니다(Kim et al., 1999). 북대서양에서 심층수가 형성되지 않았기에 그 결과 전 세계적인 한파로 곤혹을 치른 것이죠.

　과학자들은 영거 드라이아스만큼은 아니지만, 비슷한 추위가 곧 찾아올 수 있다고 걱정합니다. 영화 〈투모로우(tomorrow)〉에서 봤던 것처럼, 미래의 어느 날 세상이 갑작스러운 추위에 휩싸이는 것이죠. 혹시나 의아하게 생각할지도 모르겠군요. 요즘 인간이 배출한 온실가스 때문에 지구온난화나 이상기후로 온 세계가 난리법석인데 갑자기 추위라고 하니 말입니다. 추위를 불러오는 원인이 다르기 때문입니다. 과학자들이 수치모델을 해 본 결과, 그런 결과가 나올 수 있습니다. 시작은 역시 인간이 배출하는 온실가스에 의한 지구온난화입니다. 잘 아시다시피 온난화는 그린란드 빙상(ice sheet)을 융해시킵니다. 융해된 물은 다시 북대서양으로 밀려들고 심층수 형성이 약해집니다. 영거 드라이아스와 비교가 어려울 수 있으나 결과적으로 남북 방향의 해양대순환을 약화시키게 됩니다. 현재 북극해로 유입되는 열대지역 온난수는 심층수 형성을 약화시킬 만큼 서서히 진행되어, 심층수 형성 강도가 점점 약해진다고 추측되고 있습니다. 과학자들은 이런 상황이 계속된다면, 북서유럽은 5℃ 정도가 떨어질 것으로 예측합니다(Ocean Motion, 2022). 약 1만 3,000년 전에 있었던 영거 드라이아스처럼 이 세계가 다시 혹독한 추위로 진입하게 되는 것이죠. 지난 소빙기가 찾아왔을 때 그린란드에 상륙했던 사람들이 철수했던 것처럼, 그런 추위가 다시 올 것인가 하는 문제는 최대의 관심사입니다.

영거 드라이아스의 기록은 다른 곳에서도 뚜렷하게 나타났습니다. 예를 들어, 빙상코어에 기록된 메탄가스의 농도가 이 시기에 많이 감소했던 것이죠. 1부 5장에서 잠깐 언급했지만, 메탄가스의 최대 공급지는 열대지방의 늪지와 습지입니다. 이들은 열대나 온대지방에서 많이 방출되는데, 메탄 배출이 이 시기에 급락했다는 사실은 영거 드라이아스의 영향이 열대나 온대지방까지 미쳤다는 사실을 알려주는 것이겠죠. 영거 드라이아스 직전에는 더 습윤했지만, 영거 드라이아스가 시작되면서 열대지방은 훨씬 더 건조해질 가능성이 있는 것이죠. 추위나 더위, 이런 기후변화 요소들은 이처럼 다양한 요인에 의해 야기됩니다. 그리고 식물 분포나 인간의 삶에까지 깊숙이 관여하고 있음을 보여주는 과거의 귀중한 과학적 기록입니다. 반면교사라는 말처럼, 자연에서 배울 수 있는 것들입니다.

단스가드(Willy Dansgaard)는 산소동위원소에 관심을 가진 네덜란드의 과학자였습니다. 그는 오랜 연구 끝에 빗물(강수)의 산소동위원소도 그 비가 온도에 따라 변화한다는 사실을 알아냈습니다. 기본적으로 해양퇴적물 중에 포함된 유공충의 산소동위원소가 변화하는 이치와 같습니다. 즉, 강수(H_2O) 중에도 무거운 산소(^{18}O)와 가벼운 산소(^{16}O)의 비($^{18}O/^{16}O$)

는 대기 온도에 따라 변한다는 것입니다. 극지방에 내리는 눈에 ^{18}O가 결핍되는 이유는 해양에 ^{18}O가 상대적으로 많이 농축되었기 때문입니다 (열대지방에서 증발할 때는 가벼운 ^{16}O가 선택적으로 먼저 증발하고 극지방으로 이동한 결과, 증발 후에는 해양 중에 ^{18}O가 증가하는 이치입니다). 대기의 온도는 위도에 따라 달라지기 때문에 대기 온도에 따라 동위원소비가 변화합니다. 결국, 위도별 산소동위원소 변화를 도표로 그리면, 위도별 변화가 일직선 위로 수렴하게 됩니다. 실제로 그가 수집한 데이터를 그림으로 표현하면 위도별 동위원소 값은 온도와 비례한다는 것을 명확하게 보여줍니다.

그린란드(Greenland)에서 채취된 빙상 코아에 나타난 산소동위원소 기록은 불가사의할 정도입니다. 외관상 정말 이해하기 어려운 급격한 변화로 빙기-간빙기 변화 폭의 약 1/2정도로 변화하면서 1,000년 주기로 나타나는 듯 보였습니다. 소위 '단스가드-외슈거 이벤트(Dansgarrd-Oeschger Event: D-O event, 또는 D-O cycle)'입니다(그림 2.6.4). 단스가드와 외슈거의 이름을 따라 생겨난 이 이벤트에 대한 상세한 연구 조사는 최종간빙기 이후 25번에 걸친 급격한 기후변화가 있었던 것으로 판명납니다. 일부 과학자들은 이 갑작스러운 변화가 1,470년을 주기로 반영구적으로 일어나는 것이라고 주장하지만, 다소 논쟁의 여지도 있습니다.

그림에서 표시되듯이, 급격한 기후변화의 가장 좋은 증거는 그린란드 빙상 코아에서 나타납니다. 즉, 최종간빙기(약 12만 5,000년 전)의 절정기(Eemian으로 부릅니다) 이후에만 나타나는 산소동위원소의 급격한 변화가 바로 D-O주기입니다. 한편, 남극의 빙상 코아에 대한 연구 결과를 검토해 본 결과, 그린란드의 D-O이벤트는 남극 빙상에서 산소동위원소 값이 최대로 되었을 때와 관련되어 나타난다는 것을 알 수 있습니다 (Stocker and Johnson, 2003). 즉, 남북 반구에서는 동시적으로 변화를 보이

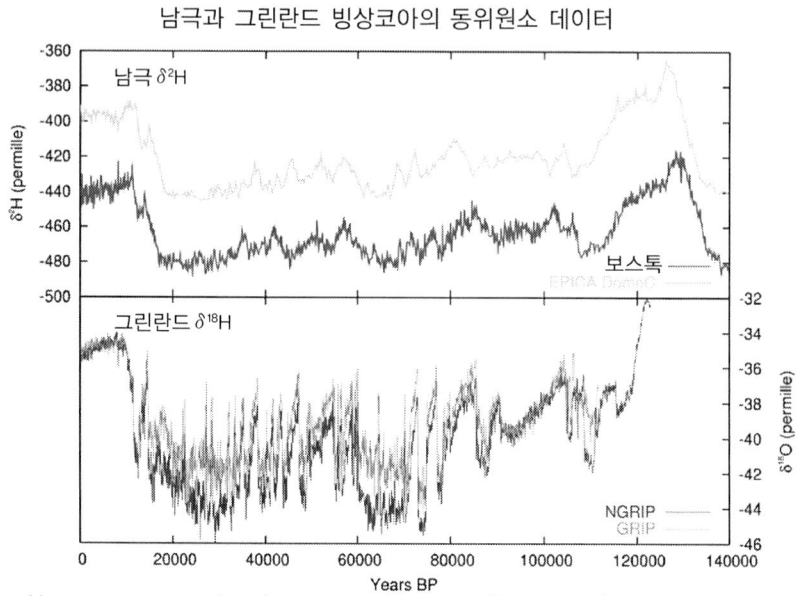

남극과 그린란드 빙상코아의 동위원소 데이터

그림 2.6.4 단스가드─외슈거 이벤트: D─O 이벤트, 또는 D─O 주기

지만, 그네(see-saw)의 움직임이 정반대의 높고 낮음을 보이는 것처럼 한 쪽이 냉각되고, 한쪽이 온난화되는 것이죠. 이 관계가 오래전에 일어났 던 빙기에도 적용된다고 가정하면, D-O주기도 역시 최종간빙기 이전에 도 일어나야 한다고 주장하고 있습니다. 그러나 현재 그린란드의 빙상 코아에는 최종빙기 이전의 기록을 찾아낼 빙상 시료가 없는 상태입니 다. 따라서 현재로선 직접적으로 연관시키기 어려운 상태입니다. 언젠 가 남극 빙상 코아에서도 100만 년에 걸친 빙상 코아의 기록이 복원되면 남·북반구의 기후변화 관련성에 대해 좀 더 정교한 정보를 얻을 것으 로 기대하고 있습니다.

이 D-O주기의 시기와 변화폭에 관해서는 여전히 불분명한 점들이 남 아 있습니다. 남반구에서는 이 형태가 다르게 나타납니다. 천천히 진행 되는 온난화와 다소 작은 온도 변화폭이 그렇습니다. 남극의 보스톡

(Vostok) 빙상 코아는 그린란드의 코아보다 먼저 채취되고 분석되었습니다. 그런데 여기서는 그린란드 코아, 즉 GRIP/GISP 빙상 코아에서 이러한 기록이 나올 때까지 D-O주기와 비슷한 기록이 나타나지 않았습니다. 나중에 보스톡 빙상 코아를 재조사했는데, 이런 기록이 나타나지 않았거나 사라진 것으로 판명되었습니다. D-O 주기는 북대서양에서 해양대순환의 변화를 반영하는 것으로 나타났습니다. 담수의 유입이나 강수에 의해 야기된 것으로 보입니다(Bond et al., 1995; Eisenman et al., 2009). 최근에는 D-O주기의 원인을 빙상 규모의 변화나 대기 중 이산화탄소 농도의 변화로 여기기도 합니다(Zhang et al., 2014; 2017). 즉, 빙상 크기의 변화는 북대서양 해양순환을 결정하는데, 이는 역시 북반구에서 편서풍과 걸프 해류 및 해양-해빙 체계를 변화시킬 수 있다는 것입니다. 또한 이산화탄소 농도는 대기와 북대서양 담수 유입과의 관계로 영향을 받은 것으로 해석됩니다.

한편, D-O주기와는 별개로 북대서양 퇴적물에 대한 연구가 계속되었습니다. 그러다 해양지질학자인 하인리히(Heinrich, 1988)는 빙기 동안에 상당량의 빙산이 북대서양을 표류했다는 사실을 밝혀냅니다(그림 2.6.5). 대규모로 빙산이 표류했던 시기는 과거 약 6만 년 동안 최소 다섯 번이나 있었습니다. 하인리히 이벤트(H-E)입니다. 이들 H-E는 최종빙기 동안에 뚜렷하게 나타났으며, 그 이전 빙기에는 뚜렷하지 않았습니다. 해양을 표류하는 빙산에는 암편이 많이 함유되어 있습니다. 이것은 결국 퇴적물로 기록을 남깁니다. 이런 퇴적물 중에 나타나는 암편은 IRD(ice-rafted debris)로 명명되고, 이 암편이 대량으로 나타나는 곳을 하인리히층(layer)으로 부르게 되었습니다(기본적으로 IRD는 낙하석(drop-stone)과 비슷한 개념입니다). 대규모 빙상이 표류하던 시기에는 IRD가 퇴적물에 많이 나타납니다.

더불어 빙산이 융해되면서 방대한 양의 담수가 북대서양에 더해집니

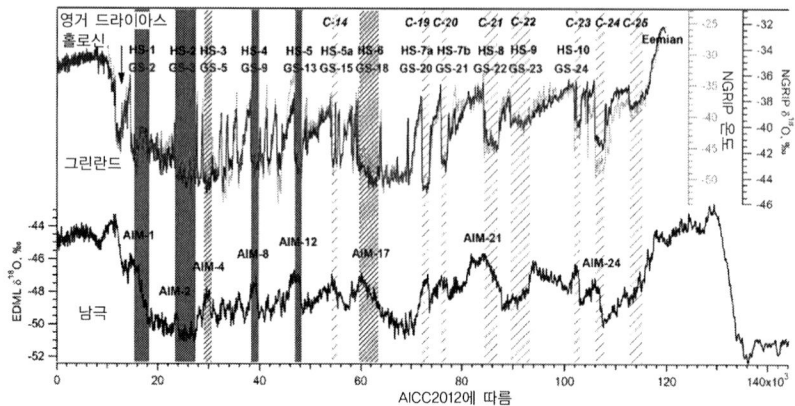

그림 2.6.5 하인리히 이벤트(Heinrich event). 남북반구에서 동위원소의 변화 경향
이 정반대로 나타나고 있다. H–E이벤트는 자연현상으로 빙기 동안에
대규모 빙상이 북대서양으로 떠내려오는 것을 의미한다.

다. 이렇게 차가운 담수의 유입은 결국 해양의 열염순환 형태를 바꿀 수
있습니다. 이런 이벤트가 일어나는 시기는 범지구적인 기후변동과 일치
한다는 것을 알게 되었습니다. 그 원인을 설명하기 위해 H-E 발생에 관
한 다양한 메커니즘이 제안되었습니다. 북반구에 발달한 거대한 로렌타
이드 빙상과 아메리카 대륙 북동부에 있던 대륙빙상의 불안정성이 그
원인이라는 설명이 유력합니다. 즉, 기후변동에 의한 빙상의 성쇠를 H-E
의 주된 원인으로 생각하는 것이죠. 물론 북반구의 또 다른 빙상의 불안
정성도 한 원인으로 간주되지만, 초기의 빙상 불안정이 왜 일어났는지
에 대해선 여전히 논쟁 중입니다.

  D-O주기, H-E주기 등의 변화가 해양대순환, 범지구적 기후변화에 어
떻게, 또 어느 정도 영향을 끼쳤는가는 중요합니다. 왜냐하면, 이들 개
별적 이벤트는 북대서양 심층수 형성에 영향을 주었고, 북대서양 심층
수는 해양대순환의 근원이 되기 때문입니다. 해양대순환은 결국 범지구
적 기후조절자 역할을 하고 있습니다. 그렇다면, 북대서양과 멀리 떨어

진 아시아 대륙에 이들 이벤트가 일어난 시기에 어떤 기록이 남아 있는지를 살펴보면 대륙 간 원격상관성(tele-connection)이나 범지구적 기후변화의 일치성을 알 수 있을 것입니다. 이러한 가설을 검토해 보려면 D-O주기, H-E주기 등에 대한 면밀한 대조와 조사가 필요합니다. 어느 지역에서 무슨 효과가 우선했는지, 그리고 그 차이점의 원인은 무엇인지를 정확하게 이해해야 하는 것이죠. 과학자들도 이런 점에 유의해서 다양한 요인과 지역 간 차이점을 비교하게 되었습니다(그림 2.6.6).

축적된 연구 결과를 비교해 본 결과 지역별 차이가 나타났습니다. 과거 7만 년 전부터 현재까지 세 지점에 대한 변동기록들 간에 분명한 차이가 있었습니다. 즉, 그린란드 빙상 코아에서는 1,000년 단위로 지속되

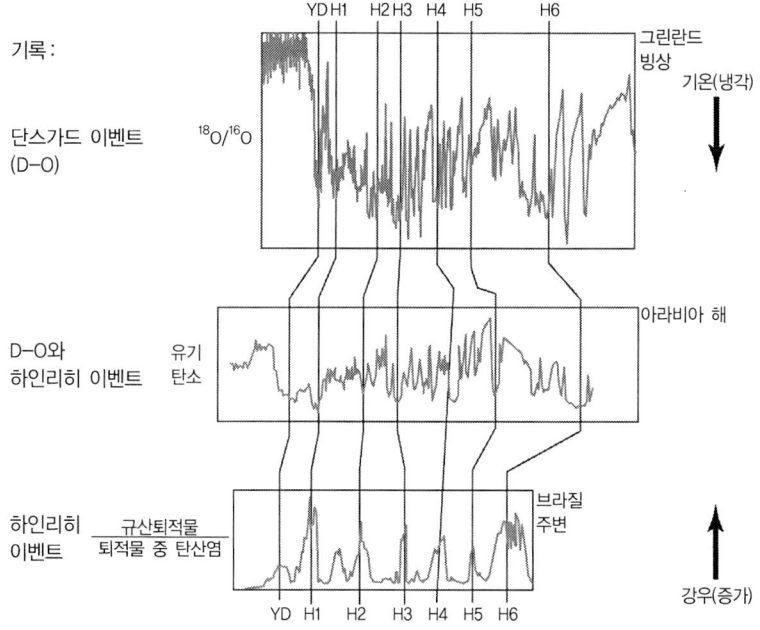

그림 2.6.6 D-O주기, H-E와의 비교. 저위도 지역에서는 D-O, H-E가 명확하지 않다(Broecker, 2010을 현상민, 윤여정, 2016 역).

는 D-O이벤트가 뚜렷하게 나타나지만, 브라질 외해에서는 H-E가 뚜렷하게 나타납니다. 또한 아라비아해에서는 위 두 기록이 모두 나타납니다. 이러한 차이에 대해 브로커는 저위도는 열대 강우 지역의 이동에 따른 강수량 변동에 반응해서 기록이 나타나지만, 북반구 고위도에서는 기온변화가 강수량보다 더 큰 영향을 미쳤기 때문이라고 설명합니다.

남북 방향으로 해양순환이 역전되는 현상을 모니터링하거나 열염순환의 변화를 규명하는 것은 정말 어려운 문제입니다. 해양 전체의 자연적 변동과 구분해서 해양순환을 구분해 내기 위해서는 오랫동안 축적된 많은 자료를 모아야 하기 때문입니다. 해류를 측정하거나 수온 및 염분 변화를 알기 위한 표층이나 심층수의 아르고 표류(Association of Remote Gambling Operators, ARGO)의 전 세계적 네트워크는 이러한 노력의 결정판이라 할 수 있습니다(Ocean Motion, 2022). 특히 북대서양의 전략적 중요 지점에 부이를 띄워 놓고 해류가 흐르는 방향을 관측하는 것은 매우 중요합니다. 이제는 위성을 통해서도 바람이나 표층 해수 온도 그리고 표층수의 흐름을 관측하고 있습니다. 2010년부터 새로운 위성 아콰리어스(Aqurius)가 전 해양에 대한 표층 염분을 측정하고 있습니다. 이러한 일련의 관측은 지구온난화에 대응해서 해양과 기후가 어떻게 반응할 것인가를 예측하는 데 큰 도움이 될 것입니다(Ocean Motion, 2022).

해양대순환(Global Conveyor Belt, GCB) 다이어그램은 2차원으로 대단히 간단하게 표현한 것입니다. GCB는 중층수와 표층수의 흐름을 포함하지 않습니다. 그러나 GCB의 핵심은 심층수의 연대나 열 수송에 대한 일반적 시스템이면서 영양염 공급에 관한 개념을 설명하고 있습니다(NASA, 2022). 심층수 순환은 매우 느리게 진행됩니다. GCB가 한 번 순환하는 데 약 1,500년이 걸린다고 추측합니다. 가장 오래된 해수의 연대는 이 정도 된다는 것을 의미합니다. 또한 심층수에 용존된 산소는 연대가 오래될수록 감소하는 반면, 이산화탄소와 영양염은 반대로 증가합니다. 따라서 북태평양에서 가장 오래된 수괴(water mass)는 가장 영양염이 풍부하고, 이산화탄소가 많으며, 산소는 결핍한 해수가 됩니다. 이런 경향과는 반대로, 새롭게 만들어진 북대서양 심층수(NADW)는 영양염과 이산화탄소가 가장 많이 결핍되고 용존산소는 풍부한 해수가 됩니다 (NASA, 2022).

오대양을 쉬지 않고 순환하며 육대주의 기후에 큰 영향을 미치는 해양대순환. 결국 지구 기후의 조절자입니다. 지구 기후가 추워지면 따뜻한 조건으로 돌아가려는 회귀본능이라도 있는 것처럼, 한랭기와 온난기를 반복해왔습니다. 동시에 순환을 통해 해양퇴적물에 포함된 유기물을 공급하여 생물 생산에 영향을 줄 뿐만 아니라, 대기-해양 간 이산화탄소 수지(收支)를 조절합니다. 또한 해양 내부에서는 용승 등의 해양현상으로 생물 생산을 활발하게 하여 대기의 탄소를 해양으로 흡수할 수 있도록 합니다. 대기와 해양 간 이산화탄소 교환을 활발하게 하는 것이죠. 해양대순환은 이렇게 말없이 자꾸 새롭게 해양환경을 바꾸어 갑니다. 나아가 지구환경을 바꿉니다. 인류가 해양대순환을 자연적 변화의 일부로 받아들일 것인가, 아니면 인류의 활동으로 대순환을 교란시켜 예측불허의 상태로 만들 것인가는 전적으로 우리의 몫으로 남겨졌습니다. 우리들의 결정에는 책임이 수반됩니다. 해양대순환에 대한 정확한 이해와 예측을 위해 더 많은 연구와 노력이 필요한 시점입니다.

기후변화와 인류의 시간

제 1 장

인류의 시간으로 가는 길목

캄브리아기 생명 대폭발이 있었던 뒤 인류를 포함한 거의 모든 동·식물 종들은 멸종과 새로운 출현을 계속해 왔습니다. 출현과 멸종의 반복이었던 것이죠. 해양에서 육상으로 진출한 것은 동물보다는 식물이 먼저입니다. 식물이 먼저 육상으로 진출한 사실은 중요한 의미를 담고 있습니다. 생명 탄생 이후 가장 위대한 사건으로 여겨지기까지 합니다. 식물이 광합성을 통해 대기의 조성을 바꾸고 동물이 육상으로 진출할 여건을 만든 것이죠. 화석에 근거하면 캄브리아기 초기인 약 5억 2,500만 년 전 식물 종으로는 여러 조류(algae)가 바닷속이나 얕은 바다에서 발견되고 있을 뿐입니다. 그 후 고생대 3억 4,500만 년 전에 육상에 출현한 양치식물(Pteridophyta)은 2억 7,000만 년 전 페름기 대륙의 건조화로 전멸하게 됩니다(이때의 전멸로 석탄층을 형성하게 됩니다). 현생 양치식물은 페름기 전멸 후 신생대에 다시 출현한 것으로 여겨집니다. 고사리와 같은 양치식물은 이렇게 환경에 적응하거나 멸종-출현의 진화 과정을 겪으면서 현재도 남아 있습니다.

한편, 지구상에서 가장 오랫동안 살아남은 관다발식물군 중 하나인 현재의 은행나무는 페름기 건조 시기인 2억 7,000만 년 전에 출현했습니다. 물론 은행나무도 일부 종은 전멸하고 과거와 비슷하지만 진화된 모습으로 새롭게 출현한 것입니다. 그러나 문(門, Phylum)으로 한정한다면 은행나무는 2억 7,000만 년 전에 출현해서 지금까지 환경변화에 적응하면서 현재도 굳건히 종이 유지되고 있습니다. 현생 은행나무는 은행나무 문에서 유일하게 생존한 식물입니다. 적응력이 강한 것이죠. 알고 계시겠지만 은행나무는 암나무와 수나무가 따로 있습니다. 은행은 독성을 가지고 있기 때문에 암나무에서 은행이 떨어지면 냄새가 고약합니다. 암수 구별이 어려웠던 과거에는 가로수로 암나무를 심는 시행착오를 겪기도 했습니다. 그래서 은행이 떨어졌을 때 악취가 풍기는 거리를 걷게 된 것입니다. '암나무' 대신 '수나무'를 심으면 거리에 은행 열매가 떨어질 일이 없습니다. 문제는 예전에는 은행나무의 암·수를 구분하기가 쉽지 않다는 것이었습니다. 최근에는 암수 구별이 어린 묘목일 때부터 가능하게 되어 가로수로 수나무를 심고 있습니다.

육상에 제일 먼저 상륙한 동물은 다지류(多肢類)라 불리는 종입니다. 지네와 같이 다리가 많은 다지류는 약 5억 년 전에 육상으로 진출했습니다. 최근에 보고된 연구 결과에 따르면, 현생 다지류 중에 다리가 무려 1,306개나 있는 노래기 종이 보고되었습니다. 이들은 약 5억 4,000~2억 5,000만 년 전 고생대 기간에 지구의 주인 역할을 했습니다. 먼저 육상으로 진출한 수목이 우거졌고 광합성을 통해 약 10% 전후에 머물던 대기 중 산소 농도를 35%까지 끌어올리게 됩니다(현재 대기 중 산소 농도는 약 21%입니다). 산소는 동물이 생장하는 데 필수적입니다. 다지류는 피부를 통해서 몸속 곳곳에 산소를 쉽게 공급할 수 있도록 진화해 몸집이 거대해집니다. 당시 가장 큰 다지류는 몸무게가 50kg, 몸길이는 2.6m까지 성장했다고 합니다. 아무튼, 이들의 육상 진출을 계기로 동물 종은 급속히 분화(진화)하게 됩니다.

동물계에 속하는 인류는 식물 종이나 다른 동물 종과 비교되지 않을 정도로 늦게 출현했습니다. 원생인류 또는 유인원과 현생인류의 중간 단계라고 여겨지는 오스트랄로피테쿠스(Australopithecus)는 길게 봐도 약 500만~300만 년 전에 아프리카 쪽에서 생존(활동)했던 것으로 추정됩니다. 이 오스트랄로피테쿠스와 교체되었는지 아니면 경쟁에서 살아남았는지는 확실하지 않지만, 이 시기 이후 호모(Homo) 종이 250만 년 전을 경계로 출현하게 됩니다(그림3.1.1). 그 후 호모 종은 속속 종을 달리하면서 계승·진화되어 갑니다. 그러나 이들은 어떤 이유에선지 다른 종처럼 전멸했고, 약 200만 년 전에 출현한 호모 에렉투스까지 계승·진화가 이어집니다. 뒤를 이어 현생인류인 호모 사피엔스(Homo sapiens)가 20만 년 전에 새롭게 등장하게 됩니다. 따라서 20만 년 전은 진정한 의미에서 인류의 시간이 시작되는 시점이라고 할 수 있습니다. 지구 대멸종과 같은 규모의 대량 전멸은 백악기 K/T층 경계를 마지막으로 더 이상 일어나지 않았습니다. 따라서 이 시기에 와서야 현재의 기후시스템이 완전히 자리를 잡았다고 해야 할 것 같습니다. 인류가 본격적으로 활동하는 동시에 기후변화와의 관계를 설명할 수 있는 시기도 20만 년 전으로 판단할 수 있습니다. 다음 장에서 말씀드리겠지만, 20만 년 전은 해양 퇴적물에서 얻어진 해양 동위원소 단계(Marine Isotope Stages, MIS)로는 6 전후가 됩니다.

원생인류인 오스트랄로피테쿠스가 활동한 400만 년 전 아프리카 대륙은 매우 건조한 환경이었습니다. 지금도 마찬가지입니다만, 아프리카

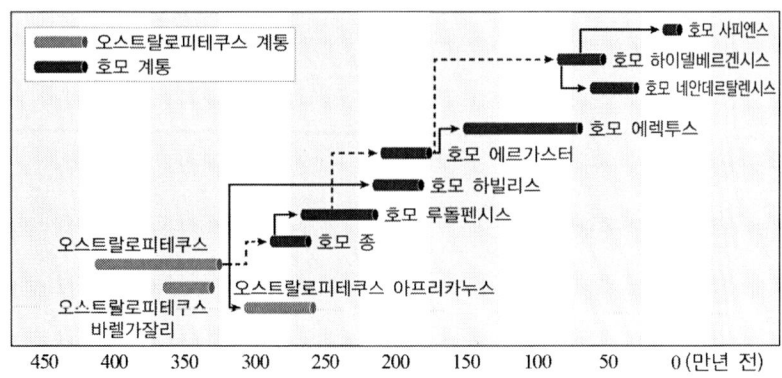

오스트랄로피테쿠스 계통
호모 계통

호모 사피엔스
호모 하이델베르겐시스
호모 네안데르탈렌시스
호모 에렉투스
호모 에르가스터
호모 하빌리스
호모 루돌펜시스
호모 종
오스트랄로피테쿠스 아프리카누스

오스트랄로피테쿠스

오스트랄로피테쿠스
바렐가잘리

450   400   350   300   250   200   150   100   50   0 (만년 전)

그림 3.1.1 인류의 계통도

대륙이 건조하거나 습윤해지는 기후 현상은 태평양이라는 해양의 변화를 떼어놓고서는 설명할 수가 없습니다. 즉, 현재 태평양 저위도 지역에 위치한 서태평양 온난수괴(Western Pacific Warm Pool, WPWP)는 인도네시아 통과류(Indonesian Through Flow, ITF)를 통해 팽창된 열량을 인도양으로 옮기고 있습니다. 따라서 WPWP 지역에서 발달한 열량이 인도양으로 유입되지 않으면 인도양의 수온이 저하되고 결과적으로 아프리카 지역이 건조화되는 것이죠(Lyle et al., 2005)(3부 3장 대기-해양 상호작용 참조). 2부 5장의 해양대순환 1에서도 언급했지만 해양순환은 기후변화를 결정 짓는 중요한 역할을 합니다. 그에 따른 전 지구 기후변화도 어떤 면에서는 원생인류의 활동, 또는 호모 종의 탄생과 관련된다고 생각되는 것입니다.

호모 종이 출현했던 시기는 파나마 해협이 닫히는 시기입니다. 대서양과 태평양을 연결하는 해협(Central American Seaway: 중앙아메리카 수로, 3.0~2.5Ma)이 닫히면, 적도 지역에서 온난한 표층수가 기원인 멕시코 만류가 북상하게 됩니다. 그렇게 되면 고염분인 해수가 북대서양으로 북상하고 그 결과로 전 지구적 대순환이 활발하게 일어나는 것이죠. 즉,

열염순환(熱鹽循環)이 활발하면 한랭화로 이어지게 됩니다. 이런 북대서양의 한랭화는 북태평양에서도 보고되기 때문에 전 지구적 기후변화 현상이라고 할 수 있습니다(Shimada et al., 2009). 원생인류가 사라지고 호모종이 250만 년 전에 출현(혹은 대체)한 것은 기후 한랭화에 따른 진화의 결과일지도 모르겠습니다. 그러므로, 온난한 기후에 적응했던 원인류는 약 3.0~2.5Ma에 지구가 한랭화되면서 호모 종으로 대체되었다고도 할 수 있습니다. 적응하고 진화하는 것에는 예외가 없는 것이죠.

과거 500만 년간 기후변화 대리지표(proxy)인 동위원소 기록을 보면 기후변화의 행방을 개략적으로 알 수 있습니다. 가장 두드러진 특징은 300만~250만 년 전부터 현재까지 동위원소 값이 큰 변화폭을 보인다는 것입니다. 250만~100만 년 전 사이에는 변화의 주기가 4만 1,000년을 보이는 반면, 100만 년 이후는 10만 년 주기입니다(그림 3.1.2). 오스트랄로피테쿠스와 대체되어 호모종이 출현하고 한창 활동하는 시기와 개략적으로 일치한다는 것이지요. 오스트랄로피테쿠스의 출현 및 활동과 호모종의 활동 시기가 기후변화의 큰 패턴과 일치할 수도 있다는 생각입니다. 모든 동식물이 기후변화에 적응하면서 진화하는 것처럼 원생인류도 (기후변화에 적응하든 적응하지 못했든) 기후변화와 밀접한 관련이 있다고 판단됩니다. 사실 현재 우리가 습득한 원생인류에 대한 정보는 매우 적습니다. 이 원생인류와 기후변화 및 탄소 거동과의 관계를 논하려면 적어도 과거 500만 년간의 변화를 세밀하게 살펴야 합니다. 그러나 호모 사피엔스의 경우에는 20만~30만 년을 다루면 될 것으로 보입니다. 이 시기는 큰 폭의 기후변화를 보이면서 10만 년 주기를 보이는 100만 년 내의 시간대에 속하게 됩니다. 원생인류는 인류의 조상으로 간주하기는 하지만, 새롭게 등장한 호모 사피엔스에 의해 대체되었다고 판단되기 때문에 과거 100만 년을 간주하는 게 좋겠다는 생각입니다. 기후 패턴만

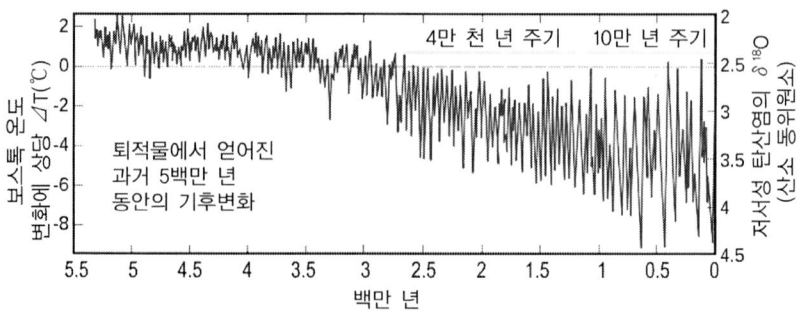

그림 3.1.2 과거 500만 년 간의 산소동위원소 기록(Lisiecke and Raymo, 2005)

을 놓고 본다면, 과거 100만 년은 홀로세로 들어서는 과거 1만 년 전까지 명료한 빙기-간빙기 주기를 보이고 있습니다(그림 3.1.2).

'밀란코비치 주기(Milankovitch cycle)'라는 게 있습니다. 세르비아의 지구물리학자이면서 천문학자인 '밀란코비치(Milutin Milankovitch)'의 이름에서 유래한 용어입니다. 지구 운동과 기후와의 관계를 설명하는 기후변화 해석에 관한 이론으로 1920년대에 제안되었습니다. 지구 기후는 천체 요소인 공전궤도의 이심률(離心率) 변화, 지축의 경사(axial tilt), 세차운동(歲差運動, precession)이라는 세 요소에 의해 결정된다는 것입니다. 요약하면 고위도 지역의 일사량 변화는 실제로 관측되는 기후나 환경변동과 일치하고 있다는 것입니다. 즉, 지구 표층에서 받는 태양방사(solar radiation) 에너지는 위도나 계절 변화에 따라 달라지며, 이들 세 요인이 합쳐진 결과에 따라 지구의 기후 형태에 절대적 영향을 준다는 것입니다. 위의 세 천체 요소는 궤도 강제력(orbital forcing)으로 명명되는데, 이 궤도 강제력 기간은 이심률 변화가 10만 년(100kyr), 지축의 경사가 4만 1,000년(41kyr), 그리고 세차운동이 2만 3,000년입니다(그림 3.1.3). 10만 년과 4만 1,000년은 그림 3.1.2에서 보이는 100kyr, 41kyr 주기로 궤도 강제력입니다. 세차운동은 이 그림에 나와 있지 않지만, 주기분석 프로그램에

(a) 공전주기의 변화: 400 ka and 100 ka

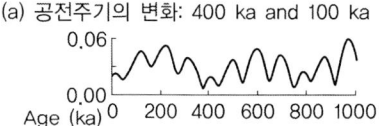 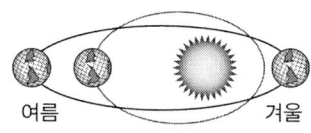

(b) 지축경사: 41 kyr

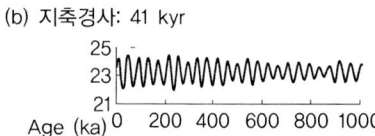 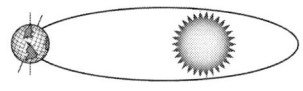

(c) 세차운동: 23 kyr

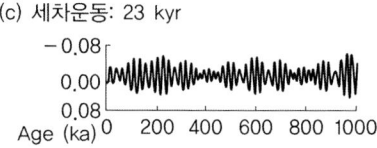 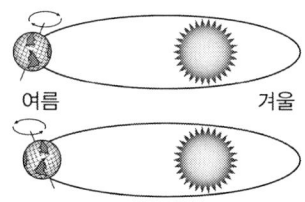

그림 3.1.3 밀란코비치 주기(Milankovitch cycle)와 주요 궤도 요소(이심률, 지축, 세차운동).

위 데이터를 입력하면 2만 3,000년 주기가 뚜렷하게 나타납니다. 다시 말해서, 지구 기후는 공전하는 지구의 중심에 있는 태양과의 거리, 지축의 경사에 의해 실질적으로 결정된다는 것입니다.

과거 수십 년간 지표면에서 얻어지는 빙상이나 퇴적암 그리고 해양 퇴적물을 이용한 지구 기후변화에 대한 연구는 줄곧 있었습니다. 그 결과 개략적으로 이 밀란코비치 가설이 받아들여집니다. 그렇지만 특정한 관측이나 기후변화가 이 이론으로 완전히 설명되는 것은 아닙니다. 예를 들어, 과거 100만 년 동안에는 10만 년 주기가 탁월하게 들어맞습니다. 하지만 이심률 변동 자체가 매우 작은데, 어떻게 기후변동이 10만 년 주기로 일어났는지에 대해선 아직도 명쾌하게 설명되고 있지 않습니다. 완전히 설명될 수 없는 부분이 남아있는 것입니다. 현재까지 미해결인 기후변화 문제는 언젠가 풀리겠지요. 여기 3부 1장에선 지구 기후가 천체 요소와의 관계 속에서 빚어지고 있다는 것을 기억하시면 좋겠습니다. 인류의 시간을 어느 시점으로 보느냐에 관계없이, 인류의 활동과 번성도 기후변화와 관계가 깊다는 것은 틀림없는 사실입니다.

과학의 발전은 인류의 삶을 윤택하게 했습니다. 지구를 지배하는 모든 환경요인에 대해서도 과학발전의 덕택으로 이해의 폭이 깊어졌습니다. 생물 종은 자연과 적응하는 과정에서 좀 더 복잡한 기능을 가진 개체로 진화하거나, 좀 더 효율적인 적응 능력을 가지게 됩니다. 특정 환경에 대해 이해할 수 없었던 사실은 좀 더 세밀한 조사를 통해 밝혀지기도 합니다. 누적된 과학적 사실은 지금까지 알려졌던 사실 관계를 완전히 바꾸어 놓기도 합니다. 기후변화에 대한 과학적 정보도 마찬가지입니다. 과거 100만 년 이후 나타나는 10만 년 주기의 기후변화 특성은 일반적으로는 광범위하게 받아들여지고 있지만, 그렇다고 해서 100만 년간의 기후를 세밀하게 이해할 수 있는 것은 아닙니다. 과학자들은 결코 여기에 만족하지 않습니다. 인류의 시간 척도로 10만 년 주기는 너무 큰 스케일이거든요. 이런 이유로 인해 과학자들은 좀 더 세밀하게(고분해로) 변화된 사항을 이해하고자 합니다. 10만 년-1만 년-1,000년-100년, 이런 식으로 분해 능력을 점점 높여가는 것이죠.

기후과학을 연구하는 학자들은 인류문명의 발전이 시작된 과거 1만 년(산업혁명 이전까지)은 그 이전까지 나타나지 않았던 특이한 시기로 보고 있습니다. 더 정확하게 이야기하면, 기후변화가 거의 없는 상당히 안정된 시기로 여기는 것입니다. 수천 년 단위로 과거 수십만 년에 걸친 기후변화를 분석한 결과 적어도 1만 년 동안 거의 일정하게 기온이 유지된 적이 없었던 것이죠. 그림3.1.4에 보이는 것처럼, 빙상 코아에 기록된 동위원소 기록은 과거 1만 년간 큰 변화 없이 기온이 안정적으로 유

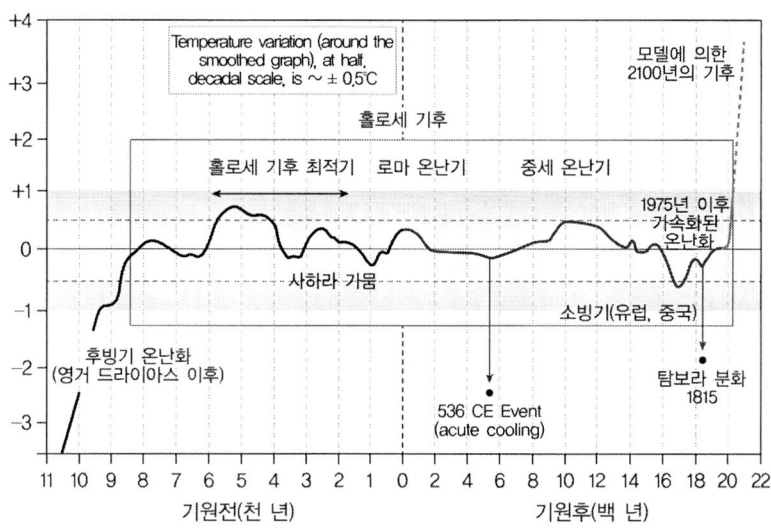

그림 3.1.4 과거 1만 년 동안 안정된 기후를 보이는 그래프(McMichael, 2012).

지되어 왔음을 알 수 있습니다. 인류에게는 천운이나 마찬가지입니다. 과거 수백만 년 동안 출현했던 과거 인류 종이 지속적으로 번성을 하지 못하고 새로운 종이 출현한 것을 감안한다면, 현생인류가 최강으로 살아남기 위한 외부 요건 즉, 기후가 안정화되었던 것이죠. 그렇기에 인류의 시간인 100만 년, 20만 년에 더해 과거 1만 년에 대한 상세한 정보가필요한 것입니다. 중요도 순서로 한다면 과거 1만 년, 20만 년, 100만 년이 될 수도 있겠지요. 아무래도 현생 인류에 대한 관심이 크기 때문입니다. 더욱이 과학자들은 1만 년을 전체로 한꺼번에 이해하는 것으로도 부족하다고 생각합니다. 그래서 1만 년을 전기 홀로세, 중기 홀로세, 또는 후기 홀로세 등으로 다시 세분해서 보려고 노력합니다. 더 정확한 해석과 기후모델, 적응 방안을 찾아보려는 의도입니다.

최근에는 후기 홀로신(약 4000년 전~현재)에 대한 연구가 활발합니다 (e.g., Polyak and Asmerom, 2001; Yancheva et al., 2007). 이 시기는 다른 어느

때보다도 인류문명의 발달사와 기후변화의 관계를 뚜렷하게 알 수 있는 시기입니다. 문명의 산물인 문자 기록으로 남아 있는 경우도 많아서 비교가 가능하기 때문입니다. 특히, 아시아 몬순 변동과 관련해서는 다양한 방법으로 이 시기에 대한 연구가 진행되었는데, 아시아 몬순 자체가 기후변동과 밀접하게 관련된다고 판단되고 있습니다. 대표적인 사례로는 중국의 당 왕조(Tang dynasty)나 마야(Maya) 문명의 흥망도 기후변화가 밀접하게 관련된다고 설명하고 있습니다(Yancheva et al., 2007).

제2장

해양 퇴적물과 기후변화 대리지표(프록시): 산소동위원소와 알케논

1969년 7월 인류 최초로 달에 발자국을 남긴 우주비행사 '닐 암스트롱 (Neil Armstrong)'은 의미심장한 말을 남겼습니다. "이것은 한 개인에게는 작은 한 걸음이지만 인류에게는 위대한 도약이다"라고 했습니다. 눈으로만 볼 수 있던 달에 착륙한 인류의 큰 진보가 우주비행사의 작은 한 걸음으로 실증된 것입니다. 그렇지만 여전히 우주와 해양은 인간에게 남겨진 마지막 프론티어(미개척지)로 부르고 있습니다. 그래서 지금도 세계 각국은 우주개발과 해양 연구에 심혈을 기울이고 있습니다. 우주 분야처럼 해양학이나 해양 퇴적물을 대상으로 한 연구에서도 위대한 업적들이 나왔습니다. DSDP, ODP 등을 활용한 퇴적물 시추 성과가 연구 기회를 제공한 덕분에 특히 지구과학, 해양학 분야는 20세기에 눈부신 발전을 이루었습니다. 선구자들의 노력과 학문적 발전의 토대 위에 한 겹 한 겹 과거의 비밀이 풀리면서 성과를 축적해 왔던 것이죠.

해양을 연구하는 방법은 다양합니다. 지구물리학적 방법으로 선박에서 탄성파를 해저면으로 발사하여 퇴적층의 구조를 살피기도 합니다. 그런가 하면 직접 퇴적물을 채취·분석해 환경변화를 해석하기도 하죠. 특히, DSDP나 ODP에서와 같이 해양 퇴적물을 이용한 연구 결과 새로운 정보가 많이 축적되었습니다. 이것은 그만큼 퇴적물로부터 과거의 정보를 얻어 내기 쉽다는 의미입니다. 이렇게 퇴적물을 이용하는 이점이 있으므로 이 절의 제목도 '해양 퇴적물과 기후변화 대리지표'로 정한 것입니다. 이번 장에서 다루고자 하는 내용도 퇴적물입니다. 더 구체적으로 이야기한다면 퇴적물 속에 들어 있는 유공충과 유기물을 이용하여 과거에 있었던 환경변화를 해석해 내는 것입니다. 그렇다면 먼저, 해양 퇴적물의 실체가 어떤지 조금 더 자세하게 살펴보는 게 좋을 듯합니다. 앞으로 풀어 가야 할 유공충을 활용한 동위원소나 알케논에 대해 조금 더 쉽게 이해하기 위해서입니다.

일반적으로 해양 퇴적물은 네 가지 형태(기원)로 구분할 수 있습니다. 암석에서 유래된 퇴적물이라는 뜻인 '암석 기원(lithogenous)', 생물 기원(biogenous), 수성 기원(hydrogenous), 우주 기원(cosmogenous) 퇴적물로 나눌 수 있다는 것입니다. 암석 기원은 육지로부터 유래한 퇴적물로 주로 풍화 과정을 거친 입자의 작은 암편이나 화산쇄설물(火山碎屑物) 등이 퇴적물을 구성할 때 언급되는 것입니다. 대륙은 거의 암석으로 구성되었기에 암석 기원으로 부르지만, 다르게는 육상 기원으로도 부릅니다. 이 암석 기원(육상 기원) 물질에는 소량이긴 하지만 대륙에서 유래한 유기물도 포함됩니다. 생물 기원 퇴적물은 해양생물이 용해로부터 남아 있는 경우입니다. 즉, 해양생물의 체내를 구성했던 유기질 물질은 분해 되어 없어졌지만, 골격질이 남아 있는 경우이죠. 주로 미화석(micro-fossil) 이라고 불리는데 이 장에서 자주 언급하는 유공충(有孔蟲, foraminifera)이 대표적인 생물 기원 퇴적물입니다. 또한 눈으로는 볼 수 없지만, 퇴적물 중에 포함되는 유기물도 대부분은 생물 기원 퇴적물입니다. 수성 기원 퇴적물은 해수로부터 굳어진 퇴적물을 의미합니다. 화학반응으로 인해 해수로부터 침전되면서 만들어진 것이죠. 증발암이나 암염 등이 여기에 속합니다. 많지는 않지만 수성 기원 퇴적물은 해저 열수광상에서 유래 한 것도 포함됩니다. 마지막으로 우주 기원 퇴적물은 말 그대로 우주에 서 유래한 것으로, 수십 μm 크기의 우주먼지 등이 여기에 포함됩니다 (The Open University, 1989). 퇴적물은 이렇게 기원에 따라 분류하기도 하 지만, 경우에 따라서는 크기로도 분류합니다. 참고로 이 장에서 다루는 두 가지 대리지표인 산소동위원소와 알케논은 모두 생물 기원 퇴적물에 서 유래한 것으로 퇴적물 속에 들어 있는 유공충과 유기화합물을 분석 하여 얻을 수 있는 결과입니다. 이들로부터 기후변화나 탄소순환에 관 한 많은 정보를 얻어야 하므로 여기서 다루고자 하는 것입니다.

　과거의 모든 기록이 퇴적물 중에 있다는 점이 중요합니다. 즉, 퇴적물 에 포함된 어떤 물질을 대상으로 연대를 측정하면 그 퇴적물이 쌓인 시 기(연대)를 비롯해서 그 퇴적물 자체가 어디에서 왔는지도 알 수 있습니 다. 그뿐만이 아닙니다. 퇴적물에 든 유기물이나 산소동위원소를 분석 할 때 그 재료가 되는 미화석(예, 유공충)을 분석하면 퇴적될 당시 그 지 역 해수의 특성이나 유공충이 서식할 당시의 수온도 알 수 있습니다. 수 온을 알면 과거 특정 시기에 있었던 기온변화나 기후변동에 대해서도 알 수 있습니다. 퇴적물은 연속적으로 쌓입니다. 연속적으로 분석한다 면 수온이 연속적으로 어떻게 변화하는지도 알 수 있겠죠. 예를 들면,

과거 100년 전부터 최근까지 1년 간격으로 수온이 어떻게 변화했는지를 알 수 있다는 것이죠. 이처럼 거의 모든 궁금증에 대해 알 수 있으니 퇴적물 연구는 지구환경 변화를 이해하기 위한 만병통치약의 재료라고도 할 수 있습니다.

퇴적물은 이 책의 주제인 '기후변화'나 '탄소'의 거동을 이해하기 위해 꼭 필요한 재료입니다. 위에서 설명한 것처럼 다양한 목적을 위해 퇴적물을 이용하고 있으며, 실로 수많은 연구 결과가 퇴적물 분석으로 얻어졌습니다. 분석 결과를 해석하는 과정에서 지구과학이나 기후변화, 이 책의 주제인 탄소 중립에 대한 귀중한 지식이 축적됩니다. 이와 같이 퇴적물 연구는 귀중한 정보로 만병통치약의 재료가 될 수 있는 만큼, 이 절에서는 가장 대표적인 두 가지 프록시(proxy, 대리지표)에 대해 살펴보기로 하겠습니다. 퇴적물 중에 포함된 대리지표인 미화석이나 유기화합물을 사용해 과거의 기후변화를 이해하고자 하는 연구 방법입니다. 그렇지만 이 방법을 통해 얻은 수많은 연구 결과 중 일부분만을 선별해서 소개하고자 합니다. 퇴적물 중에 포함된 미화석(微化石)도 여러 가지가 있지만 여기서는 탄산염($CaCO_3$) 각질로 되어 있는 유공충입니다. 즉, 탄산염 각질은 칼슘, 산소, 탄소의 합성물이라 할 수 있습니다. 이 탄산염 각질 중에서 산소를 대상으로 한 안정 산소동위원소(stable oxygen isotope)에 관한 내용입니다. 또 한 가지는 역시 퇴적물 중에 포함된 유기화합물의 일종인 알케논(alkenones)에 관한 이야기입니다. 유기화학은 보통 탄소 화학(carbon chemistry)이라고도 하는데, 주로 탄소로 구성된 화합물을 이르는 것입니다. 해양에 서식하는 코콜리스(coccolith)라는 생물(조류)이 탄소를 합성하여 만들어 내는 유기화합물입니다. 이 알케론이라 불리는 유기화합물에 대한 연구 방법과 그 결과를 활용한 연구사례도 무수히 많지만 간략하게 요약해서 설명하도록 하겠습니다.

사실, 동위원소나 알케논은 전문 연구자들이 사용하는 실험방법, 또는 이론적 근거가 되는 것이기에 다소 복잡하고 어렵습니다. 집필자인 저도 공부할 때는 이해할 수 없었던 부분이 많았으니까요. 그렇지만, 현대과학이나 특히 지구환경과 관련해서 이들 방법을 활용하여 분석하고, 그 결과를 해석하면 다방면에 걸쳐 유익한 정보를 얻을 수 있습니다. 이들 방법이 개발되지 않았다면, 지구과학 관련 연구 분야에서 현재까지 밝혀진 많은 것들이 그 원인과 결과를 모른 채 남아있었을 것입니다. 다소 어려운 점도 있지만, 여기서 다루는 많은 연구내용이 이 방법들을 이용하고 있기에 간단하고 알기 쉽도록 소개하겠습니다.

〈과학의 발전과 산소동위원소〉

먼저 산소동위원소입니다. 원자번호는 같지만 질량수가 다른 것을 동위원소라고 합니다. 즉, 동일 원자번호이지만 서로 다른 원자량(atomic weights)을 갖는다는 것입니다. 이 사실은 1911년 Fayans와 Soddy의 방사성 원소 연구로 밝혀졌습니다. 동위원소가 가진 두 가지 특성은 서로 다른 방사성을 가져 안정적으로 유지되며 어떤 경우에도 화학적으로 구별할 수 있다는 것입니다. 예를 들어, 우라늄(U: uranium) 동위원소 중 U-238은 알파 붕괴로 토륨(Th: thorium)-234가 됩니다. 이와 같이 원소의 방사성 붕괴(radioactive disintegration)는 원자 내에서 다른 동위원소 원자량을 가져야 합니다.

1920년대에는 동위원소 특성이 밝혀진 후 기초과학 분야의 눈부신 발전이 이루어졌습니다. 계속된 일련의 성과로 지구 기후나 해양 변화에 관해서도 비약적으로 이해의 폭이 넓어집니다. 미국의 물리화학자 뉴레이(Harold Clayton Urey)가 발견한 동위원소 기법으로부터 발전의 계기가 마련되었습니다. 그는 1911년에 발견된 동위원소, 즉 같은 원자번호를 가지나 원자량이 다르다는 사실을 계승하여 산소동위원소를 더욱 발전시켰습니다. 동위원소 연구에 기여한 공로로 1934년에 노벨 화학상을 받을 정도로 이론이 확립되었던 것이죠. 산소동위원소에만 국한되지 않고 타 원소에 대한 동위원소 기법은 환경변화를 규명하는 절대적인 방법이 되었습니다. 현재 기초과학 분야에서 동위원소 분석을 활용한 환경변화 연구는 거의 절대적입니다. 지구환경에 대한 거의 모든 부분에 동위원소 분석이 이루어지고 있으니까요. 뉴레이는 동위원소 기법을 직접 해양 퇴적물에 적용하지는 않았지만, 실험실에서 같이 연구하던 제자 에밀리아니(Cesare Emiliani)에게 전수합니다(그림 3.2.1).

그림 3.2.1 뉴레이(Harold Urey)(오른쪽)와 에밀리아니(Cesare Emiliani)(가운데). 뒤쪽에는 초기의 질량분석기로 액체질소를 이용하여 수동으로 탄소(C)와 산소(O)를 분리한다(Wasserburg, 2003).

에밀리아니는 동위원소 기법을 해양 퇴적물에 남아 있는 미화석인 유공충에 적용해서 탁월한 업적을 이루게 됩니다. 전 세계 각 지역에서 해양 퇴적물을 채취하고 그 속에 남아 있는 유공충을 선별하고, 유공충 속에 들어있는 산소에 대한 동위원소를 측정한 것이죠. 한 지역이 아닌 전 세계 해양에 있는 퇴적물에 대한 산소동위원소를 측정하는 것은 실로 어려운 작업입니다. 당시로선 시료 선별에서부터 분석까지 힘든 연구의 연속이었던 것이죠. 고진감래! 유공충을 대상으로 산소동위원소를 측정하고, 그 데이터가 축적되면서 에밀리아니는 놀라운 사실을 발견하게 됩니다. 즉, 산소 동위원솟값이 어떤 일정한 규칙성을 가지고 변화하고 있다는 것입니다. 이 규칙성은 지금까지 언급해 왔던 빙기와 간빙기입니다. 즉, 빙기에는 동위원솟값이 무거워지고, 간빙기에는 가벼워지는 경향이 반복되고 있다는 것이죠. 지구의 기후가 빙기-간빙기를 반복하면서 변화해 온 것처럼, 동위원소가 그렇게 변화한다는 사실을 알아낸 것입니다. 그래서 각 단계에 번호를 붙이고 해양 동위원소 단계(Marine Isotope Stages, MIS)를 제안합니다. 현재 MIS의 각 단계는 표준 곡선(standard curve)을 기준으로 해서 많이 이용되는데, 굳이 비유하자면 세계 표준시간과 같이 학자들에게는 표준이 되는 표준 곡선(동위원소 변화 곡선)이라고 할 수 있을 것입니다.

현재(간빙기)는 MIS 1이며, 바로 직전의 빙기는 MIS 2에 해당합니다. 초기에는 그의 노력으로 과거 50만 년에 걸친 산소동위원소의 주기적인 변화를 확립하게 되었습니다. 참고로 현재는 약 258만 년 전까지 연속적으로 측정되어 MIS 103까지 번호가 붙어 있습니다(Lisiecki and Raymo, 2005). MIS는 이제 지구상 어느 곳에서나 얻어진 자료를 비교할 수 있도록 설정되어 매우 유익합니다. 퇴적물 중에 포함된 미화석을 이용한 동위원소 기법은 위와 같은 과거의 연구와 비교할 수 있기 때문에 현대

기후과학이나 고해양(paleoceanography) 변화를 해석하는 데 강력한 이론적 증거로 활용됩니다. 즉, 산소동위원소를 분석함으로써 과거 어느 시점에 지구가 빙기의 혹독한 추위를 겪었고, 또 어떤 때는 온난한 시기였다는 사실을 자세하게 알 수 있게 된 것이죠. 후에 이 결과는 밀란코비치 가설을 뒷받침하는 지구 궤도요소에 의한 빙기-간빙기의 주기를 확립하게 됩니다. 이미 오래전에 사라져 버린, 특정 해역에서도 그 장소에 퇴적된 퇴적물 중 유공충을 분석해 과거 그 지역의 해수 온도를 복원할 수 있기에 가능한 일입니다. 곰곰이 생각해 보면 얼마나 놀라운 사실입니까. 지질학자이면서 미고생물학자인 에밀리아니는 고해양학의 창시자입니다.

과거 수십만 년에 걸친 산소동위원소 변화에 대한 논의가 본격적으로 이어졌습니다. 동위원소비는 주로 주변 해수의 동위원소 조성과 온도에 영향을 받기 때문에, 분석에서 나온 주기적 변화가 곧 수온 변화를 100% 반영하는 것이냐에 대한 의문이 있었습니다. 그래서 부유성(planktonic) 유공충과 저서성(benthic) 유공충을 동시에 측정하는 작업을 하게 됩니다. 수심이 깊은 해저면은 온도가 거의 일정(약 2℃ 내외)해서 저서성 유공충을 분석했을 때는 온도에 의해 동위원소비에 미치는 영향(효과)은 거의 없어집니다. 따라서 해저면 퇴적물에 서식하는 저서성 유공충은 해수의 동위원소 조성만을 반영하고, 부유성 유공충은 표층의 수온 변화와 해수의 동위원소 조성을 동시에 반영합니다. 부유성과 저서성 유공충 간의 동위원소비 차이는 이렇게 나타납니다. 해저 퇴적물에 사는 저서성 유공충에 대한 동위원소를 조사한 결과는 예상대로 같은 위치에 있더라도 부유성 유공충의 동위원소에 나타난 값과 일정한 차이가 있습니다. 즉, 부유성 유공충은 해수의 동위원소와 온도 변화라는 두 가지 요인을 전부 반영하지만, 저서성 유공충은 수온 변화를 반영하지 않고,

해수의 동위원소비 변화만을 반영하기 때문에 일정한 차이가 발생하는 것이죠.

해수의 동위원소비($^{18}O/^{16}O$)가 변화하는 것은 결국 빙기-간빙기를 통해서 해양에서 증발하는 해수의 양에 차이를 가져오기 때문입니다. 좀 더 자세히 말씀드리면, 증발할 때는 산소동위원소 중에서 질량이 가벼운 ^{16}O가 상대적으로 많이 증발하게 되는 것이죠. 그러면 해양에 남아 있는 산소동위원소 중에는 ^{18}O가 상대적으로 많아지게 됩니다. 따라서 해수의 동위원소비는 빙기-간빙기를 통해서 증발되는 양에 따라서 달라지게 됩니다. 빙기에는 비가 무거워지고 간빙기에는 가벼워지게 됩니다. 이 해수 중의 동위원소 조성 변화는 엄격하게 말하면 해수의 온도변화에 의한 동위원소 변화와는 무관한 것으로 다순히 해수 조성의 변화로 판단하면 좋을 것 같습니다. 온도 변화는 동위원소 값에 어떤 영향을 주는 것일까요. 다음에서 설명하는 초기의 분석결과를 해석한 에밀리아니의 결과를 보시면 이해하기 쉬울 것입니다.

초기에 에밀리아니가 열대 해역에서 분석한 동위원소 결과는 빙기-간빙기 간 7℃의 비교적 큰 차이가 나는 것으로 해석했습니다. 이 7℃라는 결과만으로는 동위원솟값이 단지 수온 변화에 의한 것인지, 아니면 빙상 발달에 의한 결과인지 정확히 구분할 수 없었습니다. 당시에는 그저 수온 변화로만 해석했던 것이죠. 그러나 나중에 빙산 감소로 의한 온도변화와 해수의 동위원소 조성에 따라 달라지는 동위원솟값이 각각 어느 정도 해당되는지를 알게 되었습니다. 자료가 모이고 과학자들 간 많은 논쟁이 있고 난 뒤 결말이 났습니다. 60:40으로 정리된 것입니다. 즉, 산소동위원소 분석에 의한 값이 변화하는 것 중 60%는 빙하 성쇠에 관한 결과이고, 나머지 40%는 수온 변화를 반영하는 것입니다. 이것을 온도로 환산하면, 에밀리아니에 의해 계산된 최초의 7℃는 약 2.5℃가 차이

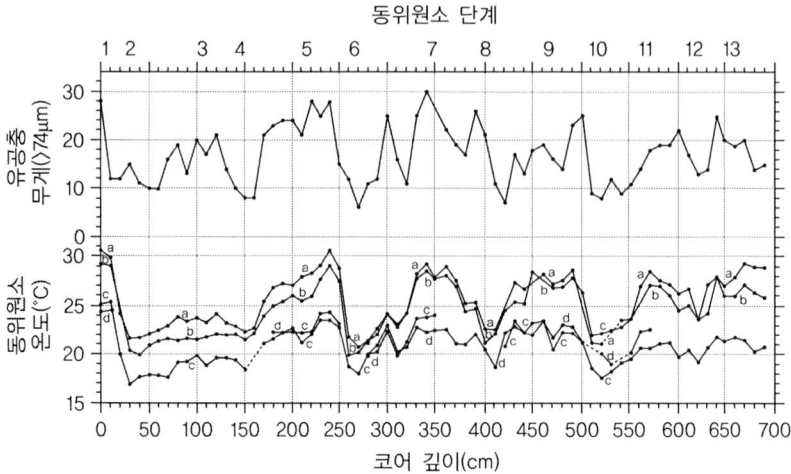

동위원소 단계

그림 3.2.2 에밀리아니(Emiliani, 1955)에 의해 발표된 동위원소 기록과 산소동위
원소 단계(위 숫자).

나는 것으로 재해석되었습니다.

　유공충에 관한 산소동위원소 연구는 뉴레이의 동위원소 기법 개발과
뒤이은 에밀리아니의 적극적인 노력과 보완으로 1960년대에 전 세계 연
구자들에게 전파되고 확립됩니다. 이와 함께 다른 연구그룹에 의해서
전 세계 해양 퇴적물에 대한 수많은 분석이 이루어집니다(e.g., CLIMAP,
1976; Duplessy et al., 1981). 퇴적물에 포함된 유공충 시료에 대한 분석값
변화를 통해 빙기-간빙기로 구분하기에 이르렀고, 분석기기의 발전과
함께 점점 더 세밀한 고분해 분석도 이루어집니다. 그중에서 CLIMAP
(Climate: long-range investigation, mapping, and prediction)에 의해 빙기의 표
층수온(Sea Surface Temperature, SST)을 복원한 것은 초기 산소동위원소 연
구의 큰 업적이라고 할 수 있습니다. 이 연구로 최종 빙기(LGM)에는 전
지구적으로 해수 표층 온도가 평균 약 2℃ 정도 낮았던 것으로 밝혀졌습
니다(CLIMAP, 1976). 이 CLIMAP 프로그램을 주축으로 기후변화 이해를

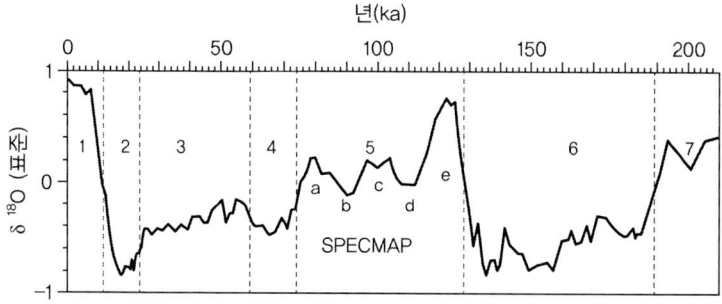

그림 3.2.3 SPECMAP Oxygen isotope(Martinson et al., 1987).

위한 표층 수온변화에 관한 관심이 폭발적으로 증가했습니다.

현재는 많은 자료가 축적되면서 신생대 제4기 동안의 해양 변화는 산소동위원소 변화를 중심으로 과거 약 500만 년까지 확장하기에 이릅니다. 즉, 과거 500만 년 전에서 지금까지 지구의 수온 변화를 자세히 알 수 있게 된 것이죠(그림3.1.2 참조). 이 단계 이전의 퇴적물에 포함된 유공충에 대해서도 동위원소(저서성)를 측정하게 되었습니다. 아래 **그림3.2.3**에는 20만 년 동안의 동위원소 기록으로 가장 잘 활용되고 있다는 관점(표준곡선: SPECMAP)에서 표시했지만, 2장에서 언급한 **그림2.5.5**도 과거의 동위원소 연구 결과를 집대성한 것이라 할 수 있습니다. 즉, 동위원소 변화와 지구조 변화, 기후변화, 해양 변화, 생물생태 등 광범위하게 비교하고 있기 때문입니다. 유공충에 대한 산소동위원소는 아무리 강조해도 지나치지 않을 정도로 중요하기 때문에, 조금 더 구체적으로 그 기본 원리나 적용사례에 관해 설명하겠습니다.

유공충의 골격은 탄산칼슘($CaCO_3$)으로 되어 있습니다. 주성분은 칼슘과 산소입니다. 산소에는 ^{16}O, ^{17}O 외에 ^{18}O라는 주된 안정 동위원소가 있습니다. 유공충이 탄산칼슘을 형성할 때(생장 과정에서 성장할 때)는 해수의 용존산소에서 산소 동위원소 교환이 일어나게 됩니다. 탄산칼슘의 산소동위원소 비($^{18}O/^{16}O$, $\delta^{18}O$로 표현됩니다)는 이미 설명한 바와 같이 해수의 산소동위원소 비와 수온에 의해 결정됩니다(Urey, 1948). 즉, 합성되는 탄산칼슘 중의 산소는 해수의 용존산소와 수온에 의해 결정된다는 것이죠. 유공충에 대해 산소동위원소를 분석할 때는 탄산칼슘에서 산소와 탄소를 분리한 후 산소에 대해서만 측정합니다. 분석된 산소동위원소 값은 일반적으로 표준시료(PD Belemnite)에 대한 $^{18}O/^{16}O$의 비를 의미하며 결과는 천분율(‰)로 나타냅니다. 표준시료는 과거 지질시대의 깨끗한(오염되지 않은) 방해석(方解石)의 일종으로 이 값과 비교하여 산소동위원소 값을 나타내는 것이죠.

계산식은 다소 복잡하기에 여기서는 표시하지 않겠습니다. 계산식에 따르면 -값은 간빙기에, +값은 빙기에 주로 나타납니다. 따뜻한 저위도에서는 값 차이가 그리 크게 나타나지 않지만, 중·고위도 지방에서는 뚜렷해집니다. 기후변화가 심한 중위도 지역에서는 계절 변화(온도)를 반영하기 때문에 그 값도 큰 폭으로 나타나는 것이죠. 그러나 열대지방에서는 온도 변화가 심하지 않습니다. 마찬가지로 빙기 동안에 저위도 열대지방에서는 평균 수온이 약 2.5°C 정도 내려갔었다는 것이죠. 위도에 따라 그 변화폭이 달라질 수 있지만 전 지구적으로는 같은 시기에 증가하거나 감소하는 동시성을 보입니다(동위원솟값은 수온 변화에 따르기 때문에, 수온(기온) 변화가 작은 저위도에서는 동위원솟값이 작게 변하고, 중위도 지역에서는 변화가 크게 나타납니다). 따라서 유공충 각질 속의 산소동위원소를 분석해 과거 표층 해수 온도를 복원할 수 있으며, 결과적으로 당시의 해수 온도, 즉 기후변화에 대한 중요한 정보를 얻을 수 있습니다(Bradely, 1985). 이렇게 동위원솟값을 알아내는 것은 과거의 수온을 알아내는 것과 함께 미래의 모델 자료로도 활용할 수 있기에 더욱 중요하다고 할 수 있습니다.

산소동위원소를 연구한 결과가 폭발적으로 증가하면서 부유성 및 저서성 유공충을 분석한 결과가 속속 발표되었습니다. 제4기 퇴적물이나 중생대 퇴적물 등 많은 지질연대 퇴적물이 분석되었습니다. 이들 연구 결과를 통합하여 특히 과거 65Ma 동안 유공충이 산소동위원소 변화가 명확하게 밝혀졌습니다(Zachos et al., 2001; 그림 2.5.5). 대표적 국제 연구프로그램인 DSDP와 ODP는 지구환경변화, 특히 고기후 및 고해양 변화를 복원하기 위해 세계 각지에서 심해 퇴적물을 시추하고 산소동위원소를 측정하는 데 많은 공헌을 했습니다. 그 결과들은 과거 65Ma 동안 지구의 기후변화를 지시하는 표층수온(SST)이 극명하게 변화하였고, 특히 동위원소값이 급격히 변화하는 시기에는 다른 환경변화도 밀접히 관계되고 있다는 사실을 나타냅니다(Zachos et al., 2001; 그림 2.5.5 참조). 그림에는 지구환경이 가장 극적으로 변화한 약 55Ma과 그 이후의 PETM (Paleocene-Eocene Thermal Maximum)이라 불리는 시기, 즉 약 32Ma 및 22Ma의 Oi-I 빙기와 Mi-I 빙기 등이 명료하게 나타나고 있습니다.

산소동위원소 기법이 아무리 중요하다 하더라도, 분석하지 못하면 아무 소용이 없습니다. 이 기법은 만병통치약이나 다름없지만, 약재 자체가 없는 경우에는 좋은 약도 제조할 수 없습니다. 전염병이 창궐할 때는 폭발적으로 약이 필요하므로 약재가 충분히 있어야 합니다. 그렇지만, 해양의 모든 수심, 모든 퇴적물에 유공충이 있는 것이 아닙니다. 해양 수계(water column)는 수심에 따라 탄산염에 대해 포화 혹은 불포화되어 있습니다. 탄산염이 불포화되어 있으면 새로 유입되는 탄산염은 용해됩니다. 따라서 해양에서 탄산염 보상심도(Carbonate Compensation Depth, CCD) 보다 깊은 수심에서는 극히 제한적인 경우를 제외하면 탄산염 각질을 갖는 화석은 용해되어 없어지므로 존재하지 못합니다. 그러나 이보다 얕은 수심에서는 탄산염, 특히 산소동위원소 분석에 사용되는 유공충은 잘 보존되어 나타납니다(탄산염 이온에 포화되어 탄산염 각질이 형성됩니다). 따라서 이들 유공충에 대한 산소동위원소는 유공충이 서식하는 환경에서만 복원할 수 있다는 것이며, 실제로 이러한 사실을 응용한다면, 약간 다른 목적이지만, 유공충의 서식과 관련된 정보를 알아내는데도 주요하게 사용될 수 있습니다. 아무튼 산소동위원소, 즉 $\delta^{18}O(^{18}O/^{16}O)$는 해수의 동위원소 비율(조성), 석화(calcification)될 때의 온도, 해수 중의 탄산염 이온에 따라 결정됩니다. 유공충이나 다른 탄산염 각질의 생물은 비록 보존되는 과정에서 약간의 속성작용(퇴적물이 퇴적한 뒤 굳어져 퇴적암으로 변하는 과정)을 받는 경우도 있습니다. 이런 경우는 약재가 부패되어 쓸모없게 되는 것이죠. 퇴적된 미화석에 부차적으로 다른 이물질이 끼어 버리거나, 압력 등 다른 영향으로 인해 본래의 성질이 바뀌기 때문에 정확하게 환경을 반영한 결과라 할 수 없습니다. 이런 시료를 골라내는 것도 연구자의 몫입니다.

분석기술이 발전하고 동위원소 분석이 쉽게 이루어지면서 고분해로 산소동위원소 분석이 가능하게 되었습니다. 고분해 분석이 가능해지면서 그동안 간과되었던 빙기-간빙기 주기를 넘어선 단주기성 사건이나 해저면에서 일어난 미세한 환경변화를 감지할 정도의 다양한 기록을 알아낼 수 있습니다. 즉, 100년 단위로 분석하던 게 10년 단위로 분석이 가능해진다는 것이죠. 고분해로 분석된 많은 선행연구 결과들은 동위원소 변화가 단순히 빙기-간빙기의 단조로운 변화패턴을 보일 뿐만 아니라 단기간의 급격한 기후변화(abrupt climate changes)를 수반하고 있음을 보입니다. 대표적인 예로 캘리포니아 외해에서 얻어진 주상시료의 부유성과 저서성 유공충에 대해 동시에 고분해 동위원소 분석을 수행한 결과입니다(Kennett et al., 2000)(그림 3.2.4). 그 결과 전체적으로는 빙기-간빙기의 범주 내에서 변화지만, 같은 빙기나 간빙기에 속하면서도 일시적

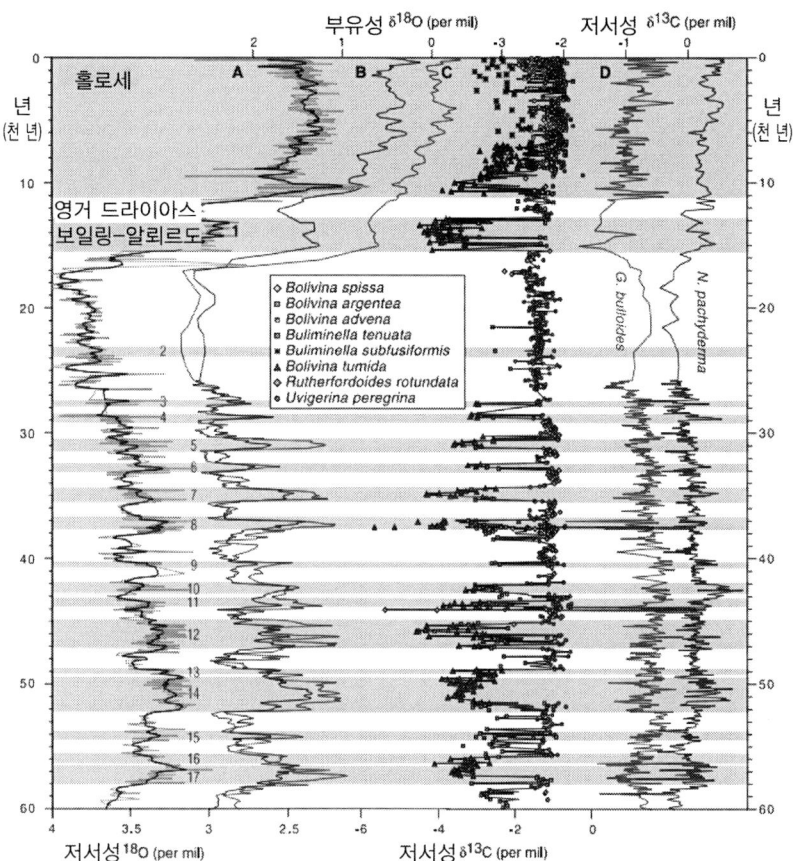

그림 3.2.4 ODP에서 얻어진 코아(Site 993A)의 부유성 및 저서성 유공충의 산소, 탄소 동위원소 비교(Kennett et al., 2000). 그림의 숫자는 따뜻한 시기에 해당하는 인터스타디얼(interstadials)과 홀로신을 지시한다.

으로 온난한 시기(interstadial)와 한랭한 시기(stadial)를 몇 번이고 반복한 다는 것을 알 수 있었습니다. 이렇게 빙기나 간빙기 내에서 고분해의 온 난-한랭(stadial-interstadial) 변화는 대륙의 빙상코아에서 얻어진 대기 중 이산화탄소 기록과 일치한다는 사실도 나중에 알려지게 되었습니다(어 떻게 보면 동위원소 기록은 기온변화를 반영하고 있기 때문에 당연한 결과입니다). 또한 여기에 더해 부유성과 저서성 유공충이 단주기로 낮아지는 산소동위원소 값은 해저의 메탄 하이드레이트(methane hydrate) 해리에 의해 발생한 메탄가스의 영향으로 해석되었습니다(Kennett et al., 2000). 참고로, 탄소가 용해되어 나올 때는 해저면에 서식하는 유공충의 껍질 표면에 흔적을 남깁니다. 유공충 각질에 동위원소 값이 가벼운 탄산염 이온이 흡착하는 것이죠(그림 1.4.5 참조). 이와 관련된 연구 결과는 유기물의 탄소 동위원소에 의한 결과와도 일치하고 있습니다(Uchida et al., 2008). 산소동위원소 및 탄소동위원소를 동시에 고분해로 분석할 필요성도 있다는 것을 나타냅니다.

필자가 대학원 과정에서 유공충에 대한 산소동위원소를 학습할 때는 시료 한 개를 분석하기 위해, 유공충 300마리 이상을 퇴적물 속에서 선별해 내야 했습니다. 퇴적물 중 필요 없는 것은 흘려보내고, 유공충만 슬라이드 글라스에 남겨 현미경 관찰을 하는 것이죠. 부유성 유공충에 한정하더라도 개별 유공충은 종류에 따라 서식하는 수심이 다릅니다. 예를 들어, 유생일 때는 표층, 성체가 되었을 때는 표층과 수심 500m까지를 수직 이동하면서 살아가는 종이 있습니다. 표층과 수심 500m는 수온이 크게 다르기 때문에 가급적 동위원소 분석값에 오차를 줄이기 위해서 단일종 중 비슷한 크기만을 선별해야 합니다. 신뢰 있는 분석값을 얻기 위한 사전 준비죠. 그렇게 시료를 모아 정성스럽게 전처리를 하고 수십 개의 시료를 제대로 분석해야 신뢰할 수 있는 데이터가 얻어지는 것입니다. 초기에 300개체 이상 준비해서 산소동위원소를 분석했지만, 5~6년이 지나간 후에는 7~8개체의 유공충 시료로도 산소동위원소를 분석할 수 있도록 기술이 발전했습니다. 분석기술이 급속히 발전한 결과 지금은 유공충 미화석 1개체로도 가능합니다. 물론 선별된 유공충은 개별적으로, 생태적으로 생장 과정이 다르므로 몇 번이고 중복해서 분석하는 과정을 거치면서 신뢰성을 확보하는 방법이 병행되고 있습니다.

내친김에 유공충을 활용한 수온 복원에 대해서 한 가지만 더 말씀드리겠습니다. 유공충은 성장할 때 용존되어 있는 탄산칼슘($CaCO_3$) 이온을 활용해서 각질을 만듭니다. 산소는 그런 요인 때문에 수온에 관계되는 것이고요. 그렇지만, 경우에 따라서 순수한 $CaCO_3$가 만들어지지 않는 경우도 있습니다. 역시 수온의 영향을 받아, 칼슘(Ca) 대신에 마그네슘(Mg)을 치환해서 각질을 만드는 것이죠. 따라서 유공충이 성장하면서 각질을 만들 때는 어떤 방법으로든 수온의 영향을 받습니다. 산소동위원소와 마찬가지로 용존된 다른 원소를 활용할 때도 수온의 영향을 반영한다는 사실이 알려졌습니다(Garidel-Thoron et al., 2005). 과학자들은 이 방법을 이용해 수온을 복원하기도 합니다. 화학 원소들도 비슷한 종류가 있습니다. Ca, Mg, Sr(스트론튬)들은 모두 2가 이온이며, 이온반경도 비슷합니다. 화학적으로 이들은 칼슘과 결합하기 쉬운 원소(carbonate-bound element)로 분류합니다. 즉, Ca와 쉽게 결합할 수 있는 원소이죠. 따라서 유공충이 그들의 각질을 만드는데, Ca 이온이 모자랄 때는 Ca를 대신할 수 있는 비슷한 다른 원소를 이용한다는 것이죠. 그림 3.2.5는 산소동위원소와 더불어 Mg/Ca를 수온 지표로 사용하고 있습니다. 적도 태평양에서 과거 1.6Ma 간 수온 변화를 보이는데, 두 가지 방법에 따라 복원된 수온은 매우 유사한 경향을 보입니다. 밀란코비치 주기도 보이고요.

이와 같이 유공충의 산소동위원소 연구는 동위원소 분석이 정착된 이래 많은 발전을 거듭하며 지구환경을 이해하는 데 큰 역할을 했습니다. 북대서양 지역에 관한 연구에서 범지구적 기후변화에 영향을 미친 D-O 주기, 영거 드라이아스 변화, 빙상 융해로 만들어진 담수의 유입으로 인해 급격히 한랭화되었던 8.2ka 사건 등 실로 많은 연구 결과들이 유공충 동위원소 연구 때문에 확인되었습니다(e.g., Broecker et al., 1986; Berger,

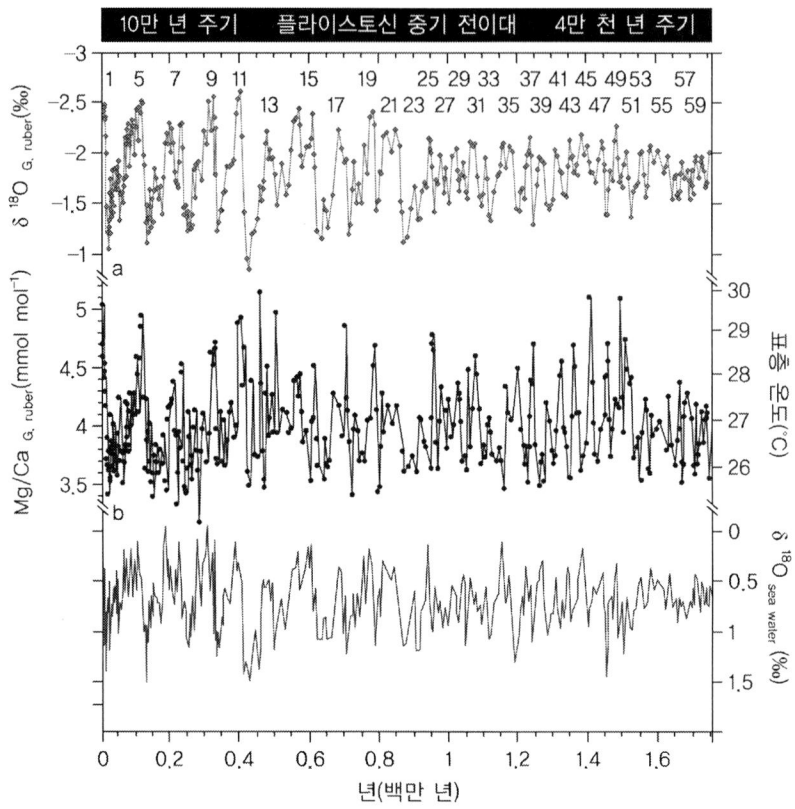

그림 3.2.5 산소동위원소에 근거한 SST변화와 Mg/Ca의 변화 및 SST와의 비교
그림(Garidel-Thoron et al., 2005).

1990; Dansgaard *et al.*, 1993). 3장의 타이틀인 인류의 시기에 들어와서 낙하석이 나타나는 시기를 규명하는 등 더욱 세밀한 정보를 얻을 수 있게 되었습니다. 이런 고분해 정보를 바탕으로 2부 5장과 6장에서 설명드렸던 해양대순환도 탄생한 것입니다. 현대 기후학 연구에서 동위원소 기법은 문제를 풀기 위한 전제조건과 같은 필수 불가결한 요소가 되었습니다. 계속해서 산소동위원소의 결점을 보완할 알케논에 대해 이야기를 이어가도록 하겠습니다.

〈조류(algae)의 흔적 알케논(alkenone)〉

사람은 개별적으로 다른 사람과 뚜렷하게 구별되는 지문(fingerprint)을 가져 신원을 확인할 수 있습니다. 지문의 유용성 때문에 수사의 결정적 증거로도 사용됩니다. 과학의 발전으로 지문이 아니더라도 최근에는 머리카락 한 올로도 유전자 특성을 분석함으로써 어떤 사람인지를 특정할 수 있습니다. 지문이나 유전자처럼 어떤 지역의 해양 퇴적물 중에 남아 있는 유기(화합)물은 당시 그 지역에 생존하던 조류(algae)가 합성하고 남겨놓은 것들입니다. 생물(조류)이 만들어 퇴적물에 남긴 유기물 중에는 수십 개의 탄소가 결합하여 합성된 특정한 유기화합물이 있습니다. 생물이 생장하는 과정, 그러니까 생물 생산 과정에서 그 당시 환경을 반영해서 특별한 구조를 가지는 유기화합물을 만드는 것이지요. 유기물의 특성은 바로 유기물이 생성될 당시의 해수 특성을 반영하게 됩니다. 유공충이 유생 단계에서 성장할 때나 성체가 되었을 때 해수에 용존되어 있는 탄산이온을 이용하는 것처럼, 이 조류들도 주어진 환경에 적응하면서 그 환경을 반영하는 유기화합물을 만드는 것이죠. 알케논(alkenoen)이라는 유기화합물이 좋은 예입니다. 이 화합물은 코콜리스(coccolith, nanno fossil로 역시 탄산칼슘 성분으로 되어 있습니다)가 생장하는 과정에서 만들어 내는 것입니다(그림 3.2.6). 이들은 일반적 환경일 때도 알케논을 만들지만, 특별한 환경에서 약간 다른 특성을 가진(분자 구조가 다른, 이중결합수가 다른) 화합물을 만듭니다. 이 특별한 환경이란 빙기-간빙기 간 변화에서 가장 두드러지게 달라진 수온이며 염분입니다. 즉, 수온과 염분의 영향을 받아 알케논이라는 유기화합물을 만드는 과정에서 이중결합수가 달라지는 것이죠. 그렇다면, 알케논이 만든 특별한 구조는 만들어질 때 수온과의 함수이므로 분석을 통해서 이중결합수를 결정할 수 있다면, 수온을 결정할 수가 있게 되는 것이죠.

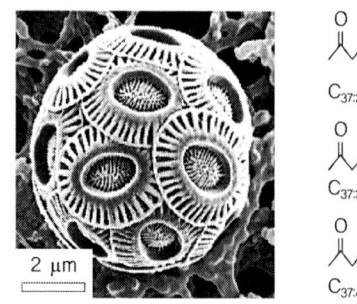
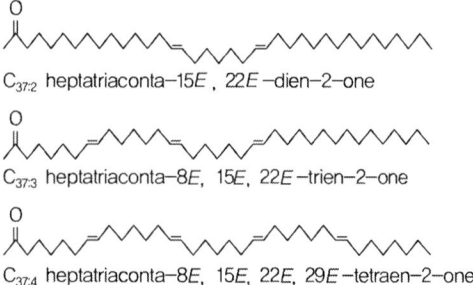

O

$C_{37:2}$ heptatriaconta-15E , 22E-dien-2-one

O

$C_{37:3}$ heptatriaconta-8E, 15E, 22E-trien-2-one

O

$C_{37:4}$ heptatriaconta-8E, 15E, 22E, 29E-tetraen-2-one

그림 3.2.6 Alkenoens를 만드는 코콜리스와 세 종류의 화합물. $C_{37:2}$는 탄소가 37개 결합된 구조이며, 그중에 이중결합이 2개 있다는 뜻이다.

좀 설명이 길었지만, 요약하면 유기화합물의 생성 특성을 이용하여 환경변화(수온)를 알아내는 방법입니다. 알케논을 활용하는 것은 특정 환경에서 생물종이 만들어 내는 특정한 유기분자를 이용하는 방법이라 할 수 있습니다(Ishiwatari and Yamamoto, 2003). 간단히 말하면, 알케논이 합성되는 조건을 따져보는 것이며, 수온과 염분은 알케논을 합성할 때의 조건에 해당하므로 알케논으로부터 환경변화를 추적해 보자는 것입니다.

알기 쉽게 다시 한번 예를 들어 보겠습니다. 사람들이 겨울철에는 몇 겹으로 옷을 입고, 여름철에는 홑겹으로 입습니다. 모두 기온에 적응하기 위한 것이죠. 사람들이 계절에 따라 입는 옷을 알케논이라 가정해 보지요. 분석을 통해 사람들이 겨울이나 여름에 각각 몇 겹으로 옷을 입었는지 알 수 있습니다. 그때 입은 옷이 몇 겹인지를 안다면, 여름이나 겨울이었음은 금방 알 수 있다는 것이겠죠. 알케논에서는 인간의 옷 대신에 이중구조를 만드는 수가 주로 수온에 따라 달라집니다. 그림에서 $C_{37:3}$이 의미하는 것은 탄소 원자가 37개 결합한 화합물이면서, 그중에 이중결합이 세 개가 있다는 뜻입니다. 알케논은 수온의 영향으로 만들어지므로 탄소 원자 수는 37개이지만, 이중결합 수는 2~4개까지 만들어집니다. 알케논 화합물을 고수온(과거의 온도) 복원에 어떻게 이용할 것이냐 하는 것은 C_{37}알케논의 불포화 수(2중 결합수, 위 그림에서는 이중 결합이 2, 3, 4개 보임)가 생장 온도에 따라 변하는 것을 이용하는 것입니다. 즉, 조류가 생장할 때 온도에 따라 불포화 수(이중결합 수)가 달라지기 때문에 이 불포화 정도(불포화 지표)를 이용하는 것이죠. 결국 불포화 지수를 질량분석기로 분석하고 생장 조건을 알아냅니다.

과학자들은 온도와 불포화 지수의 관계를 알아보기 위해 알케논을 만드는 종인 *E.huxlay*를 배양(culture)하는 실험을 합니다. 그리고 다양한 온도 조건을 주면서 불포화 지수가 어떻게 변화하는지를 조사하고, 온도와 불포화 지수의 관계를 규정하게 됩니다(그림 3.2.7). 어떤 규칙을 가진다면, 그 규칙성으로 온도를 알 수 있게 되는 것입니다. 알케논을 합성하는 두 종류의 조류(*Huxleyi*와 *Oceanica*)에 대한 사육실험 결과는 그림과 같은 거의 선형적인 관계를 보입니다. 조류의 종류에 따라 약간씩 다른 형태를 보이지만 크게는 비례한다고 할 수 있습니다. 계산식이 다소

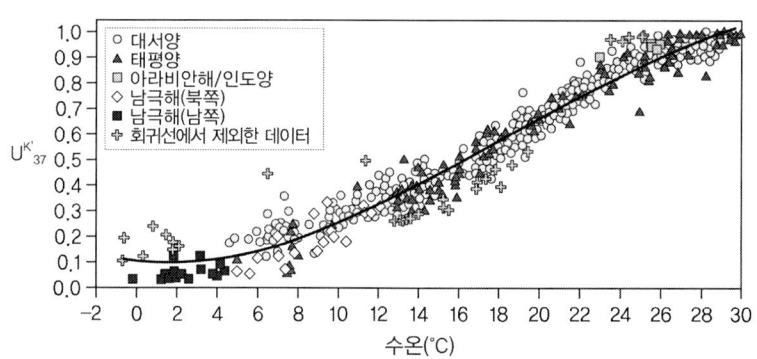

그림 3.2.7 알케논을 만드는 조류의 생육온도와 알케논 불포화 지수와 온도와의 관계(Conte et al., 2006). 전 세계 해양, 표층 30미터 이내의 시료에서 관측되었다.

복잡하므로 여기선 언급하지 않겠습니다. 불포화 지수(이중결합수)와 생육온도가 비례관계에 있기에 해양에서 유기화합물을 분석해 불포화 지수가 나오면 온도를 알 수 있습니다. 즉, 해양 퇴적물 중 유기화합물을 분석하면, 그 유기물이 생성될 때 온도를 알 수 있다는 것이죠. 이렇게 해양 표층(혹은 이들이 서식하는 수심)의 수온을 알 수 있습니다. 산소 동위원소에서도 몇 번 언급했지만, 알케논 역시 고분해로 분석한다면 수온 변화를 상세하게 알 수 있는 것입니다. 수온 변화는 바로 기후변화를 의미합니다.

알케논의 불포화 지수가 어떻게 생장 온도에 좌우되는 것인가에 관해서도 많은 연구가 이루어졌습니다. 일반적으로는 생체막(세포막이나 핵막 등)을 구성하는 지질이 생장 온도 변화에 대응해서 불포화의 수를 변화시켜 막의 유동성을 일정하게 오랫동안 지키는 역할을 하는 것으로 간주됩니다. 쉽게 비유해 보면, 우리가 겨울이 되면 옷을 한 겹 더 입고 추위에 견디는 것처럼, 그들은 생장할 때의 수온 변화에 따라 이중결합을 만든다는 것이죠.

이 분야에서 선도적 연구를 수행했던 네덜란드의 브라셀(Brassell) 연구팀은 적도 대서양 동부에서 얻어진 주상 퇴적물을 분석합니다. 알케논 분석을 통해서 과거의 수온을 복원하고자 했던 것이죠. 알케논 분석과 동시에 산소동위원소도 분석합니다(그림 3.2.8). 결과는 놀라울 정도로 두 방법에 따라 복원된 과거의 수온이 일치하는 것을 보여줍니다. 알케논에 의해서도 고수온을 복원할 수 있음을 알리는 것이죠. 산소동위원소가 검증을 통과해서 고수온을 복원했던 것처럼, 알케논 또한 고수온을 복원하는 방법으로 자리매김합니다. 복수의 방법으로 얻어진 결과를 검증할 수 있는 장점이 생깁니다. 또한 두 방법 간에는 무슨 이점이나 차이점이 있는 것일까요?

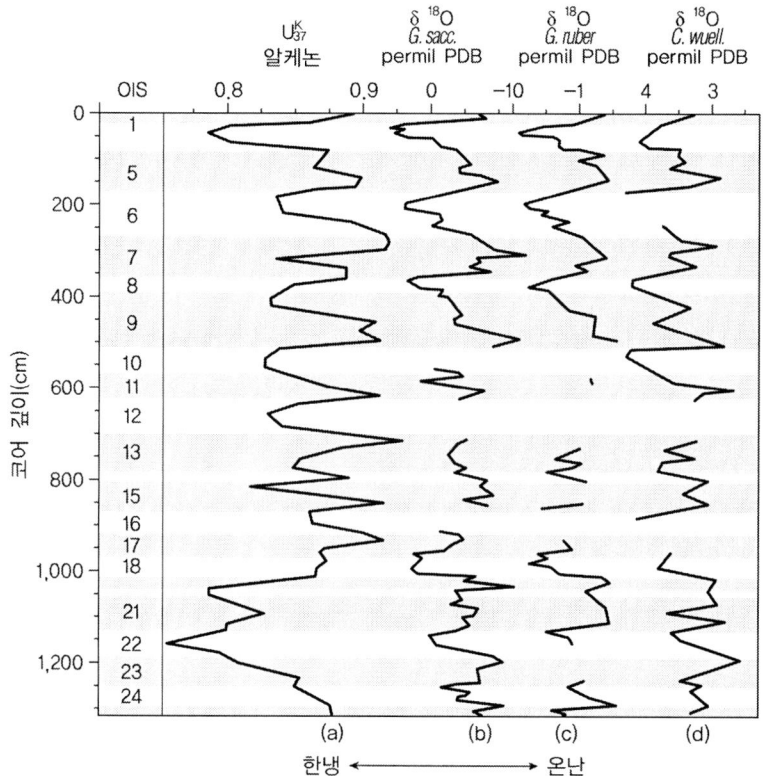

그림 3.2.8 알케논과 산소동위원소에 의해 복원된 고수온. 왼쪽 숫자는 해양 동위
원소 단계로(MIS, OIS), 24단계는 짝수로 빙기를 나타내며, 약 100만
년에 해당한다. 산소동위원소가 끊긴 구간은 유공충이 출현하지 않아
서 분석되지 않았다(Brassell et al., 1986).

알케논은 동위원소와 비교했을 때 장점이 하나 더 있습니다. 탄산칼
슘이 보존되지 않는 지역에서 얻은 퇴적물에도 적용할 수 있다는 점입
니다. 앞서 CCD에 대해 언급했습니다. 태평양이나 대서양 그리고 동해
에도 탄산염이 보존되지 않은 수심이 있습니다(표층에 부유성 유공충이
있었다 하더라도, 퇴적하기 전이나 퇴적된 후에 다 용해(녹아)되어 없어지는 것
이죠). 이런 퇴적물에도 유기화합물은 보존됩니다. 물론 유기물도 분해

되며 일부 보존되지만, 일단 형성(합성)된 유기화합물은 분해되기 어렵다(난분해성 유기물)는 장점도 있습니다. 따라서 세계 많은 곳의 탄산염이 없는 지역에서도 유기화합물은 존재하며, 이를 이용하는 알케논은 고수온을 복원하는 강력한 수단이 되고 있습니다.

알케논을 합성하는 *E. huxleyi*라는 코콜리스(coccolith)는 중요한 1차 생산자로서 극 지역 일부를 제외한 대부분 모든 해역에 분포하고 있습니다. 알케논을 만드는 생물종은 거의 모든 수온에서 생존하기에 이론적으로는 모든 지역에서 과거의 수온을 복원할 수 있게 되겠죠. 그러나 이 알케논을 이용해서 과거의 수온을 알아내는 방법 (고수온계) 역시 단점이 하나 있습니다. 그것은 알케논을 만드는 조류가 수온 약 5~28℃ 범위일 때만 온도와 이중결합수가 비례한다는 것입니다. 수온이 5℃ 이하인 저온 영역과 28℃ 이상의 고온 영역에서는 알케논 불포화 지수와 생육 수온의 관계가 비례관계에 있지 않다는 결과가 나오기 때문입니다. 해양 퇴적물에서 알케논 검출은 1억 년 전(백악기)까지 거슬러 올라갑니다. 그러나 당시에 생성된 알케논이 현재 검출되는 알케논을 만든 생물종이 아닐 가능성도 있습니다. 아마 현생 종의 조상에 해당하는 비슷한 종이 당시에도 알케논을 만들었을 것으로 생각됩니다. 따라서 고기후나 고해양, 더 나아가 탄소순환을 연구하는 관점에서 중요한 대리지표로 계속 활용될 것으로 판단되고 있습니다.

사실 퇴적물에서 유기화합물(알케논)을 추출하고 그 화합물의 구조를 분별해 내며, 더 나아가 구조가 달라지는 원인을 밝혀낸 것은 기초과학의 큰 발전이라고 할 수 있습니다. 이 장의 전반에 설명한 동위원소에 관한 원리를 과학적으로 규명한 것과 같이 중요한 발전이라는 것이죠. 퇴적물 중에는 미화석(micro fossil)이나 이보다도 더 작은 나노화석(nannofossil)에 해당하는 코콜리스(coccolith) 등 다양한 종류의 미화석이 포함되어 있고, 이들이 만들어 낸 유기화합물도 들어있습니다. 나노화석은 보통 크기가 $30\mu m$ 이하입니다. 당연히 눈으로 볼 수 없으며, 현미경으로 감정합니다. 유기화합물은 물론 화학구조로만 알아낼 수 있으며, 현미경으론 감지할 수 없습니다. 이들은 석회질 화석 중에 가장 작은 그룹에 속하지만, 탄산칼슘으로 구성된다는 데 의미가 큽니다. 바로 해양에 용존되어 있는 탄소와 관련이 있기 때문입니다. 또한 그들이 만들어 내는 유기화합물은 비록 보이지 않지만, 지구 기후변동을 이해하는 데 매우 귀중한 정보를 주고 있습니다.

기후변화는 해양 표층에 서식하는 생물의 탄소순환과 깊은 관계가 있습니다. 특히, 식물 플랑크톤은 광합성을 통해 대기-해양 간 탄소 교환이 일어나도록 합니다. 따라서 과거 어느 시점에서나, 아니면 미래의 어떤 시점에 생물 생산이 어떻게 되는지는 상당히 중요한 문제입니다. 바다가 탄소를 흡수하는 능력 또한 기후변화와 관련이 높기 때문입니다. 차가운 해수는 용해도를 높여 보다 많은 탄소(이산화탄소)가 녹아들도록 해줍니다. 반대로 수온이 오르면(온난화되면) 용해도가 떨어지고, 해양의 탄소 흡수 능력은 떨어지게 되는 것이죠.

통상적으로 해양생물 생산을 추측하기 위해서 탄산염 생산, 총유기물(유기 탄소) 생산, 생물 기원 오팔(biogenic opal) 등을 이용하고 있습니다. 알케논은 유기화합물인데, 굳이 구별한다면 유기탄소에 속합니다. 그렇지만, 알케논은 뚜렷하게 몇몇 조류에 의해 생산(합성)되기에 알케논 총량(농도)은 생물 생산의 지표로도 사용하고 있습니다. 즉, 빙기-간빙기의 상황에 맞게 알케논 총 농도가 변화한다는 것이죠. 이러한 과거의 연구사례들을 종합하면 알케논은 해양의 생물생산 변화에 관여하고 있다는 사실을 나타냅니다. 결국 광합성을 통한 대기-해양 간 상호작용이나, 해양 내부에서 일어나는 생물 생산은 모두 지구 규모의 탄소순환(carbon cycle)과 관계가 깊습니다. 이 장에서 다룬 산소동위원소와 알케논은 기후변화를 이해하기 위해 꼭 필요하고 해양의 탄소순환을 이해하기 위한 기초 정보를 제공한다는 의미에서도 매우 중요합니다. 탄소순환에 대해서는 후속하는 3부 5장에서 다시 언급하겠습니다.

제 3 장

대기-해양 상호작용과 생물학적 펌프

'수금지화목토천해명'. 제가 지금까지 암기하고 있는 몇 안 되는 구절 중 하나입니다. 많이 알고 계시겠지만, 태양을 도는 위성의 이름을 태양과 가까운 것부터 나열한 것입니다(얼마 전에 명왕성은 행성이 아니라는 과학적 결론이 났습니다). 세 번째의 '지'는 '지구'를 의미하며, 태양으로부터 가까운 쪽에서 세 번째 위치한다는 의미입니다. 태양계 위성들은 각각 얼마나 뜨거울까요? 이들 위성이 같은 물질로 되어 있다면, 평균적으로 받는 태양에너지는 거리에 비례할 것입니다. 태양으로부터 받는 에너지에 따라 그들의 표면은 뜨거운 정도가 다르겠지요. 달리 얘기하면, 각 위성 표면의 온도는 태양과의 거리나 태양으로부터 나오는 방사 에너지에 의존한다고 할 수 있을 것입니다.

지구는 태양과 약 1억 5,000만km 떨어져 있습니다. 얼마나 긴 거리인지 감이 잡히지 않을 정도입니다. 달과 지구는 38만km 떨어져 있습니다. 빛의 속도는 초당 30만km이니 지구에서 발생한 빛이 달까지 가는 데는 1.3초 정도가 걸립니다. 태양까지는 500초 정도가 걸린다는 계산이 나옵니다. 이러한 계산은 지구의 어느 한 점, 그러니까 특정 기준점에서 계산된 것입니다. 지구는 둥글고 반경이 6,400km나 되니 알고 보면 크기가 좀 있는 편입니다(참고로 축구공의 반지름은 11cm라고 합니다). 따라서 태양으로부터 빛을 받는다고 해도 한쪽 면은 받지 못하는 경우가 있을 것입니다. 부풀어 있는 적도 지역은 많은 양을, 그리고 극 지역에서는 상대적으로 적은 양을 받고 있겠죠. 사실, 남극과 북극이 열대지방보다 추운 것은 이렇게 태양으로부터 받은 열에너지 차이가 있기 때문입니다. 열을 받는 처지에서 에너지는 거리에 비례하지만, 어떤 매질(媒質)로 만들어졌는지도 중요합니다. 열에너지를 받는다고 해도 반사해 버리면 받지 못하는 것과 차이가 없기 때문입니다. 결국, 지구에서 받는 태양에너지는 지역이나 조건 등 다양한 요인으로 달라질 수 있습니다. 지구와 태양과의 관계는 이렇게 거리에 대한 관계라 할 수 있습니다.

대기와 해양의 상호작용은 거리에만 의존하지 않습니다. 이웃하고 있기 때문입니다. 같은 아파트에 사는 이웃은 알게 모르게 공유하는 것들이 있습니다. 대기를 통해 들어오는 층간 소리가 그렇고, 옆집에서 화재가 발생하면 불도 전달될 가능성이 큽니다. 대기와 해양의 상호작용은 사실 끊임없이 진행되는 자연현상의 일부입니다. 대기와 해양이 만들어진 뒤 물리적인 법칙이 적용됐던 것이죠. 자연이 가진 어떤 형태나 모습에서 물리적인 작용을 통해서 또 다른 모습이나 형태로 바꾸어 가는 과정이기도 합니다. 대기-해양의 상호작용은 최근 핫 이슈인 기후이상이나 탄소거동 등과도 밀접히 관계됩니다. 해양에서 일어나는 변화가 우리 일상과 관계되며, 그것은 또 대기에서 유래되었다는 사실은 과학자들에 의해 검증되었습니다. 어떤 '변화'가 있으려면 변화를 가늠하는 전후의 상황변화, 즉 시간도 있어야 하지만, 경우에 따라서는 공간적 차이도 있어야 합니다. 변화의 한복판에 또 다른 변화가 중첩되기도 하면서, 그 변화가 지나가고 기록됩니다. 대기-해양 간 변화는 계속될 것으로 예측됩니다. 변화가 계속된다는 의미는 앞으로 변화가 어떤 형태로든 달라질 수 있다는 말입니다. 과거에서 지금까지 변해 온 것처럼 말입니다. 태양으로부터 지구가 받는 열에너지만 보더라도 그렇습니다. 저위도 열대 지역은 열에너지로 인해 물이 많이 증발합니다. 반면, 증발한 물은 고위도 지역에 빙상으로 고정되는 형태를 보입니다. 이렇게 역동적인 지구는 대기-해양 작용이라는 큰 프레임 내에서 조절된다고 할 수 있습니다.

대기-해양 간 상호작용은 항상 일정하지는 않습니다. 작은 변화가 축적된 끝에 일시에 큰 변화가 일어나는 것과 같은 이치입니다. 작은 변화가 표면적으로 나타나지 않을 때는 더 큰 변화를 위한 에너지 축적의 시기입니다. 그러다 어떤 임곗값에 달하면 일시에 무너져 내리는 것이죠. 시간의 흐름과 과학기술의 발전 속도도 선형적인 비례관계에 있지 않은 것입니다. 과거의 10년이 지금의 5년, 그리고 5년 후면 과거의 10년이 1년으로 단축되는 것이죠. 18세기에 시작된 산업혁명으로 발전이 시작되더니, 지금은 어느 방향으로 가고 있는지도 모를 정도로 비약적 발전을 가져왔으니까요. 해양 관측도 마찬가지입니다. 과거에는 해양에 연구선을 타고 나가서 신체적인 위험을 무릅쓰고 온갖 궂은일을 할 때도 있었습니다. 지금도 여전히 육체적으로 수고해야 할 때도 있지만, 한편으로는 기계적 편의를 충분히 활용할 수도 있게 되었습니다. 이처럼 대기-해양의 상호작용은 디테일이 숨겨져 있다는 점을 명심하면 좋겠습니다.

이 절에서 다루어야 하는 대기-해양 상호작용은 현재 전 세계적으로 관심이 큰 기후변화와 밀접하게 관련됩니다. 대기는 순환이 빨라 한 지역에서 다른 지역으로 여분의 에너지를 전달합니다. 한편 해양은 막대

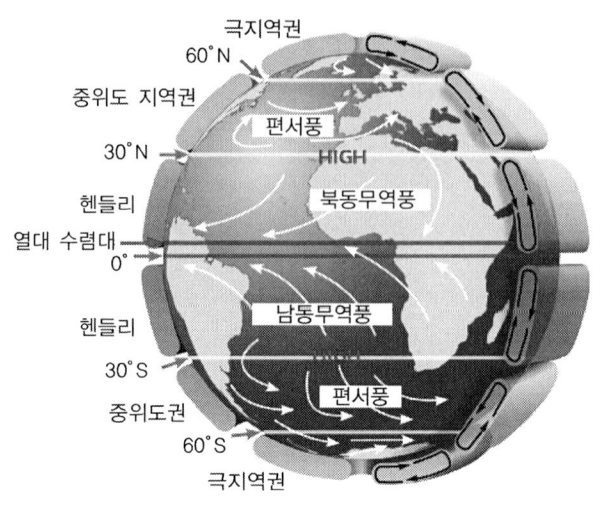

극지역권
60°N
중위도 지역권
30°N
편서풍
HIGH
헨들리
북동무역풍
열대 수렴대
0°
헨들리
남동무역풍
30°S
중위도권
편서풍
60°S
극지역권

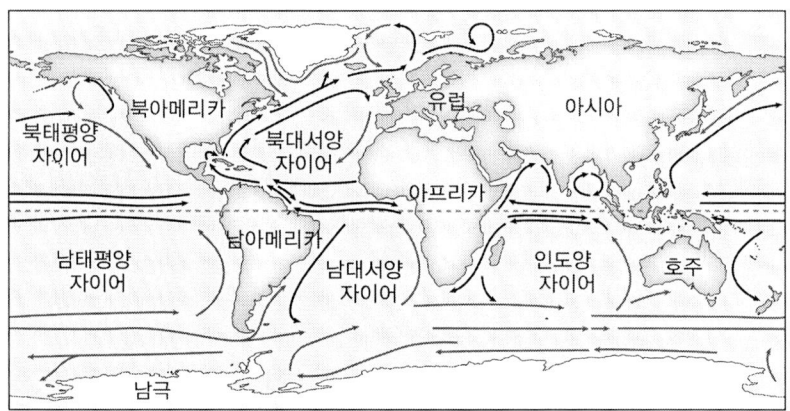

북태평양
자이어
북아메리카
북대서양
자이어
유럽
아시아
아프리카
남태평양
자이어
남아메리카
남대서양
자이어
인도양
자이어
호주
남극

그림 3.3.1 대기순환(위쪽)과 표층 해류(아래쪽). (위: NASA (2005), 아래: Science photo)

한 용량으로 수증기나 열에너지를 저장하는 저장소 역할을 합니다. 해양과 대기는 끊임없이 열(heat)과 물(water) 그리고 에너지를 교환하고 있습니다. 특정 지역에 국한되지 않고 지구 전체로 확산하거나 혼합하는 특징도 가지고 있습니다. 앞서 설명했지만, 해양은 해양대순환이라는 거대 메커니즘을 통해 지구의 에너지 균형을 조절하는 역할을 하고 있습니다. 대기 또한 고유의 지구 순환 형태가 있어 특별한 바람장을 형성하여 에너지 균형을 맞추는 것입니다. 결국은 한 곳에 편중된 에너지를 다른 쪽으로 이동시키는 역할이 바로 대기-해양 상호작용을 통해 이루어집니다. 일정한 속도도 아니고, 일정한 형태도 아닙니다. 상호작용으로 변화무쌍한 변화를 끌어내고 있는 것입니다(그림 3.3.1).

대기-해양의 상호작용으로 잘 알려진 것이 엘니뇨(El Nino)와 라니냐(La Nina)입니다. 비슷하게는 엘니뇨 남방 진동(El Nino Southern Oscillation, ENSO)과 인도양 쌍극자(Indian Ocean Dipole, IOD)도 있습니다. 이들은 범지구적 기후변화에 큰 영향을 주는 것으로 잘 알려져 있는데, 최근에는 이상기후 현상과 결부되어 더욱더 주목받고 있습니다. 이상기후의 패턴이나 발생 빈도 등이 사회와 경제에 치명적 영향을 줄 수 있기 때문에 엘니뇨를 포함한 대기-해양 상호작용이 앞으로 어떻게 변화할 것인지 추세를 파악하고 대응하는 데 관심이 집중되고 있습니다. 이 장에서는 기후변화에 영향을 주는 대기-해양 상호작용의 몇 가지 대표적 사례에 대해 살펴보겠습니다. 상호작용이 기후변화나 탄소 거동과 어떻게 결부되는지 생각해 보겠습니다.

〈엘니뇨와 엘니뇨 남방 진동(ENSO)〉

본래 엘니뇨는 겨울철 크리스마스 시즌에 페루나 에콰도르 연안을 따라 남쪽으로 흐르던 온난 해류가 약해졌을 때 부르던 용어입니다. 그러나 이제는 중부 및 동부 열대 태평양이 온난해지거나 온도가 평균보다 올라갔을 때를 지칭하고 있습니다. 간단히 말하면, 저위도 동태평양의 해수 온도(SST)가 평년보다 높은 경우나 그러한 현상이 계속되는 것으로 정의됩니다. 당연히 이런 엘니뇨 현상은 무엇인가 정상적으로 작동하지 않을 때 일어나는 것이겠죠. 그 결과 또한 좋지 않은 영향을 주게 됩니다. 엘니뇨가 발생하지 않는 일반적 상황을 알면 엘니뇨를 포함한 대기-해양 상호작용을 이해하는 데 도움이 됩니다. 구체적으로는 무엇이 어떻게 되는 것일까요?

엘니뇨가 일어나지 않는 평상시 해양-대기 상호작용은 어떨까요. 이절의 제목을 대기-해양 상호작용이라고 붙인 이유에 그 원인이 있습니다. 앞 그림에서도 표시되었지만, 평상시 저위도 적도 지역에서는 북동·남동 무역풍이 동쪽에서 서쪽으로 불고 있습니다. 그러면, 표층 해수를 움직여서 동쪽의 따뜻한 열기를 서쪽으로 계속 이동시키게 됩니다 (그림 3.3.2). 이렇게 되면 서태평양 쪽에서는 수온이 더 높아지고, 가열된 해수는 수증기를 발생시키기 좋은 조건이 됩니다. 결과적으로 태평양

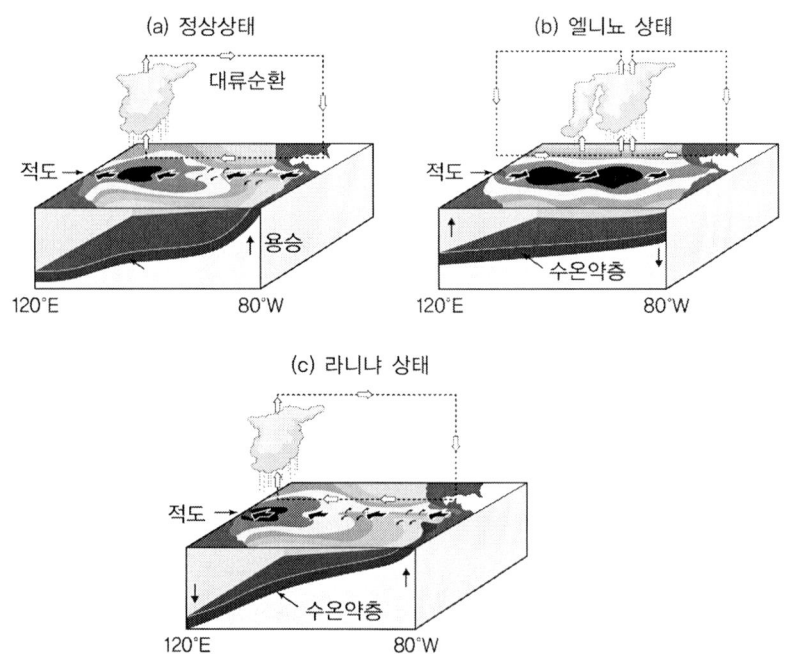

그림 3.3.2 엘니뇨와 라니냐 및 정상상태의 해양의 상태(Weather, 2019).

동서 간 SST의 차이가 나며, 특히 동서 끝단에서는 극명한 차이를 만듭니다. 무역풍 때문입니다. 그림 3.3.2에서 보는 것처럼, 저위도 서태평양은 더워지고 강수량이 많아지게 됩니다. 이러한 정상적인 상태에서는 해양도 매우 중요한 역할을 합니다. 서쪽으로 밀려온 해수의 열기를 보상하는 차원에서 해수면 아래쪽에서는 차가운 해수가 동쪽으로 계속 이동하여 용승(勇昇, upwelling)을 일으키는 것이죠. 그림 3.3.2를 주의 깊게 보면 차가운 해수의 분포가 동서에서 다르다는 것을 알 수 있을 것입니다. 수심 깊은 곳의 차가운 해수가 표층으로 상승하는 용승 현상은 남아메리카쪽 외해에서 일어나게 되는 것이죠.

'용승'은 매우 중요한 해양학 용어로 저층에 있는 물이 표층으로 상승하는 것을 의미합니다. 상승할 때는 저층수에 포함된 온갖 영양염도 같이 표층으로 올라옵니다. 그러면 어떻게 되겠습니까? 용승이 일어나는 해역에서는 풍부해진 각종 영양염으로 인해 1차 생산을 담당하는 플랑크톤이 많아지고 생물 생산이 높아지게 됩니다. 그 연장선상에서 식물 플랑크톤을 섭취하는 동물 플랑크톤, 소형 어류가 많아지게 됩니다. 결국, 풍부한 어장이 형성되는 것이죠. 사실 페루 외해는 용승 해역이며, 어장으로 매우 유명한 지역입니다. 어디까지나 정상적인 해양 상태에서 그렇다는 것입니다. 이렇게 정상 상태일 때 풍부하던 물고기는 해양환경이 비정상적으로 바뀌면 어디론가 사라져 버리는 것이죠. 이 비정상적인 상태가 바로 엘니뇨를 지칭하는 것입니다. 어부에겐 일종의 재앙이나 다름없는 것입니다. 대기-해양 상호작용이 정상적이지 않으면 나타날 수 있는 대표적인 예입니다.

다시 처음으로 돌아가 생각해 보죠. 비정상적인 상태는 기후변화에 원인을 둔 무역풍이 약해지는 것에서 출발합니다. 무역풍이 약해지면 서쪽으로 가야 할 온난 해수는 정체되고 정상 상태와는 반대로 동태평양에 따뜻한 해수가 온난한 채로 남아있게 되는 것이죠. 서태평양 쪽으로 이동하지 못한 온난 해류에 해당하는 것만큼 저층 해류가 동태평양으로 이동하지 못하고, 저층수의 용승도 없어집니다. 용승류가 약해지면 영양분을 공급받지 못한 표층에는 영양 상태가 좋지 않게 되고, 연쇄적으로 플랑크톤 감소(생산량 감소)와 어족자원 감소가 뒤따르게 되는 것입니다. 이게 엘니뇨입니다. 한 줄로 줄이면 무역풍이 약해졌을 때 최종적으로 페루 외해의 어장이 형성되지 않는 것입니다. 대기-해양 상호작용이 불러온 결과는 이렇게 해양 생태계, 인간 활동, 경제적 측면까지 매우 다양하게 나타납니다.

동태평양에서 표층수온이 올라가면 당연히 기후에도 영향을 줍니다. 또한 적도 반류에 의해 하강해야 할 공기가 상승하면서 강우량이 증가하고 심할 때는 홍수가 발생합니다. 홍수는 토양을 침식시키거나 운송이나 농업 등에도 큰 피해를 줍니다. 표층수 온난화는 강우를 동반한 대기 순환에 변화가 일어날 때 생깁니다. 결과적으로 이런 변화로 인해 인도네시아·인디아·호주 북부에는 강수량이 적어지고, 열대 태평양 지역에는 태풍이 증가하는 결과를 가져옵니다. 엘니뇨는 1~3개월간 지속하는 경우가 보통이지만 1년 이상 계속되기도 합니다.

엘니뇨 현상은 지구 전체의 기후 패턴에 큰 영향을 줍니다. 따뜻해진 해수는 태평양상의 제트 스트림(지구를 도는 일종의 난기류)을 중립적 위치보다는 더 남쪽으로 이동시킵니다. 난기류 때문에 동서를 횡단하는 비행을 어렵게 하기도 하지만, 이 난기류가 남쪽으로 이동하면서 미국 북부나 캐나다 쪽은 평소보다 더 건조하고 따뜻해집니다. 이와 반대로 남동쪽의 걸프 연안은 더 습윤해지면서 홍수가 나기 쉬워집니다. 평상시에도 큰 허리케인이 자주 발생하는 장소로 알려진 걸프 연안은 엘니뇨가 발생하면 더 두려운 상황이 되는 것입니다. 또한 엘니뇨는 태평양 연안 부근에서 생활하는 사람에게 경제적 타격을 줍니다. 정상적인 여건에서는 용승으로 인해 심층수가 표층으로 올라옵니다. 이 물은 차갑고 영양염이 풍부한 해수입니다. 엘니뇨가 발생하면 용승이 약해져 심층수로부터 영양염 공급이 제한되므로 풍부한 어장이 형성되지 못합니다. 즉, 어업과 관련된 생업을 하는 사람에게 타격을 주게 됩니다. 기후변화, 수온 상승으로 제주도에 열대어가 많이 나타나게 되는 것처럼 따뜻해진 SST는 열대 어종이 출현할 기회가 많아집니다. 인간에게 경제적 타격과 함께 해양환경 그 자체도 크게 영향을 주는 것입니다.

라니냐는 어떤 현상일까요? 라니냐는 엘니뇨의 반대 현상이라고 하면 이해하기 쉽습니다. 라니냐 동안에는 편서풍이 평상시보다 더 강해집니다(그림 3.3.2). 그래서 온난 해수를 아시아 쪽(서쪽)으로 더욱 강하게 밀어붙이는 것이죠. 아메리카 대륙의 서부 연안에서는 용승이 평상시보다 더욱 증가하고 영양염이 풍부한 해수가 표층으로 상승합니다. 그러나 동태평양의 냉수괴는 제트 스트림(제트기류)을 북쪽으로 이동시킵니다. 그 결과 미국 남부 쪽에는 가뭄이 나타나며, 북서 태평양 쪽이나 캐나다 등에서는 폭우와 홍수가 발생합니다. 라니냐가 일어난 해는 남쪽에서는 겨울 기온이 보통 때보다 따뜻해지고, 북쪽에서는 더 추워집니다. 라니냐는 동부지역에 허리케인을 동반하게 됩니다.

과학자들은 이처럼 엘니뇨와 라니냐가 일어나는 현상을 엘니뇨 남방진동(ENSO)이라고 명명합니다. 이들 둘은 범지구적으로 기후에 영향을 주며, 대형산불이나 생태계 그리고 경제에까지 영향을 주고 있습니다. 엘니뇨나 라니냐가 일어나는 기간은 9개월에서 1년 정도지만, 1년 이상 지속할 수도 있습니다. 엘니뇨와 라니냐는 2~7년 주기로 일어나지만 정해진 것은 아닙니다. 일반적으로 엘니뇨는 라니냐보다 더 자주 일어납니다. 아직도 엘니뇨, 라니냐 그리고 남방 진동이 어떤 환경적인 경계점에서 시작되는지 대기-해양 상호작용의 관점에서 정확하게 이해하지 못하고 있습니다. 기후변화와 탄소 거동을 이해하려면 먼저 대기-해양 상호작용을 이해해야 할 필요성이 여기에 있습니다.

태평양에서 일어나는 대표적인 대기-해양 상호작용을 엘니뇨 남방진동(ENSO)이라 한다면, 인도양에는 인도양 쌍극자(Indian Ocean Dipole, IOD)가 있습니다. IOD는 인도양 동서 간의 표층 수온(SST) 차이로 정의됩니다. 즉, 서부 인도양 아라비아해(Arabian Sea)와 인도네시아 쪽의 동부 인도양의 SST 차이죠. IOD는 호주 및 인도양을 둘러싼 나라의 기후에 영향을 줍니다. 특히 이들 지역에서 강수량 변화에 크게 영향을 주는 것으로 알려졌습니다(그림 3.3.3). 태평양에서 일어나는 ENSO처럼, 인도양 동서 간의 온도 차(온도 경사, gradient)는 해양과 대기에서 습기를 발생시키는 지역에 차이를 가져옵니다. 어떤 점에서는 태평양의 ENSO 영향이 인도양까지 미친 것입니다. 태평양과 인도양에 걸쳐 존재하는 온난 수괴(Western Pacific Woom Pool, WPWP)가 인도양까지 영향을 미치는 증거이기도 합니다.

IOD는 인도양에서 일어나는 대표적인 해양-대기 상호작용입니다. 처음에 설명했듯이, WPWP는 인도네시아 통과류를 거쳐 인도양으로 전달됩니다. 비슷하게 IOD는 인도네시아 통과류와 워커 순환(Walker circulation)의 확장을 통해서 일어나는 ENSO와 관련이 깊습니다. IOD는 순상(positive phase)과 역상(negative phase)으로 구분할 수 있습니다(그림 3.3.3). 순(positive) IOD는 엘니뇨와 관련되고, 역(negative) IOD는 라니냐와 관련됩니다. 인도양 동부가 냉각되면 인도양 서부는 평상시보다 온난해지고 아프리카 쪽에는 강수가 많아집니다. 이런 현상은 인도양 동서로 전달되는 온난 수괴의 이동과 관계됩니다. 반대로 인도네시아 쪽에 강한 강수가 내리는 것은 음의 양상(negative phase)으로 정의됩니다(그림 3.3.3).

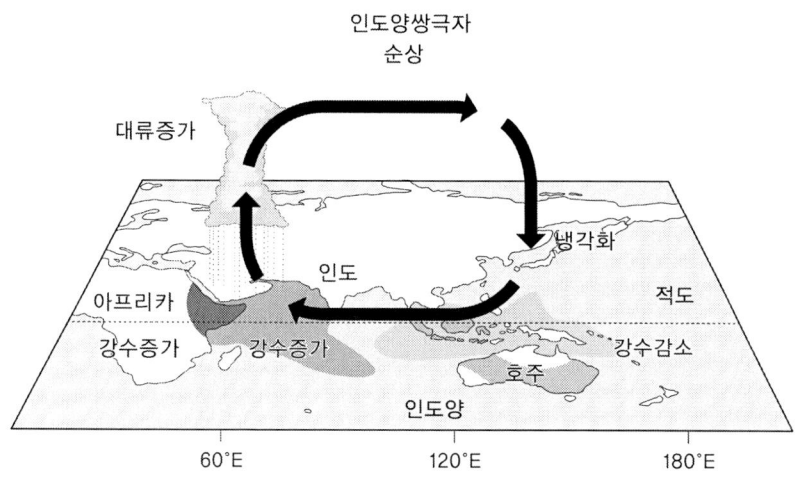

인도양쌍극자
순상

대류증가

냉각화

인도

아프리카   적도

강수증가   강수증가   호주   강수감소

인도양

60°E   120°E   180°E

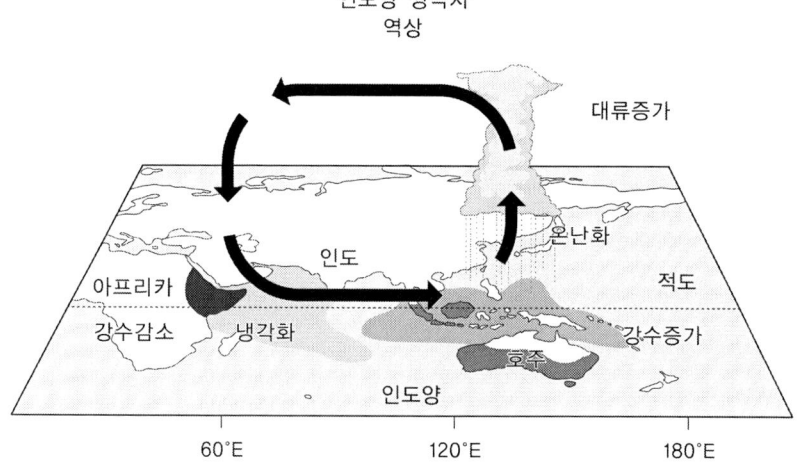

인도양 쌍극자
역상

대류증가

온난화

인도

아프리카   적도

강수감소   냉각화   호주   강수증가

인도양

60°E   120°E   180°E

그림 3.3.3 인도양 쌍극자-IOD(Indian Ocean Dipole).

IOD와 ENSO는 엘니뇨 라니냐가 호주에 영향을 줄 때 같은 형태가 되고, 엘니뇨 라니냐가 없어질 때는 위상이 달라집니다. 순(positive) IOD에서는 인도양 SST는 동쪽보다 서쪽이 더 따뜻해집니다. 따라서 호주 남부는 구름이 없어 건조해지기 쉽습니다. 역(negative) IOD에서는 인도양 서부가 동부보다 더 차가워집니다. 따라서 바람은 더욱 서쪽으로 향하고 호주 북서쪽에는 구름이 없어지며, 남부 호주에는 많은 비가 내립니다.

한 가지 더 주목해야 하는 것은 IOD가 태평양의 ENSO와 관련이 있고, 인도양과 태평양을 연결하는 습도 교환이 일어나 아프리카와 아시아의 기후에도 영향을 미친다는 것입니다. 과거 500만 년 동안 진행된 표층 수온 변화를 조사한 결과 태평양 동서 양안(兩岸) 간의 표층 수온 격차가 더 심해지는 것으로 나타났습니다(Fedorov et al., 2015). 과거보다 엘니뇨나 라니냐가 더 심해질 수 있다는 얘기죠. 또한 태평양에 분포하는 산호초를 조사해본 결과 엘니뇨 현상은 과거 수백만 년 전에도 있었습니다(Watanabe et al., 2001). 현재 일어나는 엘니뇨, 라니냐, ENSO, 그리고 인도양 쌍극자까지 모두 과거부터 있던 기후변화 현상일 가능성이 크다는 것입니다. 최근에 대기 중으로 방출되는 온실가스 탓인지 그 강도도 점점 더 강력해지는 것도 틀림없는 사실입니다. 대기-해양 상호작용을 더 확실하게 이해할 필요가 있다는 것이죠.

대기-해양의 상호작용은 단순히 기후변화에만 한정된 것일까요? 그리고 어떠한 파생적 결과를 낳을까요? 매우 궁금해지는 점입니다. 물론 ENSO 등이 나타나면 일상 기후에 큰 영향을 받는 것은 당연합니다. 그렇지만, 그냥 대륙이 건조해지거나 강우량이 많아지는 것만으로 끝나는 것일까요? 아닙니다. 한 가지 더 강조해야 하는 문제가 있는데, 그건 앞서 얘기한 용승과 관련된 것입니다. 용승이 일어나면 저층에 있던 차가운 물이 표층으로 상승하면서, 저층 퇴적물에 섞여 있던 각종 영양염이 표층으로 상승합니다. 그렇다면 영양염을 이용한 기초생산이 활발하게 일어나는데, 이 기초생산 과정은 탄소순환과 관계가 깊습니다. 기초생산은 해수 중에 용존된 탄소를 격리하는 역할을 하는 것입니다. 용존되어 있는 탄소를 유기화합물로 고정하는 것이고, 이것은 결국 대기의 탄소가 해양으로 흡수되어 제거되는 결과인 것이죠. 즉, 대기-해양 상호작용을 통해서 지역적으로는 높은 생물생산이 일어나게 되는데, 이 생물생산은 지구의 탄소순환에 어떤 형태로든 관여한다는 것입니다. 그림 3.3.4는 대기-해양 간 이산화탄소 교환이 일어나고, 생물생산을 통해 생산된 유기물은 해저로 저장되며, 해수 중에 부족한 탄산 이온은 대기로부터 공급받는 과정입니다. 최근 이슈인 탄소중립의 관점에서 이야기한다면, 이러한 생물생산은 해양이 탄소흡수 능력을 높여 순 배출을 줄이는 효과를 가져온다고 해석할 수 있습니다.

광합성이 진행되면 유기물만 형성되어 해저로 보관되는 것은 아닙니다. 생물생산을 통해 만들어지는 유기물과 더불어 각종 조류가 대번식을 하게 되는 것이죠. 예를 들어, 2절에서 설명한 알케논을 만드는 에밀리아니아 헉슬레이(Emiliania *huxleyi*) 같은 기초 생산자가 대표적입니다. 헉슬레이는 성분이 탄산칼슘($CaCO_3$)입니다. 크기가 작을 뿐이지 성분이 조개껍질과 같으니 결국 탄소를 고정한 결과물인 것이죠. 따라서 생물

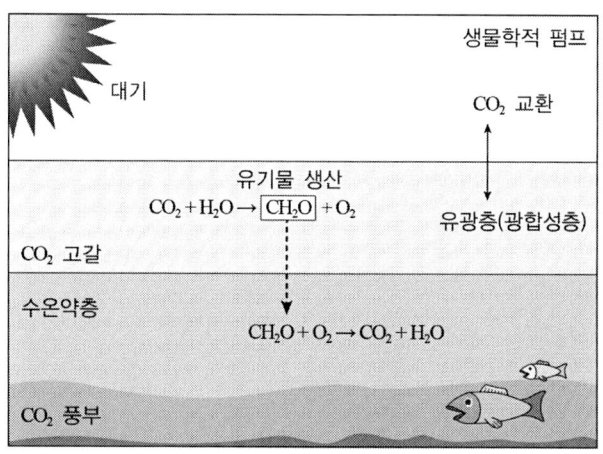

그림 3.3.4 이산화탄소 교환과 광합성을 통한 탄소 고정

생산이 증가한다는 것은 유기물 합성과 더불어 해수 중에 용존되어 있는 탄산이온이 고정되는 것입니다. 결국, 생물생산 과정을 통해서 대기 중의 이산화탄소를 줄이는 효과를 가져옵니다. 생물생산을 통해 대기에서 해양으로 이산화탄소가 스며 들어가는 것이지요.

해양을 특성에 따라 지역별로 구분한다면 연안, 대륙붕 그리고 외해로 나눌 수 있습니다. 해양의 각 영역 중에서 기초생산이 가장 활발한 부분은 대륙붕을 포함한 연안입니다. 면적으로는 외양(外洋)이 압도적으로 넓으나, 생물생산의 규모로는 오히려 하구역이나 대륙붕이 월등하게 높다는 것을 의미합니다. 다음 표3.3.1에서도 볼 수 있듯이, 면적 대비 생산되는 탄소량은 많은 차이를 보입니다. 해양의 탄소흡수 능력을 이야기할 때는 연안이나 대륙붕이 그만큼 중요하다고 할 수 있습니다.

표 3.3.1 해양을 구분하는 영역과 기초생산으로 인한 탄소생산량

생태계	면적(10^6km^2)	10^9tC$_{org}$yr^{-1}	gC$_{org}$m^{-2}yr^{-1}
하구	1.4	1.0	714.3
용승 지역	0.4	0.4	250.0
대륙붕	26.6	4.3	161.6
외양(대양)	332	18.7	56.3

지금까지 대기-해양 상호작용과 해양의 각 권역에서 일어나는 탄소고정(생물생산의 결과를 고정으로 표현했음)의 정도를 이야기했습니다. 탄소 고정 능력(해양이 탄소를 흡수하는 능력)이나 속도는 기후변화에 정말로 중요합니다. 우리가 지금 겪는 문제는 인간이 방출하는 이산화탄소가 대기 중에 남아 온실가스로 작용하는 것 때문입니다. 만약에 해양이 인간이 방출하는 이산화탄소를 전부 흡수해 버린다면, 인간이 아무리 많은 이산화탄소를 방출하더라도 아무 걱정이 없겠죠. 아쉽지만 그렇지

않습니다. 우리가 방출하는 이산화탄소는 대기 중에 머물러 온실가스로 작용하고, 일부는 해양으로 흡수되어 해양환경에도 영향을 주고 있습니다. 물론 해양은 흡수하는 역할을 하지만 어떤 곳에서는 방출도 합니다. 세계적으로는 흡수지역과 방출지역이 뚜렷하게 구분되고 있습니다. 그렇지만 더욱 중요한 것은 해양의 흡수능력이 점점 떨어지고 있다는 점입니다(Nozaki, 1993). 방출되는 지역이 많아지거나 또는 과거에는 흡수지역이었던 곳이 방출지역으로 변하고 있는 것이죠.

해양은 지금까지 설명한 해양-대기 상호작용을 통해 대기와 해양 간 탄소 수지(budget)를 결정하고 있습니다. 산업혁명 이전까지는 자연적인 흡수-방출의 범위가 거의 일정했습니다. 빙기가 되었을 때 대기 중 이산화탄소 농도는 180ppm, 간빙기가 되었을 때도 280ppm을 넘지 않았습니다(Barnola et al., 1987). 산업혁명이 일어난 후에 대기 중 이산화탄소 농도는 급격히 증가하고 있습니다. 자연적인 농도변화의 범위인 180~280ppm 범위 밖의 상당히 높은 수준으로 말입니다. 현재 대기 중 이산화탄소 농도가 얼마인지 아시는지요? 2021년 평균 이산화탄소 농도는 414.72ppm입니다(그림 3.3.5). 여기서 더 중요한 사항 하나가 있습니다. 빙기-간빙기의 시간적 규모는 크게는 10만 년입니다. 즉, 10만 년 동안 대기 중 이산화탄소 농도가 100ppm 정도의 범위에서 변했다는 것입니다. 이 수준이 자연이 감당 가능한 범위죠. 산업혁명이 19세기 중엽에 일어났으니 현재까지 250년 동안 130ppm 정도가 증가했습니다. 얼마나 빠른 속도인가요? 앞서 과학기술이 빠르게 변화하고 있다고 언급했지만, 이 속도는 더 빠릅니다. 10만 년에 100개가 변했었는데, 겨우 200년에 130개가 변했다면 놀라운 속도가 아닌가요? 200년에 증가한 130개는 모두 인간의 활동에 의한 것입니다.

다가올 변화의 원인 제공자가 인간이기에 인류세(anthropocene)의 시

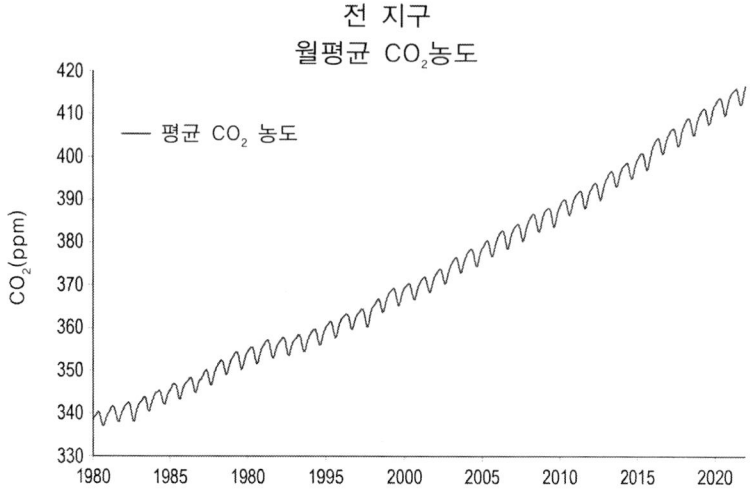

**전 지구
월평균 CO$_2$농도**

— 평균 CO$_2$ 농도

그림 3.3.5 최근 40여 년간 전지구의 평균 대기 중 이산화탄소 농도(U.S. Global Change Research Program). 1960년부터 미국, 하와이의 마우나 로아(Mauna Loa) 관측소에서 측정되고 있다. 인간 활동으로 인해 꾸준히 증가하는 장기 경향을 보인다.

간에 집중할 필요가 있습니다. 인간에 의해 야기된 모든 변화는 결국 우리 인간만이 해결할 수 있기 때문입니다. 인간 스스로의 노력으로 해결해 보자는 게 탄소중립입니다. 탄소중립을 해결하기에 앞서, 그 본질을 이해해야 하는데, 그 본질이 바로 대기-해양의 상호작용이죠. 그 속에 기후변화와 탄소의 거동이 있으니까요.

제 **4** 장

인류세(人類世)와 기후변화 핫 이슈

현대 인류는 변화의 시기에 살고 있습니다. 인류는 문명 발전에 가속도가 붙은 지금도 주체할 수 없을 정도로 성장만을 추구하고 있습니다. 그러나 이러한 성장 일변도의 상황은 환경이라는 큰 문제에 직면했습니다. 환경을 도외시하고 발전만을 추구할 것인가, 아니면 환경을 지켜내고 어떻게 타협하며 지속가능한 사회발전을 이룰 것인가의 갈림길에 서 있다고 할 수 있습니다. 일찍이 UN은 지속가능한 사회 발전을 위해 지속가능한 개발 목표(Sustainable Development Goals, SDGs)를 설정하고 환경과의 조화를 이야기했습니다. 이 목표는 구체적으로 17개에 달합니다. 17개의 목표 중 일부는 이 책의 내용을 관통하고 있습니다. 기후변화에 대처해야 한다는 13번째의 기후행동이나 14, 15번째인 수권(水圈) 및 육지에서의 인간 삶이 바로 그것입니다(그림3.4.1). 물론 그 외의 다른 목표도 인류가 지구환경에 가하는 영향을 완화하기 위한 것임이 틀림없

그림 3.4.1 지속가능 발전(SDGs)을 위한 17개의 목표(UNDP)

습니다. 인류 발전을 지속적으로 이어가기 위한 SDGs는 이렇게 기후와 환경이라는 키워드와 분명하게 관련되고, 그 중심에 인류의 영향이 있는 것입니다. 인간의 영향이 커지면 커질수록 인류세의 핵심이 무엇인지도 자연스럽게 드러나게 됩니다. 인류세란 무엇일까요?

인류세(人類世, anthropocene)라는 용어는 일찍이 20세기 중반에 처음으로 사용되었습니다. 1960년대는 지질학적 시간인 제4기(Quaternary)의 개념으로, 1980년대에는 생태학자가 다소 다른 개념으로 사용했습니다. 현재와 같은 개념으로 사용되기 시작한 것은 2000년이 되어서입니다. 1995년 노벨화학상 수상자인 폴 크뤼천(Paul Crutzen)이 '인간의 행동이 지구 대기환경에 미치는 영향'이라는 개념으로 사용했고, 그러한 영향이 증가한 '새로운 지질학적 시대'가 시작되었다는 의미로 2000년 처음으로 제안되었습니다. 그 뒤 2004년 8월 스웨덴 스톡홀름에서 개최된 유로사이언스 포럼에 참석한 과학자들의 지지를 얻는 등 점차 이 개념이 확산되었습니다. 지질학에서 사용하는 '세(世)'는 본래 '인간'을 뜻하지만 특정한 '기간'을 포함하고 있습니다. 기간을 정하기 위해선 뚜렷하게 달라진 변곡점이 있어야 합니다. 지질학에서는 변곡점을 대멸종 사건이나 지층의 뚜렷한 경계 등으로 정한다고 생각하면 이해하기 쉽습니다.

인류세 개념은 시작되는 시점에 대한 이견으로 지질학에서 공식적으로 인정받지 못하고 있습니다. 하지만 '인류가 자연환경에 심각하게 영향을 주기 시작했다'는 개념은 확실히 인정됩니다. 인류세는 인간 활동이 시작된 후 지구의 기후나 생태계에 심각한 영향을 주기 시작했을 때를 시작점으로 정하고 있습니다. 지구 역사에서 가장 최근에 일어난 기간입니다. 관점에 따라 어느 정도가 심각한 영향인지 의견 일치가 어려워 애매한 부분이 있습니다. 현재는 의견이 분분한 상태입니다. 그러나 인류가 지구환경에 뚜렷하게 영향을 주기 시작한 20세기 중·후반부터라는 데는 대부분 공감하는 분위기입니다. 인류세의 시작점을 정하지는 못했지만 1만 년을 경계로 현재까지를 홀로신(또는 홀로세, Holocene)으로 규정하는 것보다 합리적이라는 평가를 받습니다(Certini and Scalenghe, 2015). 홀로신은 1만 년 전부터 인간이 자연에 영향을 주기 시작했다는 점에서 인류세와 같지만, 인류세는 인간의 자연에 대한 충격이 가장 심해지는 시기로 여겨진다는 의미에서 다릅니다.

시작점이 불분명한 용어지만 과학자들이 자주 사용하고 있으며 최근에는 언론매체에도 빈번하게 등장합니다. 인류세 붐이 일어났다고나 할까요. 환경에서 시작되어 경제, 생활에까지 폭넓게 사용됩니다. 인류세에 들어와서 세계 경제에 막대한 피해를 끼쳤기 때문에 '인류세 자본론'이라는 책도 출간되었습니다(Saito, 2020). 인간에 의해 기후변화를 포함한 지구환경 파괴가 자행되는 인류세의 경제 시스템에 문제가 있다는 것입니다. 당연하게 이산화탄소 배출과 같은 인위적으로 환경에 가해지는 피해를 최소화해야 된다고 강조하고 있습니다. 즉, 발전 위주의 경제 시스템인 자본주의는 궤도 수정을 해야 한다는 것이죠.

기후변화는 100m 달리기가 아닙니다. 100m를 전력으로 질주하는 게 아니며, 그 종착점이 있는 것도 아닙니다. 뫼비우스의 띠와 같다고 말씀 드렸습니다. 어디서 변화가 시작되었고 종착점이 어디에 있는지 알 수 없습니다. 지구 전체가 얼음 덩어리 상태로 있기도 했고, 눈이라고는 찾아볼 수 없는 따뜻한 상태도 있었습니다. 이런 극단적인 상태는 어째서 반복되는 것일까요? '가이아 이론'처럼 정말 지구가 살아 있는 생명체일까요? 지구 역사상 일어났던 개별적인 대사건은 1부와 2부에서 많이 다루었습니다. 큰 변화도 작은 변화부터 시작되었다는 것에 주목할 필요가 있습니다. 현재의 작은 변화가 축적되면 미래 어느 시점에서는 큰 변화일 수도 있기 때문입니다. 이런 관점에서 현재 진행되는 기후변화와 관련된 작은 변화도 결코 가볍게 다루어선 안 되는 것이죠. 작은 것을 놓치면 정확한 기후변화 진단에 장애요인으로 작용할 수 있습니다. 작은 것 하나 놓치지 않아야 전체를 제대로 파악하고 미래에 합리적인 대응을 할 수 있습니다.

'작은 변화가 큰 변화를 이끈다'고 합니다. 인류세는 인간이 자연에 영향을 주기 시작한 과거 1만 년과 비교해도 정말 짧은 기간입니다. 넉넉하게 인류세의 시작을 1950년이라고 해도, 현재까지 인류세는 70여 년에 지나지 않습니다. 이 기간 동안 실로 거대한 변화가 일어났습니다. 변화의 크기를 본다면, 대기 중 이산화탄소 농도의 증가는 빙기-간빙기의 10만 년 규모를 뛰어넘는 수준이니까요. 얼마나 가공할 규모이며, 얼마나 빠른 속도인가요. 그래서 '인류세'에 일어난 변화를 주목하지 않을 수 없습니다.

인류세가 시작되며 그 진행 선상에서 변화의 주요 항목들은 꾸준히 모니터링되고 있습니다. 한 개의 문제가 풀리면, 그것을 바탕으로 해서 다른 한 개의 새로운 문제를 푸는 방식입니다. 이 장에서 이야기할 이슈는 현재 진행되는 세계 기후연구 프로그램에서 다루는 내용과 흡사합니다. 어쩌면 같은 내용일 수도 있습니다. 기후변화에 관한 주요 키워드가 너무 빨리 공유되고, 관심사도 별반 차이가 없기 때문입니다. 필자도 세계 기후연구 프로그램(World Climate Research Programme, WCRP)에서 제작한 '기후과학에 있어 새로운 열 가지 통찰(10 New Insights in Climate Science 2021)'에 근거하여 기술하기로 하겠습니다. 매년 보고서 형태로 발간되는 '새로운 10가지 통찰'은 현재까지 기후변화에 대해 우리가 이해하는 부분이자, 앞으로 해결해야 할 문제이기도 합니다.

기후변화를 이해하고 문제를 해결하기 위해 다양한 접근법이 제시되고 있습니다. 이 장에서 다룰 내용은 기후변화 기구인 '미래 지구(future earth)', '지구 연맹(The Earth League)'의 보고서를 바탕으로 한 것입니다. 이 보고서는 2021년까지 나온 많은 연구 결과를 인용하고 있습니다. 따라서 최근 기후변화에 대한 인식이 어느 방향으로 가는지 이해하는 데 도움이 될 것입니다. 필자가 선택한 5가지 이슈는 인류가 급선무로 취할 반응과 조치에 해당합니다. 기후변화 문제에 대한 핫이슈는 매년 보고서로 제출되고 있습니다. 그런데 2020년 핫이슈는 2021년과 같지 않습니다. 같은 기후변화 이슈라고 해도 달라집니다. 기후변화에 대한 우리의 이해가 좀 더 진행된 덕분이라고 생각합니다. 작년보다 올해 더 알게 되었다면 관심을 가져야 하는 새로운 문제가 등장하지 않았을까요. 이러한 면을 고려해서 필자가 선택한 이슈 5개에 대해 말씀드리기로 하겠습니다.

1) 지구 온도는 앞으로 얼마나 상승할까요? 지구온난화가 어디까지 이어질 것인가, 즉 온도가 얼마나 상승할 것인가가 가장 핵심적 이슈입니다. 기후변화의 본질이 기온변화, 즉 온도 상승에 있기 때문입니다.

하나마나 한 말이 되겠지만 인류가 어떻게 기후변화에 대처하느냐에 달려 있습니다. 과학자들은 모델을 통해서 어느 정도 상승할 수 있는지를 예측하고 있습니다. 입력 데이터(input data)를 다각도로 변화시켜 답을 예측하는 것이죠. 모델의 입력 데이터는 우리가 배출하는 온실가스입니다. 인구 증가와 산업발전에 따라 이산화탄소, 질소화합물, 메탄 등 익히 알고 있는 온실기체를 얼마나 배출하면 어느 정도 온도 상승이 일어나는지를 따져보는 것입니다.

지구 기후가 얼마나 상승할지에 대한 정확한 답은 내놓기 어렵다는 것을 먼저 이해해야 합니다. 온실가스 방출 시나리오가 다르고, 각 온실가스가 가져오는 온실효과도 다르며, 온실가스 배출을 억제하는 정도 또한 나라마다 제각각이기 때문입니다. 과학계는 주요 온실가스별 배출량을 기준으로 해서 온도상승을 예측합니다. 과학자들은 아무런 기후대응 조치가 이루어지지 않았을 때는 2100년엔 5℃ 이상 상승할 것으로 예측합니다(IPCC SR 5). 5℃ 상승은 우리가 지구상에 거의 생존할 수 없을 정도의 온도를 의미합니다. 지구생태계의 대멸종이 있었던 과거 어느 사례와 비슷한 상태로 진입하는 것이죠. 절대 되돌릴 수 없으며, 회복 불가능한 그런 자연 상태를 의미합니다.

어느 정도 온도가 상승할 것인가에 대해서는 두 가지 측면이 존재합니다. 한 측면은 IPCC 등에서 제시한 2050년까지 산업혁명 이전 기준으로 온도 상승폭을 1.5℃로 제한하자는 의견입니다. 사실, 기후변화 관련 여러 조직에서 이 1.5℃가 최소한의 기후변화 적응을 위한 것으로 설정하고 있습니다. 2100년에 산업혁명 이전 수준 대비 1.5℃ 이상 높아지면, 지구환경에 치명적 영향을 미쳐 인간의 삶에 심각한 피해를 줄 수 있다는 것이죠. 1.5℃ 이하로 상승폭을 제한하려면 온실가스 방출을 얼마나 줄여야 되는 것일까요. 매년 2Gt(기가톤)의 이산화탄소를 줄여야 하는데,

이 수치는 2020년 코로나 사태로 감소했던 이산화탄소 배출 감소량의 7%에 해당합니다. 온난화를 1.5℃ 이내로 유지하려면, 이산화탄소뿐만 아니라 비 이산화탄소 온실가스(메탄, 질소화합물) 배출도 감소시켜야 합니다. 그러나 코로나가 잠잠해지던 2021년에는 온도 상승 1.5℃를 상회하는 배출량이 있었습니다. 답은 보다 엄격한 배출 제한에 있습니다.

과학자들은 1.5℃ 제한은 실현 가능한 시나리오로 간주합니다. 그러나 2019년과 비교했을 때, 2020년이 코로나로 겨우 7%가 감소했으며, 그 후에 1.5℃를 유지할 수 없는 배출량으로 회귀한 건 중요한 의미를 담고 있습니다. 즉각적이며 근본적인 범지구적 행동강령이 필요하다는 의미입니다. 그래야만 2100년까지 산업혁명 이전 대비 1.5℃ 온도상승을 유지해 안정적인 인류 번영이 유지된다는 것입니다.

1.5℃로 온도상승을 유지하기 위해선 한 가지가 더 남아 있습니다. 이산화탄소 이외의 온실가스 배출을 줄여야 하는 것입니다. 현재 메탄(CH_4)과 이산화질소(N_2O) 배출이 빠르게 증가해 지구 온도를 2℃ 이상 올리는 경로로 가고 있습니다. 이산화탄소와 더불어 이들 온실가스도 즉각적으로 배출을 억제해야 1.5℃ 이하로 상승한다는 결론에 이릅니다. 즉각적인 기후변화 지구행동! 다음 세기까지 인류가 같이 사느냐 공멸하느냐의 문제와 직결되는 핵심입니다.

2) 기후변화에 큰 충격을 주는 극한의 요인(tipping elements)은 무엇일까요. IPCC의 보고서나 그 외 다수의 연구에 의하면 다양한 요인이 있습니다. 크게 보면, 남북극 빙상의 융해(해체), 대서양 자오선 역전 순환류(Atlantic Meridional Overturning Circulation, AMOC)의 약화, 아마존 열대우림의 붕괴를 들고 있습니다(그림 3.4.2). 남북극에서 현재 진행되는 빙상융해는 다양한 매체를 통해서 잘 알고 있을 겁니다. 기후변화에 의

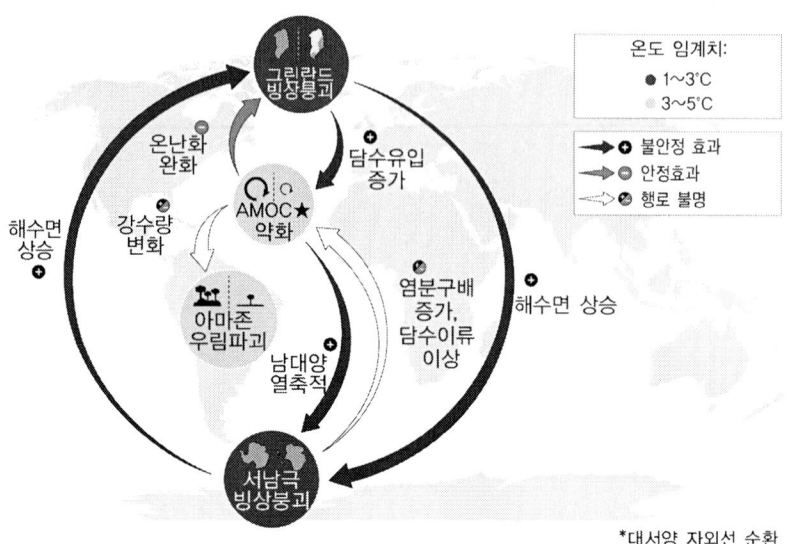

그림 3.4.2 4개의 극한 요인(tipping elements): 그린란드와 서남극 빙상, 대서양 해양순환 역전, 아마존 강우(WCRP Report. 2021)

해 야기된 빙상융해는 그 자체가 기후변화의 영향이지만 다시 융빙수가 북대서양으로 유입되면서, 해수온도를 따뜻하게 해주면서 심층수 형성을 방해하거나 남북방향의 해수순환을 약화시킵니다(Dima et al., 2021). 물론 빙상의 융해는 해수면 상승 등 높은 잠재 위험성을 가지고 있습니다. 최근 연구 결과에 의하면 이들 극한 요인들 간의 상호작용은 다른 형태의 극한 요인으로 작용해 극단적인 변화를 이끌어 낼 수 있다고 결론 내리고 있습니다(그림3.4.2). 하지만 가장 큰 불안정화를 가져오는 요인은 지구온난화입니다. 모든 문제의 시발점에 인간이 배출한 이산화탄소가 직접적 계기가 되고 있기 때문입니다. 그 영향의 파괴력은 현재까지 잘 가늠할 수가 없지만, 인간이 직접적으로 토양에 미치는 영향이나 아마존의 열대우림 파괴는 지구온난화와 직접적으로 관련되는 요인으로 기후변화에 큰 충격을 주는 요인임에는 틀림이 없습니다(Martin et al., 2021).

여기에 더해 대형 산불은 기후변화를 극한으로 치닫게 하는 주요한 요인으로 평가됩니다. 초대형 영향을 주는 것이죠. IPCC는 현대 인류가 대형 산불이 확대되는 시기에 돌입했다고 이야기합니다. 대형 산불은 인간에 의한 기후변화 요인과 더불어 더욱더 기후변화를 가속화시킵니다. 최근에 일어난 몇몇 대형 산불은 유사 이래 기록적인 것으로 고위도에서 저위도까지 다양한 곳에서 생태계에 치명적 영향을 주고 있습니다. 대형 산불은 해당 지역의 동물군과 식물군에게 아무것도 기대할 수 없을 정도로 악영향을 줍니다. 대형 산불로 형성된 온실가스는 기후변화와의 되먹임 작용으로 산불 발생을 더욱 용이하게 하는 더 좋지 않은 환경으로 이어질 수 있습니다.

대형 산불의 양상이 과거와는 다르다는 견해가 있습니다. 즉, 산불의 정도, 강도, 발생 기간 그리고 빈도가 그렇습니다. 높은 빈도로 자주 일어나는 대형 산불은 온실가스의 에어로졸 방출을 일으킵니다. 이런 경우는 예측 불가능할 정도로 바이오매스에 영향을 줘서 대륙 규모로 대기질을 악화시킵니다. 대형 산불이 자주 일어나는 대표적 지역은 러시아, 호주, 미대륙입니다. 산불로 야기되는 기후변화 관련 영향은 다양합니다. 예를 들어, 2019/20년에 발생한 호주의 대형 산불로 호주의 식물 종 1/3과 832종의 척추동물이 위협에 처하게 되었습니다. 또한 2010/2019년 아마존에서 일어난 대형 산불로 이곳은 탄소 흡수 지역에서 탄소 발생 지역으로 바뀌었습니다. 이처럼 기후변화는 다양한 요인에 의해 야기되고 있습니다. 요약하면, 현재 진행되는 인위적기원 온실가스 배출 등은 극한의 요인으로 작용하는데, 이는 다시 빙상융해, 심층수 형성과 순환, 열대우림 파괴 등으로 이어집니다. 결국 인간이 배출하는 온실가스에 그 원인이 있다고 할 수 있습니다.

3) 기후변화에 대한 인간의 대응이나 적응을 위한 기후변화 행동강령은 현재 적당하게 이루어지고 있을까요? 앞에서 설명한 온도상승의 극한 요인 두 가지가 기후변화에서 초래되는 결과나 영향이라면, 인류가 그에 대응하고 적응하거나 피해 저감을 위해 어떻게 적당한 조치를 취할 것인가의 문제입니다. 결론을 먼저 말씀드리면, 현재의 기후변화에 대응한 행동강령은 적당하지 않다는 결론입니다. 너무 느슨하다는 의미입니다. 지구 기후변화는 전 지구에 영향을 주는 것입니다. 따라서 그에 대응하는 행동강령도 전 세계 여러 나라에서 서로 다른 생활양식과 서로 다른 세대 간, 그리고 사회적 그룹들 간에 불평등을 해소하는 방향으로 행해져야 합니다(WCRP, 2021). 다시 언급하면, 기후변화에 대응하는 세대 간, 국가 간, 지역 간 심한 불균형이 존재하고 있습니다. 결론은 공평한 대응이나 행동강령에 기초한 기후행동은 더 합리적으로 대응할 수 있는 방법으로 전환되어야 하며, 공공이 수긍하는 방향으로 전개될 수 있어야 한다는 것을 의미합니다.

그림 3.4.3은 기후변화를 야기하는 온실가스 배출이 얼마나 불균형적으로 이루어지는지를 보여주고 있습니다. 가장 부유한 국가 1% 인구가 전 세계 배출의 15%를 차지하고 있습니다. 이에 비해 최빈국에 거주하는 인구 50%는 7%만을 배출합니다. 누가 더 기후변화에 책임 있으며, 누가 더 기후행동에 적극적으로 나서야 되는 것일까요. 이 숫자대로 한다면, 가장 부유한 나라에 거주하는 인구 1%는 전체 목표의 최소 30%를 감축해야 한다는 결론에 이릅니다. 따라서 부유한 나라는 보다 강력한 기후변화 정책이 필요합니다. 물론, 이 대책은 파리협정을 준수하거나 배출 제로(net zero)를 이루기 위한 과학적 국제협력을 비롯해서 각국이 평등한 목표를 가지도록 유의할 필요가 있습니다. 또한 부유국은 배출 감소 정책으로 인해 불이익을 당하는 국가가 배출에 역행하는 행동을

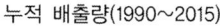

누적 배출량(1990~2015)

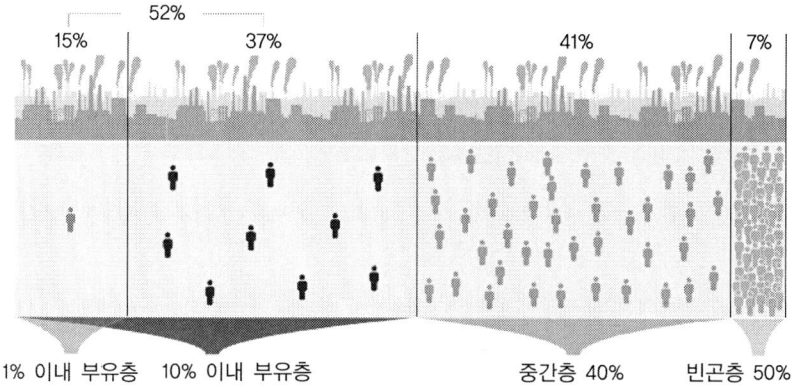

그림 3.4.3 온실가스 방출량을 인구 대비로 나타낸 그림(WCRP, 2021). 최상위
부유국 11% 인구가 52%의 배출을 보이는 반면, 최빈국 인구 50%는
전체 7%의 온실가스를 배출하고 있다.

하지 못하도록 보상하고 협력해야 합니다(WCRP, 2021).

　기후변화 행동은 정책적 측면을 포함하고 있지만, 대중의 참여가 절
대적으로 중요합니다. 이런 측면에선 가정에서 개별적인 동참이 필수적
이라 할 수 있습니다. 가정은 소비 형태를 바꿔 배출 감소에 직접적으로
기여할 수 있습니다. 1.5℃ 내로 기온상승을 억제하기 위해서는 2030년
까지 가정에서 배출되는 이산화탄소량을 현재의 약 반으로 줄여야 합니
다. 건강한 가정을 유지하기 위해 이러한 대규모 배출 억제가 필요합니
다. 유럽 10% 이내의 부자 나라에서는 배출을 90%까지 줄여야 합니다
(WCRP report, 2021). 가정에서 생활 습관을 바꾸면 탄소배출을 억제하는
데 중요한 역할을 하게 됩니다. 기후행동의 단위가 국가나 지방정부만
의 문제가 아니며, 일반 거주자들의 문제이기 때문입니다.

　국가나 정부 차원에서 탄소 배출 억제를 위해 부단한 노력을 해야 합
니다. 먼저, 강력하게 1.5℃ 이내로 유지하겠다는 목표를 알리고, 목표

달성을 위해 기초적 토대를 구축할 필요가 있습니다. 가정에서의 소비 형태와 정책, 기본 인프라에 대한 조정도 필요합니다. 배출 감소는 세 부분으로 나누어 설명할 수 있습니다. 첫째는 이동 수단입니다. 이동 수단에 의한 배출은 72%가 과소비된다고 판단됩니다. 둘째는 음식물에 관한 사항으로 음식물 감축은 최소한 47%가 필요합니다. 마지막으로 가정에서의 취사는 68%가 감소하여야 합니다(WCRP, 2021). 개인적으로 사용하는 이동 수단을 줄이고, 채식 섭취 위주로의 전환, 그리고 효과적인 방법으로 저탄소 가정생활을 유지해야 합니다. 정책만 있고 실제로 시행하지 않으면 목적지로 갈 수 없습니다. 정부의 목표, 일반 대중의 절대적 호응에 의해 기후변화 행동강령이 지켜질 것입니다. 더 나아가 1.5℃ 이하의 온도 상승 목표는 달성될 것입니다. 여기에 인류의 미래도 있습니다.

4) 탄소 중립으로 가기 위한 정치적 도전은 가능한가? 자연에 기반을 둔 해법(Nature-based Solutions, NbS)은 파리(Paris) 협약 이행에 도움이 되는가? 상당히 중요한 이슈라고 생각합니다. 개개의 가정 단위에서 배출 억제에 동참하는 것만으로는 탄소를 완벽하게 제어할 수는 없는 것입니다. 마찬가지로 개개의 가정 배출을 경시하고 국가의 정책이나 배출규제만으로 탄소중립은 어렵다고 생각됩니다. 거의 모든 공공의 목적을 위해 활용하는 수많은 인프라에서 온실가스가 배출되기 때문이며, 모두가 이해관계로 묶여 있기 때문입니다. 탄소에 가격을 매기고, 그것을 사고팔 수 있도록 만든 것이 탄소 가격제(carbon pricing)입니다. 비록 상품은 아니지만 탄소중립으로 가기 위한 고육지책이라고 할 수 있습니다. 과학자들은 탄소세 부과조차도 평등하고 공정하게 수행될 필요가 있다고 주장합니다. 물론 탄소세가 배출 억제의 한 방편으로 계속 유지

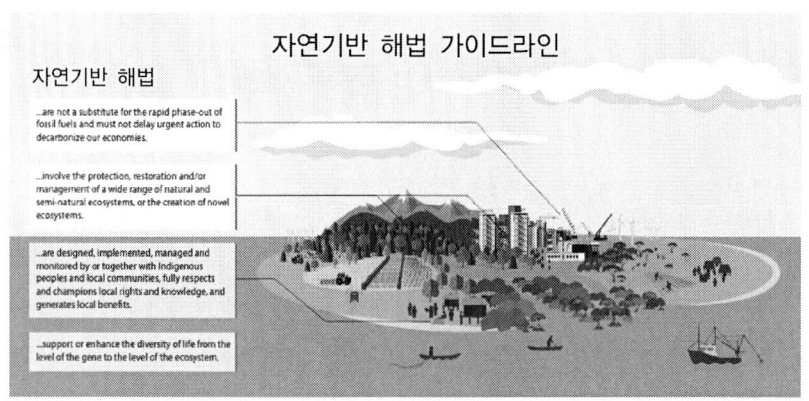

그림 3.4.4 자연에 기반한 탄소배출 문제 해결을 위한 그림(WCRP, 2021)

된다면 말입니다.

　탄소세는 기후변화 대책, 혹은 저탄소 배출을 실현하기 위한 최고의 제도는 아닙니다. 보다 적극적인 국가 간 행동강령이나 대응책을 강구하는 한 방편이라고 할 수 있습니다. 현재 형성된 낮은 가격(이산화탄소 1톤당 40달러)은 대폭 상향되어야 합니다. 낮은 가격은 그만큼 큰 효과를 내기 어렵기 때문입니다. 즉 이산화탄소 톤당 40~80달러가 되어야 효과가 있고, 온실가스를 줄이고자 하는 파리협정(Paris Agreements)을 달성할 수 있는 것이죠.

　탄소세와 비슷하게, 국가마다 탄소배출을 억제하기 위해 유사한 제도를 두는 경우도 있습니다. 우리나라도 「저탄소 녹색성장 기본법」에 의해서 탄소배출권거래제가 도입되어 2015년부터 시행되고 있습니다. 조금 구체적으로 설명해 보겠습니다. A기업이 할당받은 배출허용량 10이 있다고 합시다. A기업은 실제로 8 정도를 배출했습니다. 그러면 나머지 2개는 배출권이라는 명목으로 판매가 가능합니다. 배출허용량 15였던 B기업이 실제 17을 배출했다면, 초과로 배출한 2개는 A기업으로부터 구매가 가능하도록 한 것입니다. 아무튼, 각국은 탄소배출 억제라는 문제를 해결하기 위해 고심하고 있습니다. 부자 나라는 더 큰 노력을 해야 합니다. 하나의 문제에 대해 답이 여럿 있을 수 있습니다. 마찬가지로, 탄소배출을 억제하기 위해 탄소세를 부과하는 것도 한 방편인 것은 분명합니다.

배출을 억제하거나 완화하는 방법은 다양합니다. 자연 기반 해법(NbS)이 그중 하나입니다. 이 NbS는 IUCN(International Union for Conservation of Nature)에서 2016년에 정의, 채택되었습니다. 기본적인 취지는 자연 생태계를 회복시키고, 관리하며 보호하고자 하는 행동강령으로 정의되는데, 이를 통해서 인간의 사회활동에 효과적으로 적응함과 동시에 생태계에 도움이 되며 인간 웰빙(well being)을 제공하는 것을 목적으로 하고 있습니다(IUCN, 2021). NbS는 이산화탄소 제거를 더 효율적으로 할 수 있으며, 기후변화에 적응하거나 위험 노출을 완화하는 것입니다. NbS는 홍수를 조절하고, 가뭄으로부터 회복을 쉽게 만들고, 생물다양성 보존과 사회-경제적 발전 및 인간 건강 및 웰빙 증진에 긍정적인 효과를 가집니다(WCRP, 2021). 현재, NbS는 생물다양성을 보호하는 방법으로 진행되고 있습니다. 기후변화에 더 잘 적응시키고 내성을 키워 장기간에 걸친 탄소 흡수 역할을 하도록 하는 것입니다. NbS는 저개발 국가나 개발이 진행 중인 국가에 효과적입니다. 이들 지역에 대한 확실한 규제와 더불어 재정적 지원이 필요합니다(WCRP, 2021).

5) 기후변화나 지구환경변화와 관련해서 해양은 중심적 역할을 합니다. 탄소를 흡수하는 역할을 하는 해양을 보호하는 것, 즉 탄소를 저장하는 해양퇴적물이나 해양식물은 기후변화 완화에 중요한 요인이 됩니다. 기후변화의 핵심은 해양과 해양 생태계에 있습니다. 방대한 면적을

가진 해양은 역시 방대한 규모의 생태계를 이루며 지구의 기후 시스템에 중심적 역할을 하기 때문입니다. 해양은 열을 수용하고 완충할 장소이며, 탄소를 저장하고 식량을 공급해 줍니다. 현재 전 세계에서 소비되는 단백질의 약 17%는 해양으로부터 공급됩니다. 인간이 필요한 식량은 점점 증가할 것입니다. 그림 3.4.1의 SDGs에 표기된 14번째 항목 'life below water'는 단적으로 해양의 중요성을 나타내고 있습니다. 해양을 지속가능한 자원의 공급처로 활용하자는 것입니다. 기후변화에 부정적 영향을 주지 않도록 하면서 말입니다.

블루카본(Blue Carbon), 즉 해양퇴적물이나 연안 식물 중에 격리되고 보존되는 탄소는 기후 완화에 중요한 역할을 합니다. 이것은 다음 장에서 구체적으로 다루겠습니다. 블루카본은 NbS에도 매우 중요하며, 기후 완화 행동강령이기도 합니다. 그리고 생물다양성 보호에 절대적입니다. 예를 들어 호주에 있는 블루카본만으로도 전 세계적으로 지출되는 기후 완화 비용인 2,300만 달러를 줄이는 효과를 보게 됩니다(WCRP, 2021). 그렇지만 지구온난화나 인간의 억압으로 블루카본이 위협받고 있는 실정입니다. 해양퇴적물은 인간의 간섭, 즉 해저 광상 개발이나 저인망 어업 등으로 심각하게 훼손되고 있습니다. 이런 상황이 계속되어 퇴적물 보호가 소홀해질 때는 해양의 탄소저장 능력에 심각한 문제가 생기게 됩니다. 약 1.47GtCO$_2$ 방출량, 즉 해양에 의해 흡수되는 대기 중 이산화탄소의 15~20%에 해당하는 탄소량이 해양퇴적물과 관련됩니다.

기후변화를 비롯해서 인류가 미친 영향이 해양을 위협하고 있습니다. 이러한 위협들은 해양의 수온 상승, 해양 열파, 산성화, 해양오염, 산소 결핍, 자원개발을 위한 착취 등입니다(그림 3.4.5). 모두가 인간에 의해 야기된 부정적 요인입니다. 현재 1,300종 이상의 해양 생물이 전멸 위기에 처했으며, 34.2%의 어류가 남획되고, 1/3의 취약 생물은 사라진 상태입니다

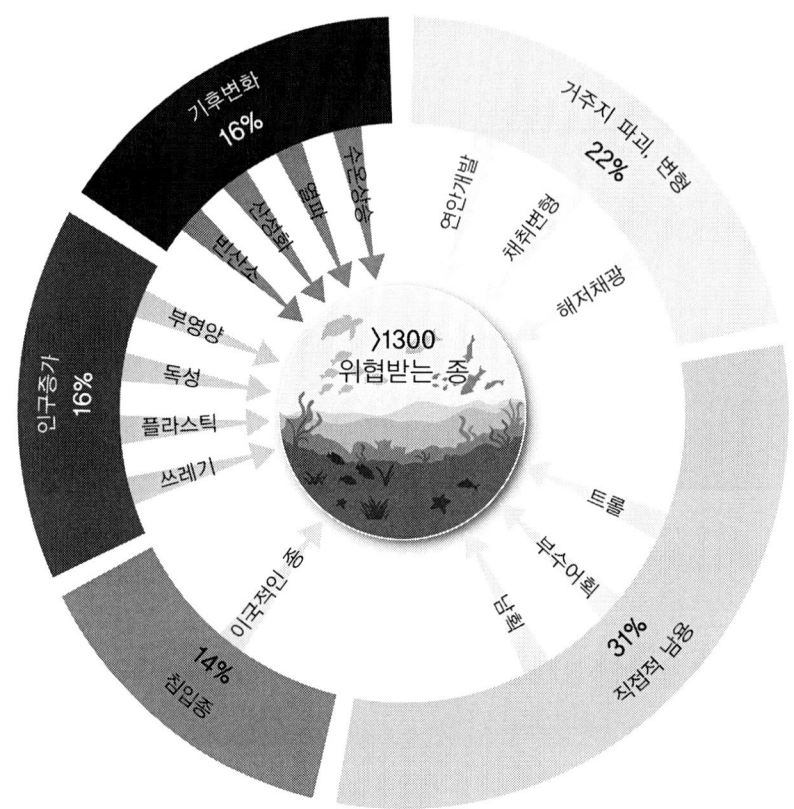

그림 3.4.5 인류와 기후변화의 영향으로 피해받기 쉬운 해양 종(WCRP, 2021).

다. 육상 생물도 같은 처지입니다. 제2부 3장에서 언급했던 여섯 번째의 대멸종이 진행되고 있는지도 모릅니다. 해양, 육상의 생태계가 파괴되면 결과는 자명합니다. 회복 불가능 상태가 되었을 때 인류의 미래도 없습니다. 지금 당장 우리는 무엇을 할 것인가를 심각하게 고민해야 합니다.

인류세에 들어와서 점점 더 심각해지는 기후변화의 영향은 명확합니다. 지역적으로는 온실가스가 불균형적으로 배출되고, 과거의 흡수 지역이 배출지역으로 바뀌기도 합니다. 인류는 대기, 해양, 육상 모두를 극한으로 만들고 있습니다. 인류세에 인간의 간섭으로 환경은 점점 더 극단으로 가고 있는 것입니다. 극단으로 가는 첫 번째 원인이 바로 인간이 배출한 온실가스입니다. 이 모든 원인은 우리에게 있습니다. 윤택한 생활을 위해 배출한 온실가스 및 다양한 물질에 원인이 있습니다. 탄소가 지배하는 지구에서 지속 가능한 발전이 아니더라도 탄소와 기후변화의 사회적 영향을 최소한으로 할 수 있는 노력이 절대적으로 필요한 시점입니다. 가능한 빨리 탄소중립을 구현할 필요가 있습니다. 다음 장에서 탄소와 관련된 최근 연구 결과를 조금 더 구체적으로 설명하겠습니다.

제 5 장

블랙카본(Black Carbon), 블루카본(Blue Carbon), 그린카본(Green Carbon)

카본(Carbon, C)은 우리말로 탄소입니다. 최근 '탄소중립'이라고 자주 언급할 때의 '탄소'입니다. 1부에서 탄소의 일반적 현황에 대해 자세히 이야기했으므로 독자분들께서는 잘 이해할 것으로 기대합니다. 탄소라는 하나의 원소가 아니라, 탄소를 포함하여 구성된 화합물이 지구온난화나 탄소중립에 중요한 역할을 한다는 것을 강조하고 싶습니다. 유기화합물, 무기화합물 등을 포함하여 수만 종의 탄소화합물이 바로 그런 것들입니다. 예를 들어, 이 책의 중심어인 이산화탄소(CO_2), 일산화탄소(CO), 메탄(CH_4) 등 무기화합물은 탄소화합물입니다. 포도당($C_6H_{12}O_6$)과 같은 유기화합물이나 역시 1장에서 다룬 고분자화합물은 모두 탄소화합물에 해당합니다.

　탄소화합물은 기후변화 문제뿐만 아니라 우리 생활과도 밀접하게 관련된다고 누차 강조했습니다. 인간 삶의 장소가 되는 자연에서 발생하는 탄소화합물의 모든 형태, 즉 화합물의 존재 형태가 그렇습니다. 사람들은 인간을 중심에 놓고 탄소화합물의 유용한 정도나 위해성 정도 등을 기준으로 다양한 이름을 붙입니다. 블랙카본(Black Carbon), 블루카본(Blue Carbon), 그린카본(Green Carbon) 등 이런 이름은 탄소화합물의 쓰임새에 따른 것이라고 할 수 있습니다. 탄소가 유기-무기화합물을 형성한다는 것은 많은 동소체(同素體, Allotropy)를 형성할 수 있다는 의미입니다. 동소체는 같은 원소에 의해 형성되었지만, 구조적으로는 다른 물질입니다(동위원소와는 다른 개념입니다). 과학기술의 발전과 함께 탄소 동소체가 점점 더 많이 발견되고 있습니다. 가장 일반적인 탄소 동소체는 고체 형태의 흑연과 다이아몬드입니다. 탄소는 흑연과 같이 부드러울 수도 다이아몬드처럼 단단할 수도 있습니다.

　탄소 동소체는 다양한 색상을 가집니다. 검정 및 회색과 같은 일반적인 색상 외에도 파란색 및 갈색 같은 색상도 있습니다. 가령 다이아몬드는 노란색, 파란색, 주황색, 빨간색, 녹색, 분홍색, 보라색, 갈색이나 심지어 검은색과 같은 다양한 색상이 있습니다. 순수한 다이아몬드는 완벽하게 투명하고 무색입니다. 유색 다이아몬드는 다이아몬드가 형성되는 동안 결정 구조 내부에 갇힌 불순물로 인해 형성됩니다. 흑연은 회색을 띠는 갈색으로 특정 조건에서 검은색으로 나타날 수 있습니다. 이처럼 탄소화합물은 형성될 때 수반되는 다른 유형의 원소에 따라 다양한 색상을 가질 수 있습니다. 탄소와 관련해 흥미로운 사실은 환경에 따라 탄소의 종류를 색깔로 구분할 수 있다는 것입니다. 검은색, 갈색, 빨간색, 파란색, 녹색 및 청록색과 같은 색상 기반의 스펙트럼이 유기 탄소의 특성과 분포를 설명하기 위해 등장했습니다. 이 색상 기반 용어는 무기 탄소와 유기 탄소처럼 단순한 탄소 유형 분류를 넘어 탄소의 기능, 속성 또는 환경을 기반으로 한 탄소순환에 대한 이해에 도움이 됩니다. 가령 파란색, 녹색 및 청록색은 탄소 격리(저장)를 통해 기후변화를 완화하고자 하는 측면에서 탄소의 역할을 강조합니다. 반면, 검은색, 갈색, 빨간색은 지구의 열 균형에 영향을 미치거나(탄소배출) 빙권 용해를 촉진합니다.

블랙카본(Black Carbon)은 화석연료가 연소하거나 생체 소각(biomass burning) 때 발생하는 탄소 결정체입니다(그림 3.5.1). 최근 유엔환경계획(United Nations Environment Program, UNEP)은 논과 밭을 태울 때 나오는 연기의 검은 그을음인 블랙카본이 지구온난화를 촉진한다고 발표했습니다. 블랙카본이 온난화를 일으키는 원리는 간단합니다. 블랙카본은 탄소를 함유한 유기물질로 색이 검다는 데 힌트가 있습니다. 검은색은 태양열을 더 많이 흡수합니다. 여름철에 검은색 옷을 입으면 흰색 옷을 입었을 때보다 더운 것과 같은 원리입니다. 지구의 빙권에서 태양 빛을 반사해 지구 온도를 낮추면 블랙카본과는 반대의 효과가 나타납니다. 블랙카본의 열 흡수력은 이산화탄소보다 많게는 1,500배 강하다고 알려집니다. 블랙카본을 완전히 제거하는 것만으로도 지구온난화가 40% 감소합니다. 블랙카본은 기후변화에 직접 영향을 주는 원인 물질인 셈입니다.

사람들은 미세먼지 문제를 중요한 사회적 이슈로 여기지만 대기오염 문제로만 간주하

그림 3.5.1 화석연료나 식물이 불완전 연소할 때 생기는 검은색 그을음인 블랙카본

고 있습니다. 자동차나 선박 등에서 내연기관의 불완전 연소로 배출된 블랙카본을 대기오염의 주원인으로만 간주하고 있는 것이죠. 그러나 미세먼지 문제는 곧 기후변화 문제입니다. 제조 공정에서 다량의 블랙카본을 배출해 미세먼지 문제도 되지만, 궁극적으론 기후변화 문제와 직결되기 때문입니다. 블랙카본은 인간의 건강에도 큰 영향을 주기 때문에 보건위생 측면에서도 중요하게 간주합니다.

미세먼지 연구 결과에 의하면, 대기질에 포함된 유기화합물 중에는 블랙카본이 많이 포함되어 있습니다. 특히 항만 지역에는 도심지나 선박에서 배출되는 블랙카본이 일반 도시와는 비교가 안 될 정도로 높습니다(그림3.5.2). 따라서 미세먼지 중의 블랙카본은 대기오염의 원인 물질임과 동시에 기후변화의 원인 물질이기도 합니다. 약간 다른 이야기이지만 블랙카본 중에는 수십 종의 위해성 유기화합물과 미동정의 유기

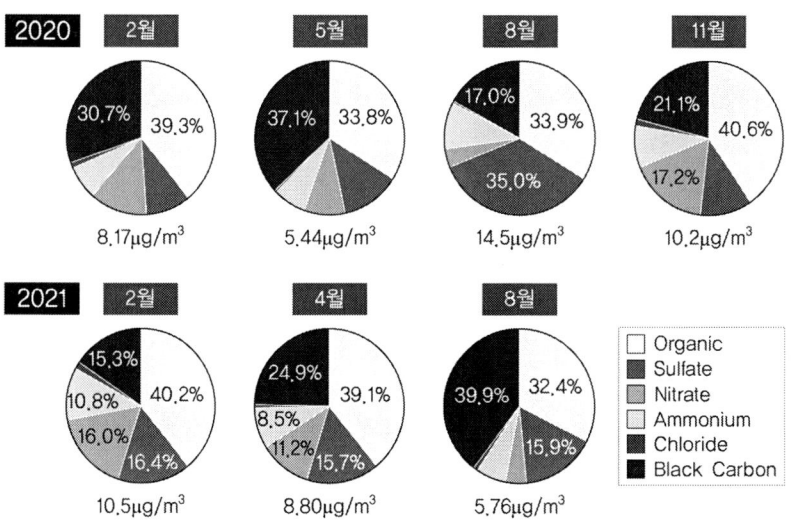

그림 3.5.2 항만 지역에서 대기오염물질을 분석한 결과 블랙카본이 매우 높게 나타나고 있다(미공개 자료).

화합물이 포함되어 있습니다. 모두가 인체에 해로울 수 있는 물질들입니다. 이런 이유로 블랙카본을 중요하게 다루어져야 합니다. 미세먼지 문제는 결국 기후변화 문제라는 것이 결론입니다.

블랙카본과 비슷하게 빛을 흡수하는 다른 탄소의 색깔이 브라운(갈색)입니다. 브라운 탄소(Brown Carbon)는 가시광선 및 UV광을 흡수하는 유기 에어로졸에 속합니다. 브라운 탄소 역시 바이오매스의 불완전 연소 결과로 발생합니다. 이것은 지구 대기에 축적되어 갈색 구름을 형성하고 햇빛을 산란시켜 증발 속도를 줄입니다. 강우 패턴에 영향을 미치고 물순환을 방해하면서 작물 생장에 부정적 영향을 줄 수 있습니다. 블랙카본과 브라운 탄소는 이처럼 대기질에 좋지 않은 영향을 줍니다. 이들은 대기층 상단에서 태양 복사를 흡수하여 열을 유지하고 기후에 영향을 미칩니다. 그래서 탄소는 기후변화와 탄소중립 모두에게 동시에 중요한 요인 또는 원인 물질인 셈입니다.

최근 탄소 스펙트럼에서 빨간색 색상의 레드카본(Red Carbon)이 보고되었습니다. 레드카본은 눈과 얼음에 알베도를 감소시키는 모든 살아 있는 생물학적 입자로 표현됩니다. 빨간색은 눈과 얼음에 있는 미생물에 의해 생성되는 일반적인 색소를 지칭하지만, 노란색에서 보라색까지의 색소도 포함합니다. 레드카본은 녹색 및 파란색 파장의 빛을 흡수하여 눈과 얼음을 녹입니다. 이렇게 생명에 필요한 액체인 물을 생성하고 얼음 결정 내에서 결합한 영양분을 얻게 됩니다. 아직 레드카본은 널리 쓰이고 있지 않지만, 미생물 색소에서 알베도 감소는 고위도에 쌓인 눈을 잘 녹게 하는 효과가 있다고 알려져 있습니다(Zinke, 2020).

블랙과 브라운 색상의 탄소 유형은 대기 중으로 배출되는 탄소를 말합니다. 반면에 블루카본(Blue Carbon)과 그린카본(Green Carbon)은 흡수되는 탄소를 말합니다. 다시 말해서, 블루카본은 바다와 습지 등 해양

생태계가 광합성을 통해 흡수하는 이산화탄소, 그린카본은 육상 생태계가 흡수하여 저장되는 이산화탄소입니다. 크게 보면 대기로부터 탄소를 격리한다고도 할 수 있습니다. 이러한 색상은 탄소 고유의 환경적 영역을 의미합니다. 기후 위기가 급진전하며 유기탄소의 다양한 변형과 특성을 설명하는 데 탄소 격리가 언급되고 있습니다. 그 일환으로 녹색, 청색 및 청록색 탄소에 관한 관심도 일어나고 있습니다. 최근에 탄소 색상 명명법에 들어간 청록색 탄소는 내륙 담수 습지에 저장된 탄소를 말합니다.

블루카본은 2009년 국제자연보호연맹(International Union for Conservation of Nature, IUCN) 보고서에서 처음 등장한 개념입니다. 탄소 흡수 속도가 그린카본보다 최대 50배 이상 빠르며, 탄소를 격리하고 저장하기 쉬워 큰 주목을 받고 있습니다. 기후변화에 관한 정부 간 협의체(Intergovermental Panel on Climate Change, IPCC)는 블루카본을 "관리가 가능한 해양 시스템에서 모든 생물학적 기반 탄소 플럭스 및 저장"으로 정의하고 있습니다. 우리의 관심은 맹그로브, 해초 및 염습지 같은 해안 지역의 뿌리 식물에 집중됩니다. 이러한 생태계는 단위 면적당 탄소 매장률이 높고 토양과 퇴적물에 탄소를 축적하기 쉽기 때문입니다. 맹그로브는 지구 전체 약 1,450만 ha 또는 14만 5,000km^{2}이며 평균 탄소 축적량이 466.5t C/ha인 것으로 추정됩니다. 맹그로브 숲은 평균 147.5t C/ha의 생물량보다 많은 평균 319.0t C/ha의 탄소를 토양에 저장합니다. 맹그로브 숲의 탄소 격리율은 2.26t C/ha/년으로 추정됩니다(그림 3.5.3).

전 세계 해초가 있는 면적은 3,000만 ha(약 30만km^2)입니다. 해초는 탄소를 평균 140t C/ha를 저장할 수 있고, 탄소 격리율은 평균 1.38t C/ha/년으로 추정됩니다. 염습지는 510만 ha 또는 5만 1,000km^{2}이며 평균 탄소 축적량은 260t C/ha입니다. 염습지의 탄소 격리율은 평균 2.18t C/ha/년으로 추정됩니다. 이처럼 자연환경 속에서 다양한 생태계 구성요소가

그림 3.5.3 인간 활동과 자연환경에서 볼 수 있는 다양한 카본 색상 스펙트럼 (Zinke, 2020).

탄소 격리 및 매장에 이바지합니다. 만약 블루카본 축적량이 손상되면 이산화탄소 및 메탄의 배출원으로 작용하여 온실가스를 대기로 방출하는 효과가 됩니다. 이러한 과정을 '탄소 저장량 보존(carbon stock conservation)'이라고 합니다. 기후변화에 대한 완화와 적응 사이의 완충 장치라고 할 수 있습니다. 해양 속씨식물(고등식물) 서식지 토양의 탄소 저장량은 육상 생태계보다 최대 1,000t C/ha 더 높을 수 있습니다. 점점 높아지는 대기 중 이산화탄소 농도는 해양 산성화를 유발하지만, 해수에 용존된 이산화탄소는 광합성에 사용되기 때문에 탄소 격리(제거)에 도움이 될 수 있습니다. 따라서 해수의 블루카본 서식지를 보존하면 탄소흡수를 강화하게 됩니다. 결국 기후변화 요인인 탄소순환을 조절해 해양 산성화를 완화하는 역할도 할 수 있습니다.

　블루카본 개념에서 보면 탄소의 효용은 그 가치 범위가 매우 넓습니다. 인간 활동으로 야기된 탄소저장을 중립으로 유지하려는 측면과 더불어 파괴에 따른 탄소배출로부터 복원과 탄소 강화까지 포함합니다. 전 세계 맹그로브 숲의 62%가 2000년에서 2016년 사이에 파괴되었습니다. 염습지 생태계가 90% 손실되었으며 세계 여러 지역에서 해초에 의한 탄소 축적량이 감소하고 있습니다. 해양이 온난화되면 대기로부터

탄소영향:	파괴	쇠퇴	유지 / 보호		복원	생산
	부정	부정	중립	중립	긍정	긍정

그림 3.5.4 생태계에 나타나는 탄소의 다양한 형태, (a) 산호초 형태, (b) 탄소 저장에 미치는 인간 활동, (c) 블루카본 형태의 해초, (d) 해양생물에 포함된 탄소, (e) 염습지의 탄소 형태, (f) 맹그로브 숲의 탄소 저장 (Hilmi et al., 2021).

이산화탄소를 흡수하는 능력에 영향을 줍니다. 따뜻한 물은 상대적으로 이산화탄소를 덜 흡수합니다. 예를 들어 대서양 북동부 가장 따뜻한 해역에 있는 다시마 숲은 상대적으로 차가운 해역보다 70%가량 탄소를 덜 저장합니다. 다시마와 푸고이드 해조 숲은 인간 활동으로 인한 스트레스 요인과 결합한 표층 수온의 점진적인 온난화로 인해 저위도 경계에서 전 세계적으로 유실되고 있습니다. 해양의 탄소흡수 능력이 점점 약화되고 있다는 의미입니다.

블루카본 개념은 맹그로브, 해초 및 염습지 등 연안 생태계에만 국한되지 않습니다. 해양에 녹아 있는 유기탄소는 지구 표면에서 가장 큰 유기물질 저장소 중 하나입니다. 용존 유기탄소는 살아 있는 해양 바이오매스 탄소량의 200배에 달합니다. 해양 식물플랑크톤은 전 세계 1차 생산량의 50%(~50 Gt C/년)를 담당합니다. 해양에서 조류와 박테리아는 용해된 무기 탄소를 고정한 다음 다른 유기체의 바이오매스에서 소비되거나 저장됩니다. 식물플랑크톤에 의해 고정된 탄소 대부분은 동물플랑크톤에 의해 소비되거나 바이러스의 활동으로 유기물질이 방출될 수 있습니다. 이러한 유기물질은 다른 미생물에 의해 분해되어 미립자와 용해된 유기물질을 생성하며 일부는 심해로 이동됩니다. 동물플랑크톤의 배설물 알갱이(fecal pellet), 외골격, 죽은 동물 및 해양 동물의 수직 이동 등은 식물플랑크톤으로부터 심해로 탄소를 운반하는 매개체가 됩니다. 심해 생태계에 녹아 있는 유기탄소는 해양 전체 유기 탄소의 70%이며, 대부분은 탄소가 수천 년 동안 대기와 접촉하지 않은 1,000m 이상의 깊이에서 발견됩니다. 이처럼 해양은 열뿐만 아니라 이산화탄소의 흡수와 저장을 통해 지구 기후 조절에 중요한 역할을 합니다(그림 3.5.5).

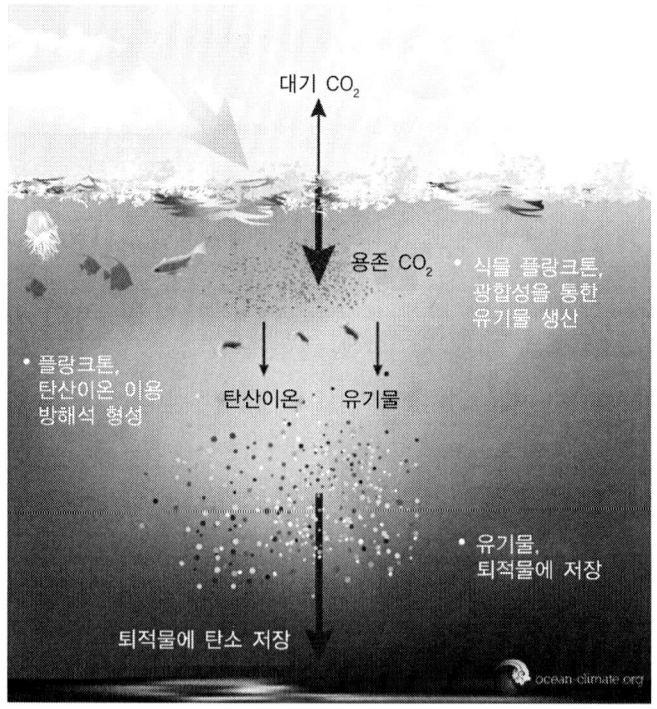

그림 3.5.5 해양의 탄소 거동을 나타낸 그림(ocean&climate platform, https://ocean-climate.org).

해양 생태계에 블루카본이 있다면 육상 생태계에는 그린카본이 있습니다. 그린카본에 대한 공식적인 정의는 아직 내려지지 않았지만, 일반적으로 산림 생태계에 저장된 탄소를 지칭하는 데 사용됩니다. 호주 국립대학의 연구에 따르면 호주는 세계에서 가장 탄소 밀도가 높은 산림을 보유하고 있습니다. 호주는 100년 동안 현재 연간 배출량의 25%에 해당하는 탄소를 격리할 잠재력이 있다고 합니다. 열대 우림은 약 940만 km^2를 덮고 있는데 이는 중국 크기와 거의 같은 면적입니다. 이 열대 우림의 평균 유기 탄소 저장량은 320t C/ha입니다. 온대림은 2015년에 680만km^2 이상으로 추정되며 온대 활엽수림/혼합림 및 온대 침엽수림의 평균 탄소 축적량은 60t C/ha입니다. 이탄 습지는 지구 육지 면적의 3%에 불과하지만, 평균 탄소 축적량이 1,450t C/ha이나 되는 중요한 탄소 흡수원입니다. 초원과 사바나는 지구 육지 면적의 거의 25%를 차지하고, 평균 탄소 축적량은 기후와 토양 특성에 따라 150~200t C/ha로 추정됩니다. 이 중 80%가 토양에 저장됩니다. 초원과 사바나의 탄소 저장량은 농업, 동물의 방목, 화재 및 기후 조건의 변화에 영향을 받습니다. 초원 복원은 연간 최대 4,500만 톤의 탄소 격리에 이바지할 수 있습니다. 툰드라 생태계는 대부분 북반구에 위치하는데 지구 육지 표면의 10%를 덮으며, 평균 탄소 축적량은 218~890t C/ha입니다. 툰드라 생태계는 토탄을 형성하는 식생으로 영구적으로 얼어붙은 상태인 영구동토층에 탄소를 저장합니다. 아한대 삼림과 함께 영구동토층은 최소 1,700Gt의 탄소를 저장할 수 있는 가장 큰 육상 유기 탄소 저장소입니다. 북극 영구동토층은 지난 수천 년 동안 탄소를 축적해 왔는데 그 양이 현재 대기 중 탄소량의 2배가 넘는 것으로 보입니다. 농경지 또는 경작지의 평균 토양 탄소 축적량은 95~177t C/ha로 지구 표면의 13%를 덮고 있습니다. 경작지의 탄소 흡수원 기능은 지역의 기후와 지질학적 조건, 관리 방식에 따라 달라질 수 있습니다.

지금까지 탄소에 대해 언급한 내용을 요약하면 탄소는 해양이나 토양, 육상식물, 대기 등 어디에나 있다는 결론입니다. 잠재적 위험성이 있는 탄소는 이렇게 지구 도처에 있습니다. 인간에 의해 대기 중으로 배출되기도 하고, 식물에 의해 흡수되기도 합니다. 대기와 해양 간에 이산화탄소 유입이나 배출이 일어나고 있습니다. 물론 생물 생산에 관여하고 있습니다. 이 또한 기존에 배출된 온실가스의 영향을 받습니다. 한곳에서 다른 곳으로 연쇄적인 반응이 일어나는 것처럼 매우 복잡하게 얽혀 있다는 사실을 알 수 있습니다(그림 3.5.6). 산업혁명 이후 지금까지 인간에 의해 얼마나 많은 탄소가 배출되었는지도 추측할 수 있습니다.

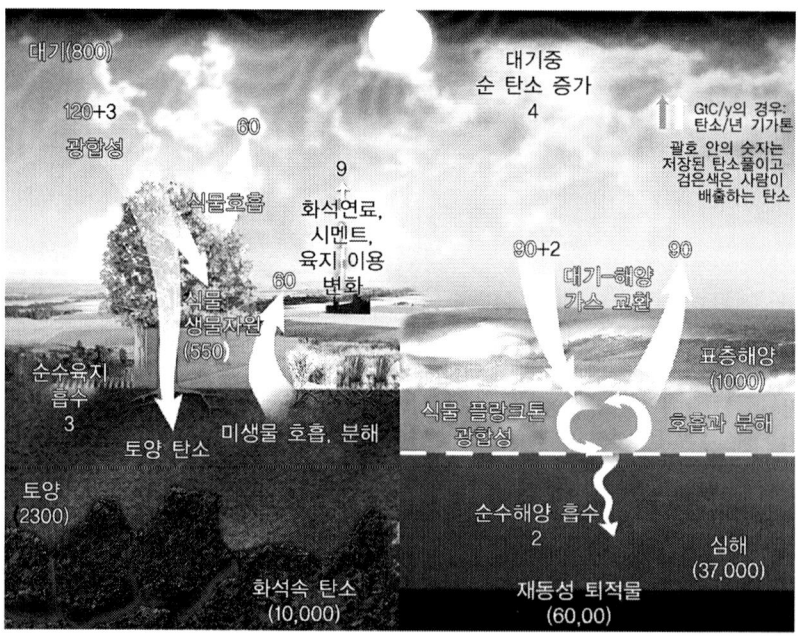

그림 3.5.6 탄소순환(carbon cycle) 개념도 및 상대적인 함량(미국 에너지부, Biological and Environmental Research Information System에서 채택한 다이어그램, http://earthobservatory.nasa.gov).

현재 진행되는 인위적 기원 탄소와 대기 중에 매년 증가하는 탄소량이 만만치 않기 때문입니다. 화석연료로 대기로 배출되는 탄소는 9Gt이며, 이중 대기에서 증가하는 탄소는 매년 4기가톤입니다. 1기가톤(gigaton: Gt)은 10억 톤입니다.

최근 자연을 활용하는 탄소 감축 방법, 즉 자연기반 해법(Nature-based Solution, NBS)으로 지구상의 탄소를 얼마나 줄여 어느 정도 온도 상승을 억제할 수 있는지를 분석한 시뮬레이션 연구 결과가 발표되었습니다. 이 연구는 블루카본과 그린카본의 개념에 근거하고 있습니다. 기술개발과 산업 부분의 탄소 배출량 저감 대책만으로는 탄소중립을 실현할 수 없기 때문입니다. 결국 배출량 저감과는 별개로 대기 중의 탄소를 제거하는 노력이 필요한데 이를 위해 자연의 힘을 이용하고자 하는 것입니다. 삼림 파괴를 제한하고 개발되지 않은 생태계 보호, 습지와 같은 생태계 복원, 목재·농작물·방목을 위한 토지 관리 개선을 한다면 2025년까지 연간 10Gt의 탄소를 자연이 흡수한다는 결론입니다. 연간 10Gt은 전 세계 운송 부문에서 1년에 배출하는 이산화탄소 배출량보다 많은 양입니다. 2050년까지 매년 10Gt의 지구 대기 이산화탄소를 제거해야 한다는 파리기후변화협약의 목표를 달성할 수 있는 양에 필적합니다. 복원된 자연의 탄소 흡수량은 탄소중립으로 가는 데 기여할 수 있기에 기술 기반의 탄소중립 전략보다 효율적이라 할 수 있습니다.

블루카본과 그린카본은 해양 및 육상 영역의 생태계에서 대기 중 이산화탄소를 제거하고 또 저장하는 역할을 합니다. 따라서 생물다양성이나 생태계 건강 그 자체는 바로 탄소 격리 및 저장과 밀접하게 연관된다고 할 수 있습니다. 생물다양성은 1차 생산성을 증가시켜 생태계의 탄소저장 효율성을 높입니다. 결국 생태계의 복원력을 높이는 것이지요. 탄소 저장능력을 유지하거나 보존하려는 조치는 파리협정이나 지속가능한 개발을 위한 2030 의제 및 생물다양성협약(Convention on Biological Diversity, CBD)에 따라 채택된 생물다양성 전략 계획에 포함되어 있습니다. 2015년 파리 협정은 당사국이 "온실가스의 흡수원과 저장소를 적절하게 보존 및 향상할 것"을 약속합니다. 보다 구체적으로 유엔기후변화협약(UNFCCC)의 4.1(d)조는 '바이오매스, 산림, 해양 및 기타 육상, 연안 및 해양생태계'는 탄소 격리를 위한 중요한 서식지로 간주하고 있습니다.

생물다양성협약의 생물다양성 전략 계획 2011~2020의 목표 15는 탄소 저장량에 대한 생물다양성의 기여도를 높이고 악화한 생태계를 보전 및 복원함으로써 기후변화 완화 및 적응에 중점을 두고 있습니다. 기후 행동강령(Climate Action)에 대한 지속가능한 개발 목표(SDGs) 13은 기후에 대한 조처를 하겠다는 정부의 약속을 보여 주고(예: 국가 결정 기부를 통해) 대기의 이산화탄소 농도 감소에 대한 진행 상황을 보고하기 위한 메커니즘을 마련하고 있습니다. 지속가능한 개발 목표 14 및 15("Life below water"와 "Life on land")는 격리된 이산화탄소(즉, 흡수원)의 중요한 저장소인 생태계의 보전 및 지속가능한 사용을 강화하기 위한 국가 실행 계획을 포함하고 있습니다.

대기 이산화탄소가 격리되는 물리적 과정은 블루카본과 그린카본 모두 유사합니다. 그렇지만 탄소가 축적되는 속도나 이산화탄소가 저장되는 시간 및 교란 때문에 이산화탄소가 배출되는 속도 등은 차이가 있습니다. 예를 들어, 그린카본은 생태계가 악화되면 빠르게 이산화탄소를 대기 중으로 배출합니다. 그러나 블루카본은 퇴적물에 의해 재흡수될 수 있습니다. 이것은 탄소가 격리되는 방식이 다르기 때문입니다. 그린카본은 주로 지상 바이오매스에서 발생하지만, 블루카본에서 격리는 주로 퇴적물에 저장됩니다. 블루카본 생태계에서 퇴적물은 수층과 접해 있고, 특히 산소 결핍이 있어서 탄소는 지속해서 축적될 수 있습니다.

그 결과 해안 서식지에 따라 600MgC/ha에서 1만 550MgC/ha 범위의 유기 탄소 축적량이 발생합니다. 육상 산림 서식지의 경우 300MgC/ha 미만이라는 평가입니다.

표 3.5.1 블루카본과 그린카본의 정량화 방법

탄소 풀의 유형	토양 위의 살아 있는 목본 및 초본 식물(예: 그루터기, 줄기, 가지, 씨앗 및 잎), 조류 및 식물에 사는 미생물을 포함한 지상 바이오매스.	지하 바이오매스(예: 뿌리와 뿌리줄기, 죽은 식물 조직 및 토양 유기물(예: 토양 탄소)).
	탄소 보존은 하나 이상의 탄소 풀을 제외해도 전체 결과에 큰 영향을 미치지 않을 경우 평가에서 하나 이상의 탄소 풀을 생략할 수 있습니다. 값은 일반적으로 지정된 토양 깊이에 대해 헥타르(ha)당 유기 탄소(MgC) 메가그램으로 보고됩니다(Howard et al., 2014b).	
탄소 풀 기간	단기 풀(예: 살아있는 바이오매스와 같은 50년 미만)	토양 유기 탄소와 같이 수 세기 또는 수천 년 동안 널리 퍼진 장기 풀

해안 블루카본 생태계는 기후변화 조절 요인인 탄소 격리 외에도 생태계에 다양한 서비스를 제공합니다. 연안 탄소 생태계는 어패류의 먹이 및 양식장 역할을 하는 연안 서식지와 연안 기반 시설(교통, 통신, 주거, 에너지 등)을 폭풍 해일 및 홍수로부터 보호합니다. 이러한 생태계 서비스는 연안에 거주하는 사람들의 커뮤니티에도 중요합니다. 가령 작은 섬들은 수온 변화, 해양 산성화 및 기상 교란 등 기후변화의 영향에 크게 노출되어 있습니다. 블루카본 생태계 정책은 이들 취약한 커뮤니티를 지원해 기후변화 갈등을 완화할 수 있습니다. 최근 들어서 기후변화 완화를 위한 자연 기반 솔루션(NBS)에 대한 수요가 증가하고 있습니다. 자연 기반 솔루션은 온실가스 배출 감소, 탄소 포집 및 저장 그리고 완

화 전략의 사회경제적 이점 등 세 가지 측면에서 기후변화 완화에 이바지합니다. 습지는 홍수와 폭풍의 영향을 완화할 뿐만 아니라 지역 사회를 위해 자연적으로 저장된 물을 제공할 수도 있습니다. 이 보호 서비스를 인공 인프라로 대체하려는 시도는 성공률이 낮고 비용이 많이 듭니다. 자연을 인공으로 대체할 수 없다는 결론이죠.

파리 협정은 세계가 1.5~2.0℃ 상한선을 위반하지 않으려면 2050년까지 탄소중립을 달성하기 위해 국가 및 산업 수준에서 어떻게 탄소배출을 줄일 것인지에 대해 신뢰성 있는 약속을 요구하고 있습니다. 몇 번 언급했듯이, 활성 탄소 격리 프로세스를 유지하고, 자연 기반 배출(예: 서식지 손실 및 황폐화)을 방지하며, 온실가스 배출량을 줄이기 위해 모두가 노력해야 한다는 것입니다. 높은 수준의 생물다양성을 유지하는 것과 탄소격리는 탄소중립 실현을 위한 본질적인 핵심입니다. 생물다양성은 기후변화 완화 및 생태계 기반 적응 활동에 영향을 미칩니다. 블루카본 및 그린카본 생태계에서 생물다양성이 높은 지역을 대상으로 실행하면 기후변화와 관련된 모든 이해 관계자에게 가장 큰 혜택을 줄 것입니다.

아무리 강조해도 지나치지 않습니다. 같은 탄소화합물이지만, 그걸 어떻게 사용하느냐에 따라 인류의 미래가 결정됩니다. 너무 거창한가요? 대기 중으로 인간이 방출하는 이산화탄소는 명백하게 증가하고 있다고 보고된 지 오래되었습니다. 더불어, 자연이 수용하는 능력도 어느 정도인지 평가되었습니다. 그리고 흡수능력이 점점 약화되고 있다고 평가되고 있습니다. 그렇다면 우리는 이미 그 답을 알고 있는 것입니다. 물론 어려운 문제에 대해 답을 찾은 것과 그 문제를 해결하는 것은 전혀 다른 문제입니다. 배출억제를 위한 강력한 행동강령이 필요한 시점이며, 동시에 실천적 노력이 요구되는 시점입니다.

제6장

IPCC 6차 보고서의 메시지

현대를 살아가는 인류는 변화의 한복판에 서 있습니다. 기후변화라는 무거운 짐을 해결해야 하는 책무도 있습니다. 산업혁명 이후 가속화된 산업화, 기계화, 자동화를 거쳐 4차 산업혁명까지 많은 요인이 이제 인간의 편리성 반대편에서 짐이 되고 있습니다. 편리성을 추구해 온 인류는 이제 그 무거운 짐을 처리할 해답을 찾아야 할 처지에 놓였습니다. 사회심리학에는 '경로 의존성(Path dependency)'이라는 용어가 자주 쓰입니다. 한번 일정한 경로에 의존하기 시작하면, 설령 비효율적이거나 잘못되었다 하더라도 여전히 그 경로를 벗어나지 못하는 경향성을 의미합니다. 분명, 인류는 발전을 위한 모든 계획을 처음에 설계한 대로 추진하려고 할 것입니다. UN이 내세우고 있는 SDGs가 이를 증명합니다. 윤택함과 편리성을 추구해 온 인류는 한계를 느끼면서도 그걸 버리지 못하고 있습니다. 발전을 이어갈수록 비례해서 커진 기후변화라는 짐에 대한 답을 찾는 게 인류에게 주어진 숙명이라고 생각합니다.

기후변화에 관한 가장 권위 있는 기구는 IPCC(기후변화에 관한 정부 간 협의체)입니다. 기후변화와 관련된 전 지구적 위험을 평가하고 국제적 대책을 마련하기 위해 세계기상기구(WMO)와 유엔환경계획(UNEP)이 1988년에 공동으로 설립한 UN 산하 국제 협의체입니다. 꾸준한 활동으로 2007년에는 노벨 평화상을 수상하기도 했습니다. 이 단체의 가장 중요한 역할은 인간이 어떻게 기후변화에 영향을 주는지를 파악하고, 미래 기후의 향방에 관심을 두게 하는 것입니다. 기후변화에 관한 거의 모든 정보를 공표해 전 지구적 주위를 환기하고 대책을 모색하고 있습니다. 지구촌 최대의 관심사인 기후변화에 관한 사항을 다루는 만큼, 유사 협정을 통해 국제적 결의를 유도하기도 합니다. 대표적인 국제적 합의로는 1997년에 체결된 교토의정서(Kyoto protocol)와 2015년에 결의된 파리협정(Paris agreements)입니다.

교토의정서는 당시에 선진국의 온실가스 감축 목표를 규정한 데 의미가 있습니다. 세계 각국에 기후변화의 중요성을 환기시키는 큰 역할을 했다고 판단합니다. 그 뒤를 이어 결성된 파리협정은 세계 각국이 신기후체계에 어떻게 대응할 것인가를 결정한 데 그 중요성이 있습니다. 당시 반기문 UN사무총장은 이 협정을 '인류와 지구를 위한 기념비적 승리'라고 표현하면서 자축했습니다. 현재 가장 많이 인용되는 단어인 '1.5℃'는 이때 등장합니다. 어떻게든 온실가스 배출량을 줄이고, 온도 상승을 1.5℃ 이내로 묶어 두자는 것이죠. 인류가 급격히 변화하는 기후변화에 적응하고 지속 가능한 발전을 위해서입니다. IPCC는 기후변화에 대해 인류가 노력한 결과입니다. 기후변화에 관한 일련의 노력, 결과 등을 고려해서 이 책의 마지막 장인 이 장에서는 IPCC에서 내놓은 몇 가지 사실에 대해 언급하겠습니다.

지구의 평균 기온은 얼마일까요? 미국 국립해양대기청(NOAA, National Oceanic and Atmospheric Administration) 기후정보에 따르면 24시간 동안 측정한 20세기 지구의 평균 온도는 57°F(13.9°C)입니다. 미국 항공우주국(NASA)에 따르면 지구 온도 데이터는 수천 개의 관측소에서 제공하고 있습니다. 같은 데이터를 분석하는 연구자라도 지구 평균온도를 계산하기 위해 다양한 방법을 사용할 수 있습니다. 온도에 관한 보고서는 현재 온도와 과거 평균 간의 차이인 온도 이상값을 사용하고 있습니다. NOAA의 데이터에 따르면 2020년에 계산된 평균 온도 이상값은 20세기 모든 해의 평균 온도보다 1.76°F(0.98°C) 높았습니다. 또한, NASA의 고다드 우주연구소(GISS)에 따르면 2020년의 세계 평균 기온은 1951~1980년의 평균보다 1.84°F(1.02°C) 높았습니다. 지구 평균 기온이 1°C 상승했다는 의미입니다(그림 3.6.1).

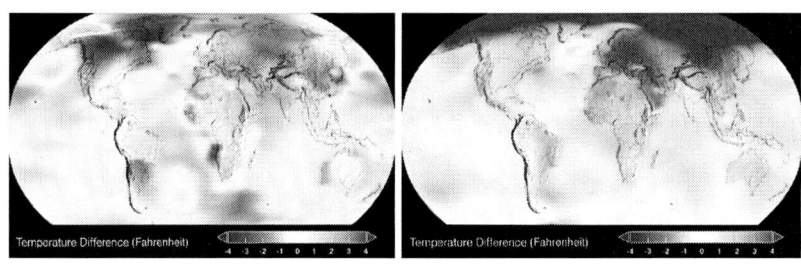

그림 3.6.1 지표면의 온도(왼쪽: 1884년, 오른쪽: 2021년)
(https://climate.nasa.gov/vital-signs/global-temperature/).

IPCC 산하의 여러 조직도 기후변화 대응을 위해 분주히 움직이고 있습니다. 대표적인 예가 2015년에 결성된 파리협정입니다. 파리협정의 목표는 산업혁명 이전(1850~1900년도) 대비 지구 평균 온도 상승을 2℃보다 아래로 유지하고, 나아가 1.5℃로 억제하기 위해 노력한다는 것입니다. 2도와 1.5도의 차이는 어떤 의미가 있을까요? 일반인들이 국지적으로 짧은 기간 동안 경험하는 온도변화는 예측 가능한 주기적인 이벤트(밤과 낮, 여름과 겨울)와 예측하기 어려운 바람 및 강수 패턴으로 인해 크게 변동할 수 있는 온도가 합쳐진 온도입니다. 그러나 지구 온도는 주로 태양으로부터 받는 에너지 중에서 얼마나 다시 우주로 방출하는지에 달려 있습니다. 태양에서 오는 에너지는 해마다 거의 변동하지 않지만, 지구에서 방출되는 에너지의 양은 대기의 화학적 구성이나 열을 가두는 온실가스 양과 밀접하게 관련됩니다. 지구 전체에서 1도 변화하는 것은 모든 해양, 대기, 육지를 그만큼 따뜻하게 데우는 데 들어가는 에너지이기 때문에 엄청난 양의 열이 필요합니다. 지질학적 시대의 소빙기 시대(Little Ice Age)에도 1~2도 정도만 떨어진 것이 전부였습니다. 1만 8,000년 전인 최종 빙기에도 열대지역 해수 온도는 겨우 2도 떨어진 반면, 북유럽 쪽은 10~15도 떨어졌습니다.

IPCC는 몇 번의 보고서를 발간했다고 언급했습니다. 보고서는 기후변화의 다양한 면을 다루고 있기 때문에, 실무그룹별로 구분해 놓고 있습니다. 기후위기의 원인과 현상, 미래를 과학적으로 분석해 다룬 제1 실무그룹 보고서는 2021년 8월에 나왔고, 기후위기로 인한 다양한 결과를 담은 제2 실무그룹 보고서는 2022년 2월에 나왔습니다. 온실가스를 줄이는 방법은 무엇인지에 관한 제3 실무그룹 보고서는 2022년 4월에 발표되었습니다. 특히 최근에 공표된 6차 보고서는 지구가 점점 뜨거워지면서 어떤 일이 벌어지고, 그 원인이 무엇인지에 대한 다양한 연구 결과를 담아 그만큼 유심히 들여다볼 필요가 있습니다. 그중에서도 IPCC 6차 평가보고서의 제1 실무그룹 보고서가 중요한 이유는 '지금 당장' 그

(a) 지구 표면온도 변화(10년 평균) 추정치(1~2000년)와 관측치(1850~2020년)

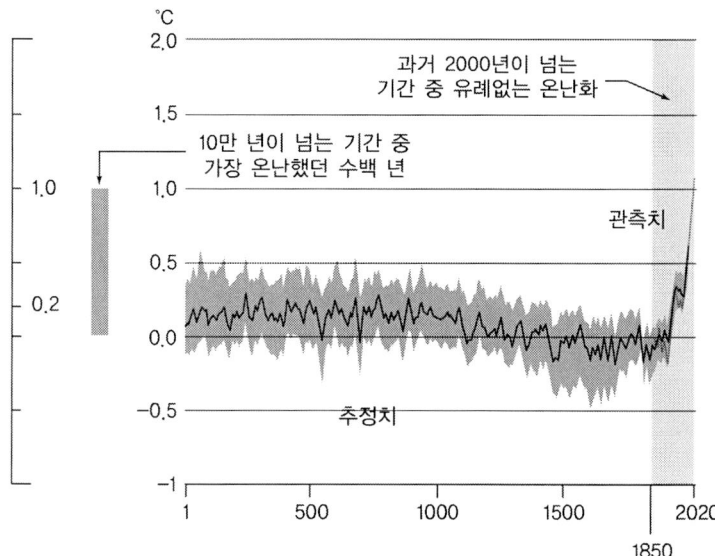

(b) 지구 표면온도 변화(연평균) 관측치와 인간 및 자연적 요인과 자연적 요인만 고려한 모의 결과(1850~2020년)

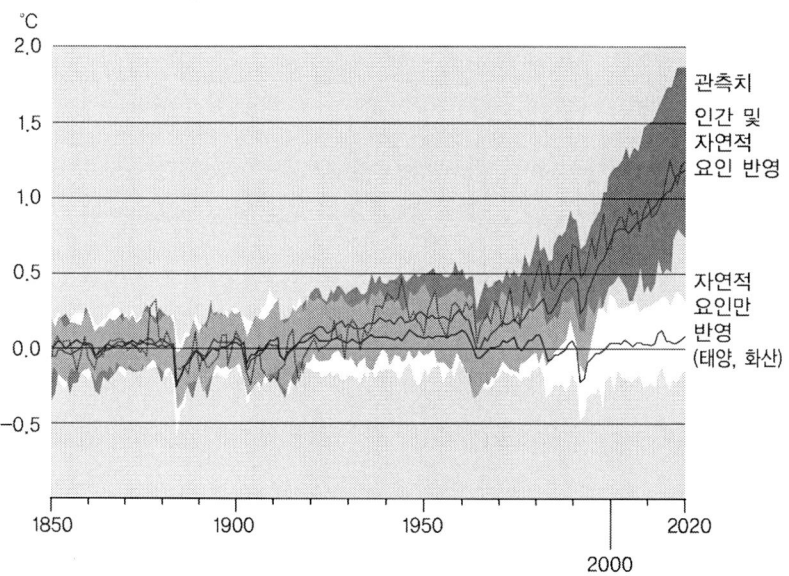

그림 3.6.2 1850~1900년 대비 현재의 지구 표면 온도 변화(IPCC_Report.pdf (climate.go.kr))

리고 '최대한' 온실가스를 감축하는 경우에만 섭씨 1.5도 목표를 달성할 수 있다고 이야기한 점입니다. 인류에 대한 단호한 경고입니다. 조금만 방심하면 1.5도 목표를 달성할 수 없다는 것입니다. 그리고 또 한 가지 보고서에서 주목할 점은 '인간 영향에 의한'이라는 문구입니다. '온난화는 명백한 사실'이라고 했던 5차 보고서에서 더 나아가 '인간 영향에 의한'이 추가됐습니다. 지구온난화에 대한 책임이 '인간'임을 명백히 밝힌 것입니다.

과거 온난화가 수천 년에 걸쳐 매우 느린 지구 궤도 변화로 유발되었다면, 산업화 이후에는 인간이 대기, 해양, 토지에 미친 영향으로 이례적인 폭우, 가뭄, 열대 태풍 등과 같은 복합적인 극한의 기상 현상이 일어나고 있습니다. IPCC 보고서는 2019년 기준 전 지구 이산화탄소 농도가 410ppm을 돌파했다고 보고하고 있습니다. 2015년 '마의 벽'으로 불리던 400ppm을 넘어선 지 불과 4년만입니다. 매년 2ppm 넘게 상승했습니다. 과거 200만 년 동안 한 번도 없던 농도입니다. 과거 80만 년 동안 빙하기와 간빙기 사이 수십만 년에 걸친 자연적인 변화와 비교할 때, 1750년 이후 이산화탄소(47%)와 메탄(156%) 농도 증가량은 과거보다 훨씬 큰 수준입니다. 지구 표면 온도는 적어도 과거 2,000년을 50년 단위로 봤을 때 1970년 이후 가장 빠르게 증가했습니다. 가장 최근의 온난기인 6,500년 전에 나타난 수백 년 동안의 온도보다도 최근 10년(2011~2020년)의 온도가 더 높다는 결론입니다(그림 3.6.2).

2011~2020년 연평균 북극 해빙 면적은 1850년 이후 최저 수준에 도달했습니다. 지난 늦여름 북극 해빙 면적은 적어도 과거 1,000년 중 가장 작았습니다. 1950년대 이후 전 세계에 분포하는 대부분 빙하가 동시에 감소하고 있는 현상은 과거 2,000년 동안 유례가 없었습니다. 1900년 이후 지구 평균 해수면 상승 속도는 과거 3,000년 동안을 100년 단위로 봤

을 때 가장 빠릅니다. 지난 100년간 해양은 마지막 빙하기 마지막 단계인 약 1만 1,000년 전 이후 가장 빠르게 온난화되었습니다. 과거 5,000만 년 동안 장기간에 걸쳐 표면 해수 pH가 크게 변화했습니다. 그러나 최근 수십 년 동안 관측된 표층 해수 pH가 낮아진 것은 과거 200만 년 동안 유례없는 현상입니다. 이것은 인간이 방출한 이산화탄소가 바다로 흡수되어 바다가 산성화되었음을 의미합니다. 이제는 더 이상 '이례적'이라든지 '기록적'이라는 말도 충격적이지 않습니다. 2015년 세계기상기구(WMO)가 경고한 것처럼 '뉴노멀(new normal)'이 일상이 된 지 오래되었습니다. 최근에는 기후위기를 '패러디'한 만화도 SNS에 등장했습니다. 미국 애니메이션 〈심슨가족〉에서 바트 심슨이 이렇게 말합니다. "올해는 내 인생 최고로 더운 여름이야." 이어서 나오는 대답이 압권입니다. 아버지 호머 심슨은 "올해는 너의 남은 인생에서 가장 시원한 여름이 될 거다."라고 일러줍니다. 앞으로 남은 여름이 지금보다 더워지고 힘겨워질 거라는 암시입니다(그림 3.6.3).

지구온난화 진행을 막기 위해서는 탄소중립 및 나아가 온실가스의 넷 제로(net zero) 이상의 성과가 필요합니다. 온실가스를 더 빨리 더 많이

그림 3.6.3 미국 애니메이션 '심슨가족' 패러디의 한 장면(kbs.co.kr).

감축하면 온실가스 농도의 상승을 늦추고 온난화 속도도 느려지면서 대기질도 개선되는 효과로 이어집니다. 제1 실무그룹 보고서는 인간 활동으로 인한 대기 중 이산화탄소의 누적 배출량과 지구 온도의 상승 사이에는 거의 비례관계가 성립된다고 말합니다. 배출을 많이 하면 할수록 분명하게 농도가 상승한다는 것입니다. 즉 지구온난화 진행을 늦추거나 완화하는 유일한 방법은 전 지구 규모에서 탄소중립을 달성하는 것에 있음을 의미합니다.

누적되는 온실가스 배출량과 지구 온도상승이 거의 비례관계에 있으므로 온도상승에 따른 탄소배출에 관한 구체적 정보를 얻을 수 있습니다. 보고서에 따르면, 온도상승을 1.5°C도로 제한할 확률이 50%인 경우 2020년부터 5,000억 톤의 이산화탄소만 배출되어야 한다는 결론에 이릅니다. 만일 제한할 확률이 67%인 경우는 탄소배출은 4,000억 톤으로 줄어듭니다. 2021년 초 기준으로 계산한다면, 50%의 확률로 1.5°C 이내로 온도상승을 막으려면 4,600억 톤의 이산화탄소만 배출해야 됩니다. 현재 배출량 수준으로는 단 11.5년 만에 남은 탄소 예산(배출 여유분)이 완전히 없어지는 것을 의미합니다. 만일 100% 확률로 1.5°C를 막으려면 남아 있는 탄소배출은 없게 됩니다. 지금 당장 배출을 제로로 해야 한다는 의미입니다. 따라서 이산화탄소 배출로 인한 온도상승을 제한하는 데 전 지구 탄소중립 달성은 필요 조건입니다(그림 3.6.4).

대기 중 이산화탄소 농도 변화는 우리가 어떤 사회경제적 활동을 하느냐에 따라 달라집니다. 사회가 석탄발전 구조를 기반으로 하는지 재생에너지를 기반으로 하는지에 따라 우리의 미래가 달라집니다. 보고서는 이런 점을 반영한 5개의 사회경제경로(shared socioeconomic pathways, SSP) 시나리오로 미래를 전망했습니다. 온실가스를 가장 많이 배출하는 시나리오(SSP5-8.5)는 이산화탄소 배출량이 2050년까지 현재의 2배가 되

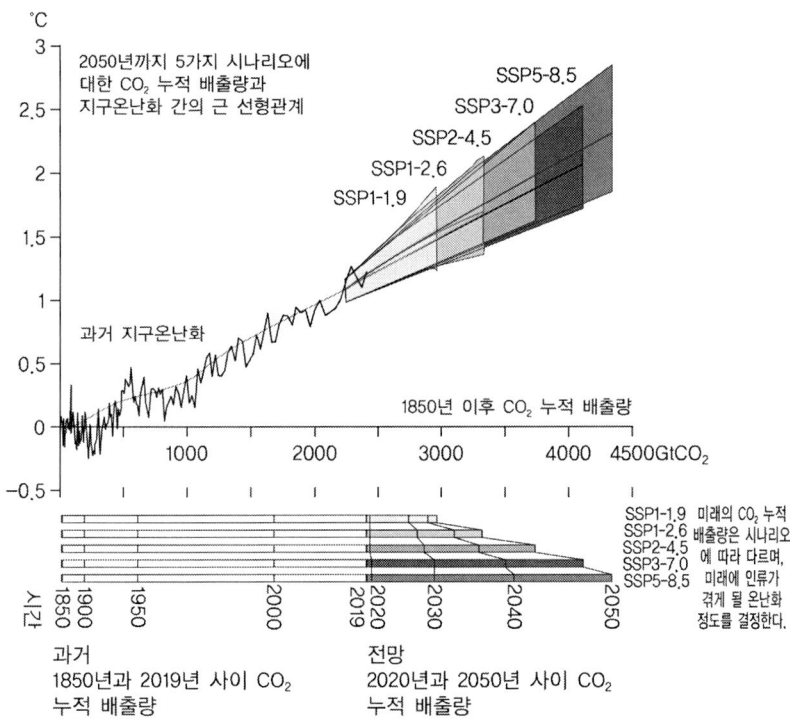

그림 3.6.4 이산화탄소 누적 배출량과 지구 표면 온도 상승 간의 선형관계
(IPCC_Report.pdf(climate.go.kr)).

는 경우입니다. 반면 온실가스를 가장 적게 배출하는 시나리오(SSP1-1.9)
는 2050년께 탄소 중립에 도달합니다. 현재 수준의 탄소배출이 지속될
경우(SSP5-8.5) 2081~2100년 전 지구 표면 온도는 4.4℃ 상승하게 됩니다.
반면 2050년 탄소 중립이 실현되면 21세기 말 전 지구 표면 온도 상승은
1.4℃가 될 가능성이 매우 크다고 합니다. 하지만 어느 시나리오로 진행되
든지 2040년까지 지구 평균 온도는 산업화 이전 대비 1.5℃ 상승할 것으로
전망합니다. 다시 말하면, 기후위기 대응 정책으로 인해 온도가 계속 상
승할 것인지, 아니면 온도 상승을 멈출 것인지의 갈림길은 2021~2040년
중 나타날 것으로 보고 있습니다. 즉, 지금 우리가 어떤 결정을 하느냐에

따라 20년 이내에 지구 온도상승은 확연하게 차이가 나는 것을 보게 될 것입니다.

2040년 이후부터는 많이 배출하거나 가장 많이 배출하는 시나리오일 기후 인자들(해수면 상승, 호우와 홍수, 열 임계치 초과 등의 빈도 증가)에 의한 영향이 더욱 커질 것으로 예측됩니다. 따라서 인간에 의한 지구온난화를 파리협정 목표인 1.5℃ 수준으로 억제하려면 누적 이산화탄소 배출량을 제한하고, 최소한 탄소중립에 도달해야 합니다. 이산화탄소 외의 온실가스 배출을 강력하게 억제해야 합니다. 지금 2020년대에 과감하게 온실가스 배출을 억제하지 못한다면 2050년경까지 온난화를 1.5℃로 제한하는 것은 불가능하다는 결론입니다.

표 3.6.1 온실가스 배출 시나리오별 21세기 온도상승 예측(IPCC 보고서(climate.go.kr))

시나리오	단기, 2021~2040		중기, 2041~2060		장기, 2081~2100	
	최적 추정치 (℃)	가능성 매우 높은 범위(℃)	최적 추정치 (℃)	가능성 매우 높은 범위(℃)	최적 추정치 (℃)	가능성 매우 높은 범위(℃)
SSP1-1.9	1.5	1.2~1.7	1.6	1.2~2.0	1.4	1.0~1.8
SSP1-2.6	1.5	1.2~1.8	1.7	1.3~2.2	1.8	1.3~2.4
SSP2-4.5	1.5	1.2~1.8	2.0	1.6~2.5	2.7	2.1~3.5
SSP3-7.0	1.5	1.2~1.8	2.1	1.7~2.6	3.6	2.8~4.6
SSP5-8.5	1.6	1.3~1.9	2.4	1.9~3.0	4.4	3.3~5.7

2021년에 영국 글래스고에서 열린 제26차 유엔기후변화협약 당사국총회(COP26, Conference of Parties)는 '글래스고 기후합의(Glasgow Climate Pact)'를 채택했습니다. 각국 정부 및 민간 부문 참여자들은 온실가스 감축과 탈탄소 투자에 관한 선언을 발표하며 전 지구적 기후변화 대응 노력을 강조하였습니다. 더 이상 2℃를 언급하지 않고 1.5℃를 지구 온도

상승 억제 목표로 제한하고 기후 행동을 강화하기로 합의했습니다. 메탄과 같은 비 이산화탄소 온실가스 감축, 석탄발전의 점진적 폐지와 신규 석탄발전 투자 중단, 지속 가능한 산림 및 토지 이용, 무공해차로의 전환 등에 관한 각국 정상들의 선언과 논의가 전개되었습니다. COP26 글래스고 기후 합의 가운데 주목할 것은 합의문 최초로 "저감장치 없는 석탄발전과 비효율적인 화석연료 보조금의 단계적 감축"을 합의 문구로 포함했다는 점입니다. 2022년 의장국인 영국 정부 발표에 따르면 세계 경제의 90%에 해당하는 나라가 탄소 중립을 약속했습니다. 105개국이 '국제 메탄 서약'에 서명해 지구온난화의 주범인 메탄을 2030년까지 2020년 대비 30% 이상 감축하기로 했습니다. 또한 '산림과 토지 이용에 관한 정상 선언'으로 지속가능한 토지 사용과 산림 복원 및 관리도 함께하기로 하였습니다. 35개국은 '글래스고 돌파구 의제'에 서명하고 청정 기술 개발 및 보급을 가속하며 비용을 절감하자고 합의했습니다.

우리나라도 탄소 중립 행렬에 동참했습니다. 한국은 COP26에서 2030년 국가 온실가스 감축 목표(NDC)를 2018년 대비 40% 이상 감축하는 것으로 상향하고, 2050년 탄소중립을 이루겠다고 국제사회에 선언했습니다. 그러나 우리나라 온실가스 배출이 꾸준히 증가해왔다는 점에서 2050 탄소중립 목표는 달성이 쉽지 않다고 할 수 있습니다. 우리나라 온실가스 배출량은 2018년 최고점(7억 2,760만 톤)에 도달한 뒤 2019년 7억 100만 톤으로 줄었고, 코로나19 대유행을 맞으며 2020년에는 약간 줄어든 6억 5,700만 톤으로 감소했습니다. 이어 2021년에 6억 7,960만 톤으로 다시 증가했는데, 2018년 정점에 비해선 6.5% 낮은 수치입니다. 2019년과 2020년의 추정 배출량은 각각 6억 9,950만 톤과 6억 4,860만 톤이었습니다. 2020년에 배출량을 5억 4,300만 톤으로 감축하려는 감축 목표(배출 전망치 대비 30% 감축)는 달성하지 못했습니다. 이제부터는 누적 배출량에 대해서 최대한의 감축과 흡수, 제거를 통해 탄소중립을 달성해야 합니다(그림 3.6.5). 무엇보다 코로나19로 줄어든 배출량의 의미를 다시 한번 들여다볼 필요가 있습니다.

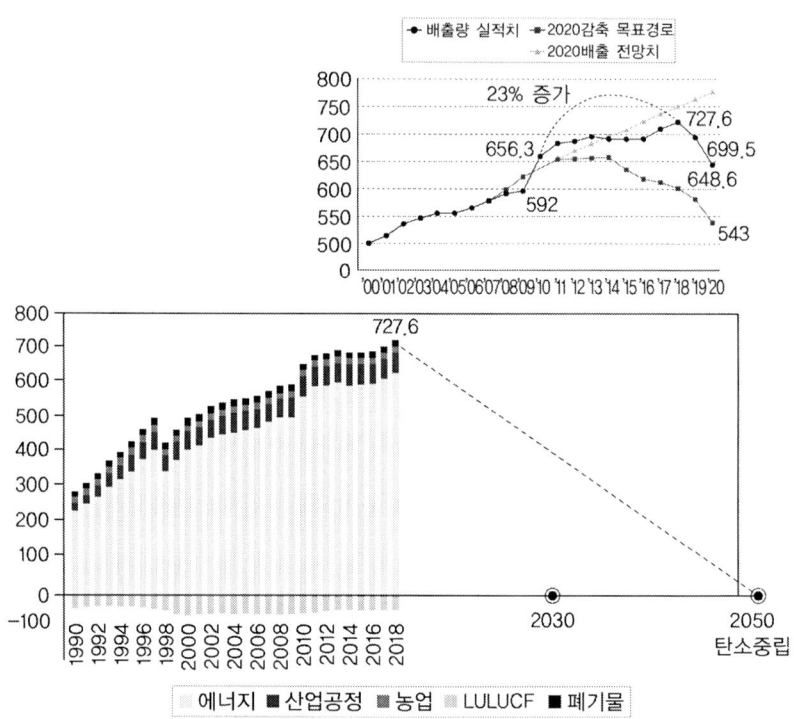

그림 3.6.5 한국의 2050 탄소 중립 목표 실현 가상 경로와 배출 추세(윤순진, 2021)

탄소중립을 향한 노력은 한 국가나 정부에만 국한되지 않습니다. 기업도 변화해야 하며 민간인도 적극적인 참여가 필요합니다. 애플, 구글, BMW 등 주요 글로벌 기업들이 100% 재생에너지 전력만 사용하겠다는 선언에 참여하고 있습니다. 탄소배출로 인한 비용 상승은 기업의 재무 리스크로 대두될 가능성이 큽니다. 이런 영향으로 불가피하게 쓰러지는 산업이 생기는 반면, 새로운 산업이 움틀 수도 있습니다. 기업들 입장에선 방어적 자세를 버리고 적극적으로 위기를 돌파하며 기회를 잡아내는 행동이 요구됩니다. 금융 또한 변화 중입니다. 세계 최대 규모 자산운용사인 블랙록(Blackrock)이 최우선 투자 고려 요소로 기후위기와 지속가능성을 제시했습니다. JP모건과 골드만삭스 등 주요 투자은행도 탈석탄 투자를 선언하는 등 국제금융은 온실가스 감축을 주요 투자 순위에 두고 있습니다. 2021년 초에 자산 운용 회사 슈로더(Schroders)는 과학 기반 감축 목표 이니셔티브(Science-Based Targets initiative, SBTi)에 서명했으며, 2020년 말 출범한 탄소중립 자산운용사 이니셔티브(Net Zero Asset Manager Initiative)의 창립 회원이기도 합니다. 슈로더의 피터 해리슨(Peter Harrison) 최고 경영자는 "기업은 자신이 지구에 미치는 영향을 줄이고 탈탄소 경제를 향해 나아갈 근본적인 책임과 의무가 있다"라고 말했습니다.

IPCC 제6차 보고서에서 과학자들이 진단한 지구의 현 상태는 지구가 얼마나 심각한지를 잘 표현하고 있습니다. 벼랑 끝이 아니라 칼끝에 서 있다고 해도 될 정도입니다. 무게 중심을 잡지 않으면 안 되며, 방향성을 잃어서도 안 된다는 것입니다. IPCC의 경고는 두려움을 넘어 강력한 충격이 필요하다는 의미입니다. 전 세계는 '지금 당장' 그리고 '최대한' 온실가스를 줄여야 합니다. IPCC가 이야기하는 '기후위기가 인간의 책임'이라는 과학적 사실에 동의한다면, 인간은 과감히 결정하고 행동해야 합니다. 이를 위한 단호한 정치적 결정도 불가피한 일입니다. 정부와 기업을 넘어 지구에 생존하는 모든 인간이 함께 나서야 합니다.

용어해설

- **고기후(paleoclimatology):** 고기후학. 과거의 기후변화 및 그와 관련된 사항을 연구하는 학문 분야. 과거의 기후 데이터는 직접 얻을 수 없기 때문에 퇴적물이나 빙상 코아 등에서 시료를 채취하고 간접적으로 과거의 기후를 복원하고, 그 성질이나 변화, 원인 등을 연구한다. 과거의 기후변동을 알기 위해서는 해양 퇴적물에 대한 연구가 필요한 만큼 고해양학과 관련되어 다루어진다.
- **고분자화합물(high molecular compound):** 분자량이 10,000 이상인 화합물. 고분자, 거대분자, 고분자물질, 고중합체라고도 한다. 고분자화합물에는 탄소를 제외한 물질로 이루어진 무기 계열 고분자와 탄소를 중심으로 한 유기계열 고분자로 나눌 수 있다. 또한 자연상태에서 천연으로 나타나는 천연고분자 화합물이나 인공적으로 만들어진 나일론 등과 같은 합성 고분자 화합물로도 분류된다.
- **고해양(paleoceanography):** 과거의 해양을 지칭하며 이를 연구하는 학문 분야를 고해양학이라 한다. 주로 해저 퇴적물에 포함된 미화석이나 퇴적물의 화학성분, 동위원소 분석 등을 이용하여 해류의 순환이나, 생물 생산력 등 과거의 해양 역사, 기후변동까지를 연구하는 학문 분야이며 고기후학과 밀접하게 관련된다.
- **공유결합, 이중결합:** 다양한 물질은 원소들의 결합으로 이루어진다. 가장 쉬운 예로 물(H_2O)은 수소와 산소원자의 결합으로 이루어지는데, 수소 원자 2개와 산소 원자 1개로 결합하여 만들어진 것이다. 이 경우, 수소와 산소는 결합 형태가 공유되어 공유결합이라고 할 수 있다. 전자의 배열수가 안쪽에서부터 2개, 8개가 되므로 전자를 채우다 바깥쪽에 2개의 전자가 필요한

산소 원자는 수소 원자가 가지고 있는 전자 두 개와 결합하게 된다. 서로가 전자를 같이 공유한다고 해서 공유결합이 된다. 메탄가스도 공유결합을 하는데, 바깥쪽에 4개의 전자는 4개의 수소 원자에 하나씩 공유결합하게 된다. 그림 1.3.2 참조.

- **광화학반응(Photochemistry):** 어떤 화학성분(물질)이 대기 중에서 화학반응을 일으켜 성질이 변화하거나 다른 물질로 전환되는 반응. 예를 들어, 대기 중에 있는 메탄가스는 광화학반응으로 Formaldehyde(CH_2O)가 된다.

- **기후점프:** 기후 상태가 갑자기 바뀌는 현상. 지구의 기후를 이야기할 때 전 지구가 냉각 상태에서 갑자기 온난한 상태로, 또는 온난 상태에서 냉각 상태로 바뀌는 것을 말한다. 이때 지구 평균온도는 10도 이상 차이를 보인다.

- **단성분(end-member):** 단성분, 어떤 광물은 몇 개의 성분으로 구성된 고용체이다. 각각의 성분을 단성이라 한다. 어떤 물질이 A, B, C로 되어 있다 할 경우, B로만 되어 있을 상태, 즉 B가 100%일 때 이를 단성분으로 여긴다.

- **대량 전멸(mass extinction):** 지구상에 있는 생물종이 어떤 원인에 의해 대규모로 멸종되는 현상. 지구상에는 고생대부터 현재까지 다섯 번에 걸친 대량멸종(전멸)이 있었다고 판단된다. 대량멸종은 운석 충돌 등을 비롯하여 많은 원인이 있을 수 있다. 어떤 학자는 현재는 6번째의 대량 전멸이 진행되고 있다고 한다.

- **대리지표(proxy):** 과거의 환경을 복원하거나 알아내는 데 활용되는 화학적인 대리지표. 예를 들어 산소동위원소를 이용해서 과거의 해양표층 온도(SST)를 알아낸다면, 산소동위원소 기록은 '대리지표(proxy)'라 할 수 있다. 보통 '프록시'로 언급된다.

- **동소체(allotropy):** 한 가지 종류의 원소로 구성되었지만, 원자의 결합 방법이나 배열 상태가 달라 성질이 다른 물질이 존재하게 되는데, 이때 여러 가지 형태를 동소체라 한다. 예를 들어, 같은 탄소로 구성되었지만 다이아몬드와 흑연은 배열 상태가 다르므로, 이 둘은 탄소의 동소체라 할 수 있다.

- **메탄 하이드레이트(methane hydrate):** 메탄(CH_4)은 낮은 온도 높은 압력에서

결정화된 것으로 메탄가스가 물과 반응하게 되어 결정화되면서 수화물이 된다. 이 경우를 메탄하이드레이트라고 칭한다.

- **블랙셰일(black shale):** 퇴적층의 한 종류. 해양 무산소 사건이 일어났을 때 해저에 쌓인 검정색의 퇴적층. 유기물이 풍부하다.

- **빅뱅(Big bang):** 우주가 시작될 때 거대한 폭발로 만들어졌다고 판단되는데, 이 폭발을 지칭한다. '빅뱅 우주론'으로 지칭되며, 그 연대는 최근 138억년 전으로 보고된다. 이때부터 우주가 생성되고 현재도 계속 우주가 팽창하고 있다는 것이다. 그러나 이 우주론에 대해 현재도 논의가 계속 이어지고 있다.

- **사층리(cross bedding):** 퇴적현상이 일어난 후, 퇴적층의 모양을 일컫는 용어. 사층리는 퇴적층이 물의 흐름 등을 반영하여 비스듬하게 퇴적 고결된 퇴적층의 한 현상이다.

- **성간운(星間雲):** 빅뱅이 있고 나서 우주 공간에는 다양한 물질이 생겨나게 되는데, 천체와 천체 사이에 있는 구름이라는 뜻이다. 이 구름 속에는 가스, 플라즈마, 먼지 등 다양한 물질이 포함된다.

- **셰일(shale):** 퇴적암이나 퇴적물 중에 63μm보다 작은 것으로 된 입자로, 진흙(mud)의 입자가 대부분 이보다 작다.

- **속성작용(diagenesis):** 어떤 물질이 열이나 압력의 영향으로 그 성질이 변화하는 과정을 의미한다. 퇴적물이 퇴적된 후 다짐 작용, 교질 작용, 교대작용 등을 받아 암석이 되는 과정까지를 일컫는다.

- **열분해기원(thermogenic):** 메탄가스의 기원은 열분해기원과 생물기원(biogenic)으로 구분할 수 있다. 열분해 기원은 지각에서 발생한 것이며, 생물기원은 생물의 유해로부터 발생한 것을 말한다.

- **열수광상(hydrothermal vent):** 열수의 작용으로 형성된 광상. 주로 해저면 지하 깊은 곳에서 마그마가 냉각할 때 열수가 분출하게 되는데, 이때 열수에 녹아 있던 유용광물이 침전하게 되어 광상을 이룬다. 해저가 확장되거나 화산 활동 등이 활발한 장소에서 주로 발견된다.

- **영거 드라이아스(Younger Dryas):** 마지막 빙하기가 끝난 후 온난화로 진행되

기 직전인 약 12,900년에서 11,700년 전에 다시 빙하기 상태와 같이 급격히 추워진 시기. 고산지대나 툰드라 지대에서 자라는 야생 꽃나무(Dryas octopetala)가 비교적 따뜻한 저지대로 옮겨지게 되어서 이 이름이 붙여졌다.

- **온실가스(greenhouse gas):** 일반적으로 지구온난화를 일으키는 가스를 지칭한다. 대표적인 온실효과가스는 이산화탄소(CO_2)를 비롯해서, 메탄가스(CH_4), 이산화질소(N_2O), 수소불화탄소(HCF5), 육불화황($SF6$), 과불화탄소(HFC)가 있다. 이들 가스는 비닐하우스에서 온도가 올라가는 것처럼 지구에서 온실효과를 일으키며 지구의 온도를 올리는 역할을 한다. 그림 1.1.2 참조.

- **용승(upwelling):** 수심 깊은 곳(저층)에 있는 물이 표층으로 올라오는 현상을 의미한다. 일반적으로 저층에 있는 물이 상승할 때는 저층에 있는 각종 영양염류가 같이 상승하여 기초생산력에 좋은 조건이 되기 때문에, 표층은 생산력이 높아지게 되고 계속해서 풍부한 어장이 형성된다.

- **인류세(Anthropocene):** 인류의 활동으로 인해 지구환경에 중대한 영향을 미치는 시기. 아직 인류세에 대한 정의와 시기를 특정하지는 못하고 있다. 인류세에 대한 아이디어는 1995년 노벨화학상 수상자인 폴 크뤼천이 지난 2000년 처음으로 제안했다. 그 뒤 2004년 8월 스웨덴 스톡홀름에서 개최된 유로사이언스 포럼에 참석한 과학자들의 지지를 얻는 등 점차 확산되는 분위기다.

- **전지구 융해:** 얼어 있는 지구 표면의 모든 얼음이 녹는 것. 한때 지구는 전 지구적으로 동결 상태에 있었다. 이 동결 상태가 대기순환, 이산화탄소 증가에 의해 풀리는 현상을 말한다.

- **제4기 (Quaternary):** 지질학에서 사용하는 용어로, 지질연대의 하나. 지층을 구분하는 단위로 쓰이며 신생대의 마지막에 해당한다. 연대로는 약 258만 년 전부터 현재까지의 시기(기간)를 의미한다.

- **지구온난화(global warming):** 지구 표층 온도가 점점 올라가는 현상. 산업혁명 이후 각종 산업시설에서 온실가스가 대기 중으로 대량 방출되어 지구

표층 온도가 점점 상승하고 있음을 의미한다.

- **집섬(gypsume, 석고):** 다소 부드러운 황산광물(sulfate mineral; $CaSO_4 \cdot 2H_2O$) 이며 주로 조각(sculpture)에 사용된다. 고대 이집트, 메소포타미아, 로마 등 에서 많이 사용되었고, 퇴적암과 관련되어 광범위한 증발암의 기저에서 나 타난다.

- **케로젼(Kerogen):** 본래 오일 셰일에 있는 유기물에 대한 명칭. 불용성이며 석유와 같은 기름이 만들어지는 세립질이며 퇴적암이나 퇴적물 중에 존재 한다. 가열하면 기름이 만들어진다.

- **탄소중립(carbon neutral):** 지구온난화를 멈추거나 늦추기 위한 사회적 조치 의 일환으로 등장한 용어. 즉 개인이나 공장에서 배출하는 이산화탄소를 줄이거나 다시 흡수해서 실질적으로 배출량을 0(zero)로 만드는 것을 의미 한다. 배출되는 탄소와 흡수되는 탄소량이 같은 경우에도 순수한 배출이 0이 되므로 이 경우 넷 제로(Net Zero)라고 부른다. 2016년 파리협정에서 탄 소중립이 시작되었고 현재 세계 121개 국가가 '2050 탄소중립 목표 기후동 맹'에 가입하고 있다.

- **탄소화합물(carbon compounds):** 일반적으로 탄소(C)가 산소, 수소, 질소 등 과 결합해서 만들어진 물질을 칭한다. 그 외 탄소가 중심이 되어 다른 물질 들과 결합해서 만들어진 경우라 할 수 있는데, 예를 들어 플라스틱도 탄소 화합물이라 할 수 있다. 탄소원자 1개와 수소원자 4개가 결합해서 만들어 진 메탄가스(CH_4)도 탄소화합물이다.

- **피드백(feedback):** 되먹임 작용(현상). 즉, 어떤 원인에 의해 나타난 결과가 다시 그 원인에 작용해서 그 결과를 증폭시키거나 감소시키는 지동 조절 원리. 여기엔 음성 피드백(negative feedback)과 양성 피드백(positive feedback) 으로 구분된다.

- **PETM(Pliocene–Eocene Thermal Maximum, 플라이오세–에오세 온도 최대기):** 지질시대인 플라이오신과 에오신 사이(5550만 년)에 지구 평균 온도가 갑 자기 올라갔던 시기를 지칭한다. 퇴적물 중의 동위원소 측정에 근거하면

2단계에 걸쳐서 탄소가 대기 중으로 대량으로 방출되었고, 수 천년 동안 계속되었다고 추측된다. 이 기간 동안에 지구 평균 온도는 약 5~8도 정도 상승했다고 추정된다.

- **하인리히 이벤트(Heinrich event):** 거대 로렌타이드(Laurentide) 빙상이 붕괴되어, 작은 빙산들이 허드슨 해협을 거쳐 북대서양으로 흘러들어와서 발생된 기후나 해양학적 현상을 지칭. 독일의 과학자 하인리히(Heinrich)가 처음으로 보고했는데, 과거 약 64만 년의 일곱 번에 걸친 빙기 동안에 다섯 번에 걸친 대규모 빙산 유입이 있었다고 한다. 빙산은 결국 융해되는데, 이때 빙산에 포함되었던 작은 돌이나 기타 불순물을 해저로 떨어뜨린다. 이를 낙하석(ice rafted debris: IRD)이라 하며, 이들이 있는 층은 하인리히 층(Heinrich layer)으로 불린다.

- **해리(dissociation):** 메탄하이드레이트는 낮은 온도와 높은 압력에서 생성된 것을 칭한다. 이런 상태에서 온도와 압력 조건이 변하게 되면 수화물 형태에서 가스 형태로 변화하게 되는데, 이때를 해리라고 한다. 즉, 고체 형태의 하이드레이트에서 가스 형태로 전환되는 것을 의미한다.

- **해양 산소동위원소 단계(Marine Isotope Stage-MIS):** 해양퇴적물 중 유공충을 이용해서 동위원소를 측정하고, 그 값을 시기별로 구분한 것. 동위원솟값이 주기적으로 변화하는 것을 빙기와 간빙기로 구분하여 번호를 부여한다. 현재 MIS는 과거 약 258만 년까지 분석되었고, 103번까지 붙여져 있다.

- **해양무산소사건(Ocean Anoxic Event-OAE):** 해양, 해저에서 용존산소가 급속이 떨어져 산소가 없었던 상태, 사건을 지칭한다. 지질시대를 통해 광범위하게 여러 번에 나타난 것으로 판단된다. 화산활동의 증가 등 다양한 원인에 의해 일어났을 것으로 추측되며, 이 사건이 일어났을 때는 무산소의 영향으로 해저 퇴적층에는 블랙셰일(black shale)이 나타난다.

- **화석연료(fossil fuel):** 석유나 석탄 등 연소했을 때 이산화탄소 등 온실가스를 배출하는 연료를 칭한다. 지하에 매장되어 있는 경우가 많으며, 식물이나 생물의 유해로부터 만들어진다. 석유, 석탄, 천연가스, 오일샌드 등이 있다.

참고문헌

〈국내〉

가와하타 호다카 저, 현상민·김성렬 역 (2012). 지구 표층환경의 진화, 씨아이알, p.372.

데루유키 나카지마·김에이치 타지카, 현상민 역 (2019). 기후변화 과학-기후 위기의 원인들, 씨아이알, p.192.

레이첼 카슨, 김홍옥 역 (2018). 우리를 둘러싼 바다(The Sea around us), 에코리브르, p.367.

마크 라이너스, 이한중 역 (2008). 6도의 멸종(Six Degrees). 세종, p.374.

양승영 (1998). 지질학사전. 교학연구사, p.1091.

윤순진 (2021). 한국의 2050 탄소중립 시나리오: 내용과 과제, 이슈와 시선 1, 18-32.

정영호 (2021). 저탄소시대의 탄소가격제와 강원도. RIG 브리프, 21-15호, p.14.

조효제 (2020). 탄소사회의 종말. 21세기북스, p.479

지구환경과학 I (2000). 한국지구과학회, p.311.

필리프 스콰르조니, 해바라기 프로젝트 역 (2012). 만화로 보는 기후변화의 거의 모든 것, 다른, p.495.

현상민·김윤정수 (1997). '최종 빙기-간빙기에 있어서 해양의 환경변화와 고생물생산'. 한국지구과학회, 18, 238-248.

Kim et al., 1999. Younger Dryas type climatic oscillation in the East Sea. *J of Kor. Soc. Oceanography*, 34, 43-48.

〈국외〉

Alvarez, W. et al. (1990). Iridium Profile for 10 Million Years Across the Cretaceous-Tertiary Boundary at Gubbio (Italy), *Science*, 250, 1700-1702.

Amarathunga, U. et al. (2022). Sill-controlled salinity contrasts followed post-Messinian flooding of the Mediterranean. *Nature Geoscience*, 15, 720-725.

Archer, S. G., Underhill, J. R., and Peters, K. E. (2017). Hutton's Great Unconformity at Siccar Point, Scotland: Where deep time was revealed and uniformitarianism conceived. *The American Association of Petroleum Geologists (AAPG) Bulletin*, 101(4), 571-577.

Barnola, J. M., Raynaud, D., Korotkevich, Y. S., and Lorius, C. (1987). Vostok Ice Core Provides 160,000-year Record of Atmospheric CO_2. *Nature*, 329, 408-414.

Bjork, M., Short, F., McLeod, E., and Beer, S. (2008). *Man aging Sea-grasses for Resilience to Climate Change*. Volume 3 of IUCN Resilience Science Group Working Papers. Gland, Switzerland: International Union for Conservation of Nature (IUCN). p. 24. ISBN 978-2-8317-1089-1.

Blanc, P.-L. (2002). The opening of the Plio-Quaternary Gibraltar Strait: assessing the size of a cataclysm. *Geodinamica Acta*, 15(5–6), 303–317.

Bond, D. P. G. and Grasby, S. E. (2020). Late Ordovician mass extinction caused by volcanism, warming, and anoxia, not cooling and glaciation. *Geology*, 48(8), 777-781.

Brassell, S. C. et al. (1986). Molecular stratigraphy: a new tool for climatic assessment. *Nature*, 320, 129-133.

Briner, J. P. et al. (2016). Holocene climate change in Arctic Canada and Greenland. *Quaternary Science Reviews*, 147, 340-364.

Cane, M. A. and Molnar, P. (2001). Closing of the Indonesian seaway as a precursor to east African aridification around 3–4 million years ago. *Nature*, 411(6834), 157-162.

Ceballos, G., Ehrlich, P. R., and Dirzo, R (2017). Biological annihilation via the ongoing sixth mass extinction signaled by vertebrate population losses and declines. *PNAS*, 114(30), E6089-E6096.

Certini, G. and Scalenghe, R. (2015). Holocene as Anthropocene. *Science*, 349(6245), 246-246.

Coffin, M. and Eldholm, O. (1992). Volcanism and continental break-up: a global compilation of large igneous provinces. In Storey, B. C., Alabaster, T., and

Pankhurst, R. J. (eds.). *Magmatism and the causes of continental breakup*. Geological society of London, Special Publication. Vol 68. London: Geological Society of London. pp.17-30.

Conte, M. H. et al. (2006). Geobal temperature calibration of the alkenone unsaturation index (U37K) in surface water and comparison with surface sediments. *Geochemistry Geophysics Geosystems (G3)*, 7(27), doi:10.1029/20 05GC001054ISSN:1525-2027.

Cooper, A. et al. (2021). A global environmental crisis 42,000 years ago. *Science*, 371, 811-818.

Corliss, B. H. et al. (1986). Late Quaternary deep-ocean circulation. *Geol. Soc. of America Bulletin*, 97, 106-1121.

Dima, M. et al. (2021). Early-onset of Atlantic Meridional overturning circulation weaking in response to atmospheric CO2 concentration. *Climate and Atmospheric Science*, 4(27), https://doi.org/10.1038/s41612-021-00182-x.

EPICA Community Members (2004). Eight glacial cycles from an Antarctic ice core. *Nature*, 429, 623-628.

Fedorov, A.V. et al. (2015). Tightly linked zonal and meridional sea surface temperature gradients over the past five million years. *Nature Geoscience*, 8, 975-980.

Gamo Toshitaka, 2021. 인도양 - 일본의 기후를 지배하는 수수께끼의 대양 (단행본, in Japanese) p.238.

Garcia-Castellanos, D., Estrada, F., Jiménez-Munt, I., Gorini, C., Fernàndez, M., Vergés, J., and De Vicente, R. (2009). Catastrophic flood of the Mediterranean after the Messinian salinity crisis. *Nature*, 462, 778−781.

Garidel-Thoron, T. et al. (2004). Evidence for large methane releases to theatmosphere from deep-sea gas-hydrate dissociation during thc last glacial episods, *PNAS*, 25, 9187-9192.

Giorgioni, M. et al. (2019). Carbon cycle instability and orbital forcing during the Middle Eocene climatic optimum. *Scientific Report*, 9(1), 9357, https://doi.org/10.1038/s41598-019-45763-2.

Glasby, G. P. (2006). Abiogenic origin of Hydrocarbons: An Historical Overview. *Resource Geology*, 56, 85-98.

Hallam, A. and Wignall, P.B. (1999). Mass extinctions and sea-level changes. Earth Science Review, 48, 217-250.

Haq, B. U. et al. (1987). Chronology of Fluctuating Sea Levels since the Triassic. Science, 235, 1156-1167.

Harde, H. (2017). Scrutinizing the carbon cycle and CO2 residence time in the atmosphere. Global and Planetary Change, 152, 19-26.

Harper, D. A. et al. (2014). End Ordovician extinction: A coincidence of causes. Gondwana Research 25(4), 1294-1307.

Hassold, N. J. et al. (2009). A physical record of the Antarctic Circumpolar Current: Late Miocene to recent slowing of abyssal circulation. Paleo 3, 275, 28-36.

Heckel, P. H. (2008), Pennsylvanian cyclothems in Midcontinent North America as far-field effects of waxing and waning of Gondwana ice sheets: Resolving the late Paleozoic ice age in time and space. Geological Society of America Special Paper, 441, 275-289.

Herbert, T. D. (2001). Review of alkenone calibrations (culture, water column, and sediments), Geochemistry, Geophysics, Geosystem, 2(2).

Hilmi, N. et al. (2021). The role of blue carbon in climate change mitigation and carbon stock conservation. Frontiers in Climate, 3. doi: 10.3389/fclim.2021.710546.

Hinrichs, K. U. et al. (2003). Molecular Fossil Record of Elevated Methane Levels in Late Pleistocene Coastal Waters. Science, 299, 1214-1217.

Ingle, S. and Coffin, M. F. (2004). Impact origin for the greater Ontong Java Plateau? Earth and Planetary Science Letters, 218, 123-134.

IODP Science plan 2013-2023 (2011). Illuminating Earth's past, Present, and Future, p.84.

IPCC (The Intergovernmental Panel on Climate Change), http://www.ipcc.ch.

Jenkyns, H. C. (2010). Geochemistry of Oceanic anoxic events. Geochemistry, Geophysics, Geosystems, 11(3), Q03004, doi:10.1029/2009GC002788

Kaiho, K. and Oshma, N. (2017). Site of asteroid impact changed the history of life on Earth: the low probability of mass extinction. Scientific Reports, 7, 14855, doi:10.1038/s41598-017-14199-x.

Keer, A (2018). Classic Rock Tour 1. Hutton's Unconformity at Siccar Point,

Scotland: A Guide for visiting the Shrine on the Abyss of times. Geoscience Canada, 45, 27-42.

Kennett, J. P., Cannariato, K. G., Hendy, I. L., and Behl, R. J. (2000). Carbon isotopic evidence for Methane Hydrate instability during Quaternary Interstedials. *Science*, 288, 128-133.

Kirschvink, J. L. (1992). Late Proterozoic low-latitude global glaciation: The snowball Earth. In Schopf, J. W. and Klein, C. (eds). *The Proterozoic Biosphere: A Multidisciplinary Study*. Cambridge University Press. pp.51-2.

Kvenvolden, K. A. (1998). A primer on the geological occurrence of gas hydrate. In Henriet, J. P. and Miener, J. (eds) *Gas Hydrates: Relevance to world margin stability and climate change*. Geol. Soc. London, Special Publication, 137, 9-30.

Langmuir, C. H. and Broecker, W. (1985). *How to build a habitable planet*. p.307 (in Japanese).

Linsley, B. K. et al. (2010). Holocene evolution of the Indonesian throughflow and the western Pacific warm pool. *Nature Geoscience*, 3, 578-583.

Lisiecki, L. E. and Raymo, M. E. (2005). A Pliocene-Pleistocene stack of 57 globally distributed benthic δ18O records. *Paleoceanogaphy*, 20, PA1003, doi:10.1029 /2004PA001071.

Longman, J. et al. (2021). Late Ordovician climate change and extinctions driven by elevated volcanic nutrient supply. *Nature Geoscience*, 14(12), 924-929.

Lüthi, D. et al. (2008). EPICA Dome C Ice Core 800KYr Carbon Dioxide Data. IGBP PAGES/World Data Center for Paleoclimatology Data Contribution Series # 2008-055. NOAA/NCDC Paleoclimatology Program, Boulder CO, USA.

Lüthi, D. et al. (2008). High-resolution carbon dioxide concentration record 650,000-800,000 years before present. *Nature*, 453, 379-382. doi:10.1038/nature 06949.

Lyle, M. et al. (2008). Pacific Ocean and Cenozoic evolution of climate. *Reviews of Geophysis*, 46(2).

MacLeod, N. (2001). Extinction (http://www.firstscience.com/Site/ARTICLES/mac load.asp). firstscience.com.

Martinson, D. G. et al. (1987). Age dating and the orbital theory of the iceages: development of a high-resolution 0 to 300,000-year chronostratigraphy. *Quaternary Research*, 27, 1–29.

Matsumoto, R (1989), Isotopically heavy oxygen-containing siderite derived from the decomposition of methane hydrate. Geology, 17, 707-710.

Max, M. D. (2003). *Natural Gas Hydrate in Ocean and Permafrost Environments*. eds. Max, M. D., Kluwer Acadamic Publishers (Boston), p.414.

Meyer, K. M. and Kump, L. R. (2008). Oceanic Euxinia in Earth History: Causes and Consequence. *Annu. Rew. Earth Planet. Sci.* 36, 251-288.

Miles, L., Agra, R., Sengupta, S., Vidal, A., and Dickson, B. (2021). Nature-based Solutions for climate change mitigation, UNEP & IUCN.

Mozie, A. et al., 2014. Assessing Earthquake risks along the West African coast in present climate change setting. *IOSR Journal of Humanities and Social Science (IOSR-JHSS)*, 19, 66-73.

Murton, J. B. et al. (2010). Identification of Younger Dryas outbrust flood path from Lake Agassiz to the Arctic Ocean. *Nature*, 464, 740-743.

National Geographic (2022). The world's plastic pollution crisis explained, Creativeworks.

Neubauer, T. A. et al. (2021). Current extinction rate in European freshwater gastropods greatly exceeds that of the late Cretaceous mass extinction. *Communications Earth & Environment*, 2(1), 97.

Newton (2019). 세 시간으로 알 수 있는 화학. Newton Press. 63 pp. (in Japanese).

Norris R. D. et al. (2001). *Records of the apocalypse: ODP drills the K/T boundary*. ODP Leg 171B scientific party.

Nozaki, Y. (1993). *Global warming and the ocean: The role of carbon cycle*. University of Tokyo press, p.195 (in Japanese).

Ohkushi, K. I., Ahagon, N., Uchida, M., Shibata, Y. (2005). Foraminiferal isotope anomalies from northwestern Pacific marginal sediments. *Geochemistry Geophysics Geosystems*, 6, doi:10.1029/2004GC000787.

Parrenin, F., Barnola, J.-M., Beer, J., Blunier, T., Castellano, E. et al. (2007). The EDC3 chronology for the EPICA Dome C ice core. *Climate of the Past*, 3, 485-497.

Petit, J. R. et al. (1999). Climate and atmospheric history of the past 420,000 years from the Vostok ice core, Antarctica. *Nature*, 399, 429-436.

Polyak, V. J. and Asmerom, Y. (2001). Late Holocene climate and cultural changes in the southwestern United States. *Science*, 294, 148-151.

Raup, D. M. and Sepkoski, J. J. (1982). Mass extinction in the Marine Fossil Record. *Science*, 215, 1501-1503.

Sahney, S., Benton, M. J., and Falcon-Lang, H. J. (2010), Rainforest collapse triggered Pennsylvanian tetrapod diversification in Euramerica. *Geology*, 38, 1079–1082.

Saito, Katsuhiro (2019). 탄소는 굉장하다 – 왜 탄소는 원소의 왕이라고 하는가? (in Japanese), p.191.

Saito, Kohei (2020). Capitalism of Anthropocene (in Japanese), 375pp.

Sapart, C. J. et al. (2017). The origin of methane in the East Siberian Arctic Shelf unraveled with triple isotope analysis. *Biogeosciences*, 14, 2283-2292.

Shimada et al., 2009. *Paleogeography, Paleoclimatology, Paleoecology*, 279, 207-215.

Svensen et al., 2019, Thinking about LIPs: A brief history of ideas in Large igneous province research, *Technophysics*, 760, 229-251

Tajika, E. (1998). Climate change during the last 150 million years: Reconstruction from a carbon cycle model. *EPSL*, 160, 695-707.

The Open University (1989). *Ocean Chemistry and Deep-Sea Sediments*. Eds. Bearman, G. Oxford press, p.134.

Watanabe, T. et al. (2001). Seasonal changes in sea surface temperature and salinity during Little Ice Age in the Caribbean Sea deduced from Mg/Ca and 18O/16O ratios in corals. *Marine Geology*, 173, 21-35.

Wignall, P. B. (2001). Large igneous provinces and mass extinctions. *Earth-Science Reviews*, 53, 1-33.13.

Wilde, P. and Berry, W. B. N. (1984). Destabilization of the ocean density structure and its significance to marine 'extinction' event. *Paleogeography, Paleoclimatology, Paleoecology*, 48, 143-162.

Willson, P. A. and Norris, R. D. (2001). Warm tropical ocean surface and global anoxia during the mid-Cretaceous periods. *Nature*, 412, 425-429.

Zachos, J. et al. (2001). Trends, Rhythums, and Aberrations in Global Climate 65Ma to Present. *Science*, 292, 686-693.

Zinke, L. (2020). The colours of carbon. *Nature Reviews Earth & Environment*, 1, 141.

〈기타〉

영화 <레버넌트(The Revenant)>, (www.naver.com)

Future Earth, The Earth League, WCRP (2021). 10 New insights in Climate Science, 2021. Stockholm.

NASA's Ames Research Center, 2022.

Nature News, Scientists raise alarm over 'dangerously fast' growth in atmospheric methane.

NOAA(National Ocean and Atmosphere Agency, US)

UNEP, UN Environmental Programme, Our planet is choking on plastic, UNEP.org.

World Economic Forum, 2021. How can we reduce the methane emissions from livestock? World Economic Forum(weforum.org).

World Energy Council의 201

http://blog.energy.or.kr/?p=24197

http://www.chemicalnews.co.kr/news/articleView.html?idxno=3672

http://www.climate.go.kr/home/cc_data/2021/IPCC_Report.pdf

https://academic.oup.com/femsec/article/94/3/fiy007/4810544

https://blog.naver.com/kma_131/222784109127

https://earthobservatory.nasa.gov/world-of-change/global-temperatures

https://iodp.org

https://kidadl.com/facts/what-color-is-carbon-different-shades-and-types-you-must-know

https://ko.wikipedia.org/wiki/%ED%8C%8C%EB%A6%AC_%ED%98%91%EC%A0%9 5_(2015%EB%85%84)

https://m.khan.co.kr/environment/climate/article/202108222128005#c2b

https://news.kbs.co.kr/news/view.do?ncd=5256199

https://now.k2base.re.kr/portal/trend/mainTrend/view.do?poliTrndId=TRND00000000 00043939&menuNo=200004&pageUnit=10&pageIndex=1

https://ocean.si.edu/through-time/ocean-through-time

https://ocean-climate.org/en/awareness/the-ocean-a-carbon-sink/

https://upload.wikimedia.org/wikipedia/commons/f/f3/Sauerstoffgehalt-1000mj2.png

https://www.extreme-e.com/en/news/374_Green-and-blue-carbon-providing-solutions-to-the-climate-crisis

https://www.frontiersin.org/articles/10.3389/fmars.2020.00466/full

https://www.greenpeace.org/korea/update/19020/blog-ce-ipcc-6th-report-10-solutions/

https://www.hani.co.kr/arti/society/environment/1007005.html

https://www.keep.go.kr/portal/141?action=read&action-value=7a9a964b2ed833fe63418594bad25588&page=1

https://www.mk.co.kr/news/society/view/2021/07/640289/

https://www.nature.com/articles/ncomms11968

https://www.nature.com/articles/s43017-020-0037-y

https://www.space.com/17816-earth-temperature.html

https://youth4climateaction.notion.site/IPCC-6-WG-99bf9799383b482c9a7f722b79db8ce7